La Criminologie: Étude Sur La Nature Du Crime Et La Théorie De La Pénalité...

Raffaele Garofalo (barone)

LA CRIMINOLOGIE

LA
CRIMINOLOGIE

ÉTUDE SUR
LA NATURE DU CRIME ET LA THÉORIE DE LA PÉNALITÉ

PAR
R. GAROFALO

AGRÉGÉ DE L'UNIVERSITÉ DE NAPLES
SUBSTITUT-PROCUREUR DU ROI

Ouvrage traduit de l'italien et entièrement refondu par l'auteur

PARIS
ANCIENNE LIBRAIRIE GERMER BAILLIÈRE ET Cⁱᵉ
FÉLIX ALCAN, ÉDITEUR
108, BOULEVARD SAINT-GERMAIN, 108
—
1888

AVANT-PROPOS

Dès mes premières études de droit, j'avais été frappé du spectacle de l'incohérence qui existe entre les principes reconnus de la pénalité et le vrai but social de cette science. Dans quelques essais critiques publiés à Naples en 1876 et en 1878, j'avais tracé les premières lignes du système que j'ai tâché de développer ensuite. Mon *Criterio positivo della penalità* (Naples, 1880), est mon premier essai d'une théorie nouvelle de la répression ; mais ce n'est que plus tard que j'ai pu parvenir à en compléter le plan. La *Criminologia* (Turin, 1885) a soulevé bien des critiques de la part des juristes, bien des objections de la part des savants[1]. J'en ai profité pour mieux expliquer mes

[1] La plupart de ces critiques attaquent en même temps mes travaux et ceux de Lombroso et de Ferri qui sont liés aux miens par la communauté de bien des idées. Je signalerai surtout : *La Nuova scuola del diritto penale*, de M. Gabelli, dans la *Nuova Antologia*, 16 Agosto, 1885 ; *I recenti avversarii della scienza del diritto penale*, du prof. Buccellati, Rendiconto dell' Instituto Lombardo, 1885 ; *La Criminalité comparée* de M. Tarde (Paris, 1886) ; *I semplicisti del Dritto penale*, du prof. Lucchini (Turin,

idées, pour corriger peut-être quelques erreurs de détail, mais je n'ai pu changer un seul des principes fondamentaux de mon ouvrage.

En m'adressant, dans sa propre langue, à un public français, j'ai à demander toute son indulgence. Il m'a été impossible de confier à qui que ce soit le travail de la traduction, parce que j'ai tellement transformé cet ouvrage que c'est à peine si quelques pages sont identiques à l'original. Voilà, pour ma hardiesse, ma seule excuse.

1886 ; *La nueva Ciencia penal* de F. De Aramburo (Madrid, 1887) ; les articles de M. d'Haussonville dans la *Revue des Deux-Mondes* (1887) et ceux de M. Tarde dans les *Archives de l'Anthropologie criminelle* ; les opuscules du prof. Poletti, et ceux de MM. Colajanni et Turati.

Nous avons trouvé aussi plusieurs défenseurs : je citerai, entre autres, les ouvrages et brochures de MM. Drill, Lacassagne, Magitot, Bournet, Puglia, Fioretti, Majno, Berenini, Porto, Setti, Alongi, Tammeo, Precone, V. Rossi, Mayor, Aguglia, Zuccarelli, Kirchenheim, Tauffer, Liszt, Heil.

PRÉFACE

Ce livre n'a pas pour but de discuter encore une fois le problème abstrait, et peut-être insoluble, de la responsabilité morale individuelle. Il ne contiendra qu'un essai sur la pénalité coordonné à une étude expérimentale du criminel, sans aucune généralisation des idées qui en découlent. Ce n'est qu'au point de vue de la science pénale qu'on y soutiendra l'impossibilité de se servir du principe du libre arbitre, et la nécessité d'asseoir cette science sur une base différente et plus solide. Dans ce livre, point de métaphysique, l'auteur ayant pensé que toute conception de ce genre doit être écartée d'une science qui dérive d'une nécessité sociale, et dont le but est essentiellement pratique. C'est sur les faits bien constatés qu'il a cru devoir fonder ses inductions, et c'est par là qu'il s'est vu obligé de combattre la théorie généralement acceptée, qui, selon lui, est en contradiction flagrante avec les résultats des recherches scientifiques de notre époque.

Ce livre est fait pour trancher un désaccord frappant entre la logique judiciaire et l'intérêt social.

On ne peut disconvenir qu'au point de vue moral, la responsabilité individuelle est de beaucoup amoindrie par les mauvais exemples reçus dès l'enfance, par la contagion du milieu ambiant, par les traditions de famille ou de race, par de tristes habitudes enracinées, par la violence des passions, par le tempérament, etc. Tout le monde est d'accord sur ce point-là, mais on ne voit pas, ou l'on fait semblant de ne point voir, ce qui s'ensuit. Du moment que la responsabilité serait alors amoindrie, le coupable serait toujours excusable dans ces différents cas; selon qu'on donnerait à ces circonstances une importance plus ou moins grande, la peine devrait varier en proportion, et être réduite à un *minimum* insignifiant lorsqu'il serait possible de prouver la force extrême de l'impulsion au crime.

Or, il n'y a presque pas de coupables qui n'aient pour eux des circonstances atténuantes de ce genre; il n'y a pas de crime où il ne soit aisé d'en découvrir. On n'a qu'à fouiller un peu et voilà qu'il en jaillit de tous côtés. C'est dire que les seuls criminels qui nous paraîtraient inexcusables seraient ceux pour lesquels on ne se serait pas donné cette peine. On a beau répliquer qu'il ne s'agit que de mauvais penchants et que la libre volonté de l'homme peut toujours en triompher. Mais, comment s'y prendra-t-on pour mesurer la part qui revient à ces penchants, et celle qui revient au libre arbitre ? Comment faire d'ailleurs pour arrêter les progrès de l'anthropologie, démontrant que les plus grands coupables ont presque tous une organisation psycho-physique anormale ? La dépendance de la pénalité du principe de la responsabilité morale devrait donc avoir pour conséquence l'acquittement des assassins les plus féroces, du moment que l'on prouve leur extrême brutalité naturelle ou la toute-puissance de leurs impulsions criminelles ; elle devrait, en tous cas, produire un adoucissement toujours plus grand des peines à mesure que les causes des mauvais penchants deviendraient plus connues et évidentes.

La répression agirait donc en un rapport *tout à fait inverse* à la perversité et à l'incorrigibilité des criminels. Qu'on ne nous dise pas que nous avons tort de nous alarmer, et qu'on n'en arrivera jamais au point de déclarer l'impunité du crime. Les idées philosophiques d'une époque exercent une influence irrésistible même sur ceux qui essayent de lutter contre elles. Cela explique la pente qui entraîne déjà la justice pénale et qui en a fait une digue impuissante, à tous moments envahie par la marée montante de la criminalité. On a beau protester contre les verdicts d'acquittement du jury, contre l'indulgence des magistrats. C'est, après tout, le triomphe de la logique ; seulement ce triomphe est aux dépens de la sécurité et de la moralité sociales. Impossible d'y remédier, à moins qu'on ne déplace le critérium de la pénalité

en le reconduisant au principe de la nécessité sociale
et en abandonnant celui de la responsabilité morale
de l'individu.

La société ne s'inquiète pas du crime autant qu'elle
le devrait, ni à l'égard de la victime, ni à l'égard de
la prévention. Le fait que, dans nos sociétés civilisées
plusieurs milliers de personnes sont égorgées chaque
année par des gens qui en veulent directement à
leurs vies ou à leur argent, et que des centaines de
millions d'épargnes deviennent la proie de l'activité
malfaisante, est bien plus grave, ce me semble, que
presque toutes les questions dont on fait tant de cas
dans les débats parlementaires. Le spectacle des bou-
cheries et des pillages est d'autant plus hideux que la
vie devient plus pacifique et moins incertaine. Malheureusement, on se borne à les déplorer, ces scènes de
sauvagerie, ces anachronismes sanglants, que l'on
considère comme des cas exceptionnels, parce qu'il
arrive rarement qu'on en soit témoin, et parce qu'on
croit toujours que le danger en soit immensément
reculé.

Mais, voilà que la statistique arrive ; elle additionne les chiffres ; elle concentre toutes les sommes
éparses de la douleur sociale ; elle nous montre un
champ de bataille, où le carnage a été affreux, elle
réunit en un seul cri terrible les gémissements des
blessés, les pleurs de leurs parents ; des légions
d'estropiés défilent, à la lueur de l'incendie qui
vient de détruire des maisons. Quel est l'ennemi

qui a ainsi désolé cette contrée ? C'est un ennemi
mystérieux, inconnu à l'histoire; son nom c'est le
CRIMINEL !

Que fait la Société pour prévenir tant de malheurs ?
Rien ou bien peu. Elle a tarifé les délits par ce qu'on
appelle l'échelle des peines, c'est-à-dire qu'elle oppose
à chaque délit la mesure plus ou moins grande d'une
souffrance présumée et conventionnelle, réduite, par
le progrès, à un genre unique, la détention dans une
maison, où le prisonnier est pour un certain temps
logé, nourri, vêtu et chauffé aux frais de l'État. Les
quelques mois ou les quelques années de condamnation se passent; le terme arrive et le délinquant rede-
vient un libre citoyen, comme tous les autres, sans
qu'on ait plus même le droit de rappeler ses crimes;
on prétend qu'il les a *expiés*, qu'il a *payé* ce qu'il
devait à la Société, qu'on doit dorénavant le présumer
honnête. Tout cela n'est que pure rhétorique. La
vérité est que le criminel n'a rien payé; c'est l'État,
au contraire, qui vient de faire des frais pour son
entretien, c'est-à-dire de faire peser une nouvelle
charge sur les contribuables, en ajoutant ainsi
quelque chose aux dommages produits par le délit.
Le criminel ne s'est pas amendé moralement; la
prison n'opère pas de tels miracles, il s'en faut de
beaucoup; il n'est pas terrorisé, parce que notre
système pénitentiaire est si doux qu'il n'effraye
personne; d'ailleurs, même s'il en avait souffert, il
se hâterait d'oublier, car le souvenir des douleurs

physiques s'efface bien vite. Le criminel reste donc ce qu'il était, et, par surcroît, on le replace dans le même milieu où il vivait avant sa condamnation, pour qu'il y retrouve les mêmes tentations et les mêmes occasions qui l'ont poussé sur la mauvaise voie.

Ce que je dis s'applique, en général, aux systèmes de pénalité dominant en Europe. Je n'ignore pas, du reste, qu'il y a des exceptions, qu'en France surtout on s'est préoccupé de la question et que, moyennant la relégation des récidivistes, on a tâché de diminuer les ravages des malfaiteurs habituels, quoique cette loi, vivement attaquée, n'ait eu jusqu'à présent qu'une application très limitée. Malgré tout, on peut dire que la France est peut-être le seul État de l'Europe continentale, où l'on ne reconnaisse pas encore l'empire absolu d'aucune théorie juridique pour ce qui regarde la pénalité. Le principe de la défense contre les ennemis naturels de la Société y est beaucoup mieux entendu qu'ailleurs, et, par un accord tacite, c'est à ce principe qu'on a souvent subordonné tous les autres. Mais, il est temps de proclamer à haute voix que la science pénale n'a pas d'autre but et que c'est à ce but que tous les efforts des criminalistes doivent conspirer. Il s'agit d'une fonction éminemment sociale, et qui doit être soustraite aux vues étroites et aux sophismes de l'école juridique.

Aux yeux du peuple, les codes, la procédure et le pouvoir judiciaire lui-même ont l'air de s'entendre pour protéger le criminel contre la société, plutôt que la société contre le criminel. C'est le rôle des hommes d'État de renverser ces termes, de détruire cette idée et de justifier le sacrifice annuel de plusieurs centaines de millions dépensés dans la lutte contre le crime, lutte qui, jusqu'à aujourd'hui, a été presque stérile, ou qui, du moins, n'a pas donné les résultats qu'on aurait eu le droit d'en espérer.

LA CRIMINOLOGIE

PREMIÈRE PARTIE

LE CRIME

CHAPITRE PREMIER

LE DÉLIT NATUREL

I

On s'est beaucoup occupé, dans ces derniers temps, de l'étude du criminel au point de vue des naturalistes; on l'a présenté comme un type, comme une variété du *genus homo;* on en a fait la description anthropologique et psychologique. C'est principalement à Despine en France, à Maudsley en Angleterre, à Lombroso en Italie, que revient le mérite de nous avoir donné les descriptions les plus complètes et les plus approfondies de cette anomalie humaine. Pourtant, lorsqu'il s'est agi de déter-

miner les applications de cette théorie à la législation,
on s'est trouvé en présence de très graves difficultés.
On n'a pas retrouvé, dans tout délinquant de par la loi,
l'homme criminel des naturalistes ; ce qui a fait douter
de l'importance pratique de ces recherches. Il n'en pouvait être autrement, du moment que les naturalistes,
tout en nous parlant du *criminel*, ont négligé de nous
dire ce qu'ils entendent par le mot « crime ». Ils ont
laissé ce soin aux juristes ; mais on peut se demander
si la criminalité au point de vue juridique n'a pas des
limites plus larges ou plus étroites que la criminalité
au point de vue sociologique. C'est le manque de cette
définition qui a isolé jusqu'à présent l'étude naturaliste
du criminel et a fait croire qu'il n'y avait là que des
recherches théoriques auxquelles il ne fallait pas mêler
la législation.

Je pense que le point de départ doit être la notion
sociologique du·*crime*. Qu'on ne nous dise pas qu'elle a
été déjà établie par les juristes. Il ne s'agit pas ici d'un
mot technique, mais d'un mot qui exprime une idée
accessible à toute personne, qu'elle connaisse ou ne connaisse pas la loi. Le législateur n'a pas créé ce mot ; il
l'a emprunté au langage populaire ; il ne l'a pas même
défini, il n'a fait que rassembler un certain nombre d'actions, qui, selon lui, étaient des crimes. Cela explique
comment à la même époque, et souvent au sein d'une même
nation, on trouve des codes très différents, les uns comprenant parmi les crimes des actions qui ne sont pas punissables selon les autres. Il s'ensuit de là que la classification
du juriste ne saurait empêcher les recherches du sociologue. Du moment que les limites de la criminalité sont

vagues et douteuses, le sociologue ne doit pas s'adresser à
l'homme de loi pour lui demander la définition du crime,
comme il demanderait au chimiste la notion du sel ou de
l'acide, ou, au physicien, celle de l'électricité, du son, ou
de la lumière. Cette notion il doit la rechercher lui-même.
C'est lorsque le naturaliste aura pris la peine de nous dire
ce qu'il entend par *crime* que l'on pourra savoir de quels
criminels il nous parle. C'est en un mot le *délit naturel*
qu'il nous faut établir. Mais d'abord y a-t-il un délit naturel, ou ce qui revient au même, peut-on assembler un certain nombre d'actions qui en tous temps et en tous lieux
ont été considérées comme criminelles? Peut-on obtenir le
critérium du crime par la méthode inductive, la seule dont
le positiviste doit se servir? C'est à ces deux questions que
nous allons tâcher de répondre. Nous ne nous demande-
rons pas si *tout ce qui est crime* pour notre temps et notre
société a eu *toujours* et *partout* le même cachet, et *vice
versa*. La question serait presque enfantine. Qui ne se
souvient pas d'avoir lu que dans les coutumes de plusieurs
peuples, le meurtre pour venger un meurtre n'était pas
seulement toléré, mais que, pour les fils de la victime, il
était le plus sacré des devoirs? — que le duel a été tantôt
frappé des peines les plus graves, tantôt légalisé jusqu'à
devenir la principale des formes de la procédure? — que
l'hérésie, la sorcellerie, le sacrilége, considérés jadis comme
les crimes les plus détestables, ont disparu maintenant de
tous les codes des peuples civilisés? — que le pillage d'un
navire étranger naufragé était autorisé par la loi dans certains pays? — que le brigandage et la piraterie ont été
pendant des siècles les moyens d'existence de peuples maintenant civilisés? — qu'enfin si l'on sort de la race euro-

péenne, avant d'arriver aux sauvages, on trouvera des
sociétés à moitié civilisées, qui autorisent l'infanticide et
la vente des enfants, qui honorent la prostitution et qui
ont même fait de l'adultère une institution? Ces choses
sont trop connues pour qu'il soit nécessaire de s'y arrêter.
C'est pourquoi nous poserons la question différemment.
Nous chercherons seulement *si parmi les crimes et les
délits* de nos lois contemporaines *il s'en trouve* qui *en tous
temps* et *en tous lieux* ont été considérés comme des actions punissables. On est porté à donner une réponse affirmative dès qu'on pense à certains crimes effroyables : le
parricide, par exemple, ou encore l'assassinat avec guet-
apens, le vol accompagné de meurtre, le meurtre par
simple brutalité..... Mais on trouvera bientôt des faits
qui semblent renverser même cette idée ! Les rapports des
voyageurs anciens et modernes sur les mœurs des sauvages nous apprennent que le parricide a été une coutume
religieuse parmi plusieurs tribus. Le sentiment du *devoir
filial* poussait les Massagètes, les Sardes, les Slaves et les
Scandinaves à tuer leurs parents malades ou arrivés à la
vieillesse extrême. On dit que les Fuégiens, les Fidjiens,
les Battas, les Tschouktchi, les Kamtschadales et les
Nouveaux-Calédoniens suivent, même de nos temps, cette
affreuse coutume. Le meurtre par simple brutalité est permis aux chefs de plusieurs peuplades de l'Australie, de la
Nouvelle-Zélande, des îles Fidji, de l'Afrique centrale. Il
est même permis aux guerriers de tuer un homme pour
montrer leur force ou leur adresse, pour exercer leurs
mains, pour expérimenter leurs armes, sans que cela révolte le moins du monde la conscience publique. Il y a des
l'gendes de cannibalisme par gourmandise à Tahiti et ail-

leurs. Enfin le meurtre pour voler la victime a été toujours pratiqué par les sauvages d'une tribu sur ceux d'une tribu voisine.

S'il faut donc renoncer à la possibilité de former un catalogue de *faits* universellement haïs et punis en n'importe quel temps ou quel lieu, est-il de même impossible d'obtenir la notion du délit naturel ? Nous ne le croyons pas ; mais, pour y parvenir, il faut changer de méthode, abandonner l'analyse des actions et entreprendre celle des *sentiments*. Le crime, en effet, est toujours une action nuisible, qui en même temps blesse quelques-uns de ces sentiments qu'on est convenu d'appeler le sens moral d'une agrégation humaine. Or le sens moral s'est développé lentement dans l'humanité ; il a varié et il varie encore dans son développement, selon les races et les époques. On a vu croître ou s'affaiblir les uns ou les autres des instincts moraux dont il est formé. De là des variations énormes dans les idées de la moralité ou de l'immoralité, et partant des variations non moins considérables dans l'idée de cette espèce d'immoralité qui est une des conditions sans lesquelles un acte nuisible ne sera jamais considéré comme un acte criminel. Ce qu'il s'agit de découvrir, c'est si malgré l'inconstance des émotions excitées par certains actes *différemment appréciés* par les différentes agrégations, il n'y a pas un caractère constant dans les émotions provoquées par les actes qui sont *appréciés* d'une manière identique, ce qui impliquerait alors une différence dans la forme, non dans le fond de la morale. C'est donc l'évolution du sens moral qui pourra seule nous éclairer.

L'origine du sens moral est attribuée par Darwin à la sympathie instinctive pour nos semblables, par Spencer au raisonnement, qui, dès les premières agrégations humaines ayant fait comprendre la nécessité de certains préceptes de la conduite, est devenu une habitude intellectuelle transmise héréditairement à la postérité et transformée en un instinct. Ces intuitions morales fondamentales seraient donc « le résultat d'expériences d'utilité accumulées et devenues graduellement organiques et héréditaires, de sorte qu'elles sont maintenant tout à fait indépendantes de l'expérience consciente..... Toutes les expériences d'utilité organisées et consolidées à travers toutes les générations passées de la race humaine, ont produit des modifications nerveuses correspondantes qui, par transmission et accumulation continuelles, sont devenues des *facultés d'intuition morale*, des émotions correspondant à la conduite bonne ou mauvaise, qui n'ont aucune base apparente dans les expériences *individuelles* d'utilité. La préférence ou l'aversion deviennent organiques par l'hérédité des effets des expériences agréables ou désagréables faites par nos ancêtres [1] ». Quoi qu'il en soit de cette hypothèse ou de celle de Darwin, ce qui est sûr c'est que chaque race possède aujourd'hui une somme d'instincts moraux *innés,* c'est-à-dire qui ne sont pas dus au raisonnement individuel, mais qui sont le partage de l'individu comme le type physique de la race à laquelle il appartient. On remarque quelques-uns de ces instincts dès l'enfance, aussitôt que le développement intellectuel commence à se révéler, mais bien sûr avant que l'enfant soit capable de faire le difficile raisonnement, démontrant l'utilité individuelle indirecte de l'altruisme. C'est de même l'existence du sens moral

---

1. Spencer, *Les bases de la morale évolutionniste,* ch. vii.

inné qui peut, seule, expliquer le sacrifice solitaire et obscur que les hommes font quelquefois de leurs intérêts les plus graves pour ne pas violer ce qui leur paraît leur devoir. On a beau dire que l'altruisme n'est que de l'égoïsme éclairé ! Cela n'empêche pas que, dans des cas très fréquents, l'égoïsme nous serait bien plus utile, qu'il nous épargnerait des peines ou nous ferait parvenir à ce que nous désirons le plus vivement, sans que nous ayons rien à craindre pour le moment ni même pour l'avenir. Lorsqu'on refuse de s'épargner un mal ou d'obtenir un bien, sans qu'on puisse voir l'utilité d'un tel sacrifice, il faut bien reconnaître l'existence d'un sentiment qui nous pousse indépendamment de tout raisonnement, ce qui n'empêche pas que de pareils sentiments, hérités par nous et dont nous n'avons aucun mérite, n'aient eu une origine utilitaire chez nos lointains ancêtres, selon l'hypothèse dont nous avons parlé. Darwin qui s'en passe, comme nous l'avons dit, arrive pourtant à la même conclusion : « Quoique l'homme, dit-il, n'ait que peu d'instincts spéciaux, ayant perdu ceux que ses premiers progéniteurs pouvaient avoir, ce n'est pas une raison pour qu'il n'ait pas pu conserver, depuis une période très ancienne, un certain degré d'amour *instinctif* et de *sympathie* pour son semblable. Le mot impérieux de *devoir* semble simplement désigner la conscience intérieure d'un *instinct persistant*, qu'il soit inné ou acquis partiellement, lui servant de guide, mais auquel, pourtant, il pourrait désobéir [1]. »

Si d'ailleurs la morale n'était que le fruit du raisonnement *individuel*, les individus les mieux doués quant à

1. DARWIN, *L'origine de l'homme*, ch. III.

l'intelligence seraient absolument les plus honnêtes gens du monde, parce qu'il leur serait plus facile de s'élever à l'idée de l'altruisme, à la conception de la morale absolue, qui, selon les positivistes, consiste dans la plus entière compénétration de l'égoïsme et de l'altruisme. Nous ne dirons pas que c'est le contraire qui arrive, mais certes il ne manque pas d'exemples de gens très intelligents qui en même temps sont tout à fait malhonnêtes ; pendant qu'au contraire on voit très souvent des personnes à l'intelligence très bornée qui, malgré cela, ne se permettent pas la moindre déviation aux règles de la morale la plus sévère. Pourquoi ? Non pas, à coup sûr, parce qu'ils en comprennent l'utilité indirecte, mais parce qu'ils se *sentent forcés* à respecter de tels préceptes, et cela quand même ils n'y seraient pas obligés par leur religion ou par la loi écrite.

Il nous paraît donc impossible de nier l'existence psychologique du sens moral, créé, comme tous les autres sentiments, par l'évolution, et transmis héréditairement. Mais du moment que ce sens moral est une activité psychique, il peut être sujet à des altérations, à des maladies ; on peut le perdre entièrement, on peut en manquer dès la naissance par une monstruosité pareille à toutes les autres de notre organisme, et qu'on peut attribuer, faute de mieux, à l'atavisme. Les gradations sont innombrables « entre la suprême énergie d'une volonté bien organisée et l'absence complète du sens moral [1] ».

Il ne faut donc pas nous étonner si dans une race morale on trouve un nombre plus ou moins grand d'individus

---

1. MAUDSLEY, *La responsabilité dans les maladies mentales*, ch. I.

d'une immoralité frappante. Ce sont des anomalies tout à fait naturelles, comme nous le verrons dans la suite.

Ce qu'il faut se demander plutôt, c'est dans quelle mesure ce sens moral varie à travers les temps et les espaces ; ce qu'il est maintenant dans notre race européenne, et dans les peuples civilisés appartenant à d'autres races, ce qu'il a été, ce qu'il sera. Nous rechercherons encore s'il y a une partie de ce sens moral dont on puisse signaler la présence dès les plus anciennes agrégations humaines, et quels sont les instincts moraux qui ont dominé à l'époque d'une civilisation inférieure, quels sont ceux qui, à peine embryonnaires alors, se sont développés ensuite et sont devenus maintenant la base de la moralité publique.

Nous laisserons de côté l'homme préhistorique dont nous ne pouvons rien savoir quant à ce qui nous intéresse, et les tribus sauvages dégénérées ou non susceptibles de développement, parce que nous pouvons les considérer comme des anomalies de l'espèce humaine. Nous tâcherons enfin de dégager et d'isoler les *sentiments moraux qu'on peut dire définitivement acquis* à la partie civilisée de l'humanité et qui forment la vraie morale contemporaine, non susceptible de perte, mais d'un développement toujours croissant, et nous pourrons alors appeler *délit naturel* ou *social* la violation de ces sentiments par des actes qui en même temps sont nuisibles à la communauté. Ce ne sera pas précisément la *recta ratio* de Cicéron, *naturæ congruens, diffusa in omnes, constans, sempiterna*, mais ce sera la *recta ratio* des peuples civilisés, des races supérieures de l'humanité, à l'exception de ces tribus dégénérées qui représentent pour l'espèce humaine une anomalie pareille à celle des malfaiteurs au sein d'une société.

II

Nous ne pouvons nous occuper, bien entendu, que du *sens moral moyen de la communauté entière.* Comme il y a eu toujours des individus moralement inférieurs au milieu ambiant, de même il y en a eu toujours d'autres supérieurs. Ces derniers sont ceux qui se sont efforcés d'arriver pour leur compte à la *morale absolue,* c'est-à-dire, selon Spencer, à cet idéal de la conduite, réalisable pour une société entière, lorsqu'il y aura compénétration complète des sentiments d'un égoïsme raisonnable avec ceux d'un altruisme éclairé. Mais ces idéalistes sont peu nombreux et encore ne peuvent-ils ni devancer de beaucoup leur temps, ni hâter de beaucoup le progrès évolutif. On a remarqué que l'idéalisme religieux et moral du christianisme, qui conçoit l'humanité comme une seule famille en Dieu, n'a pu paraître et s'enraciner qu'à l'époque où Rome avait réuni en un seul empire presque tous les peuples civilisés et avait des relations cosmopolites. « Sans cette condition, l'éthique chrétienne n'aurait peut-être pas trouvé un terrain favorable pour le développement et la stabilité de ses idées[1]. »

« L'ensemble des idées morales d'un peuple », ajoute le même auteur, « n'est jamais sorti d'aucun système philosophique, de même que les statuts d'une société commerciale ». Ce capital d'idées morales est le produit d'une

---

1. SCHAEFFLE, *Structure et vie du corps social,* ch. v, II.

élaboration de tous les siècles qui nous précèdent et qui nous les transmettent par l'hérédité aidée de la tradition. C'est pourquoi, dans chaque époque, il y a eu une morale relative qui a consisté dans l'adaptation de l'individu à la société. Il y en a eu une encore plus relative, dans chaque région, dans chaque classe sociale ; c'est ce qu'on appelle les *mœurs*. Du moment qu'un individu s'est conformé aux principes de la conduite généralement admise dans le peuple, dans la tribu, ou dans la caste à laquelle il appartient, on ne pourra jamais dire qu'il a agi immoralement, quoique la morale absolue puisse faire ses réserves. C'est ainsi, par exemple, que l'*esclavage*, mis en rapport avec l'idéal, est une institution immorale, parce qu'une société parfaite ne peut pas permettre qu'un homme soit, contre sa volonté, l'instrument passif d'un autre. Mais faut-il conclure de là à l'immoralité des propriétaires du monde ancien par le seul fait qu'ils possédaient des esclaves ? La manière dont la morale de ce temps tendait à l'idéal, se révèle dans les affranchissements par lesquels les propriétaires les plus humains donnaient la liberté à ceux parmi leurs esclaves qui s'étaient distingués par leur zèle et leur fidélité, ou à ceux qui par leur intelligence, leur instruction, ou leurs aptitudes spéciales, pouvaient se frayer un chemin dans le monde, et s'élever ainsi au-dessus de leur humble position.

Il est inutile de montrer par des exemples les différences énormes qu'il y a sur plusieurs points entre la morale de peuples différents ou du même peuple à différentes époques. Il n'est pas même nécessaire de citer les tribus sauvages anciennes ou modernes. Il suffit de se souvenir de certains usages du monde classique qui est pourtant si rapproché

du nôtre par le genre et le degré de sa civilisation. On se
souvient de l'évidence avec laquelle on célébrait certains
mystères de la nature : du culte de Vénus et de Priape,
des amulettes phalliques ; de la prostitution religieuse à
Chypre et en Lydie ; de la cession de sa propre femme à
un ami, dont on a vu des exemples à Rome ; de l'adultère
admis par les usages de Sparte lorsque le mari n'avait pas
d'aptitude à la procréation ; de l'amour pour le même sexe
dont les écrivains grecs parlent comme d'une chose non
seulement tolérée, mais plausible [1] ; du mariage entre frère
et sœur dans les familles pharaoniennes, usage continué à
l'époque des Ptolémées, qui pourtant étaient des Grecs.
Existait-il seulement l'idée, avant Jésus-Christ, qu'on est
obligé de rendre le bien pour le mal, de désirer même le
bien de nos ennemis ? Il est vrai que ces principes de
l'Évangile n'ont jamais pu s'enraciner nulle part à cause
de la répugnance qu'ils ont rencontrée dans la nature
humaine ; mais il n'en est pas moins vrai qu'ils dominent
dans la morale chrétienne et ont été pratiqués par un
grand nombre de personnes. Mais laissons là l'histoire et
la géographie. Plaçons-nous au point de vue d'une société
contemporaine. Que découvrirons-nous d'abord ? Des
préceptes de conduite qui forment ce qu'on appelle les
usages. Il y en aura de communs à toutes les couches
sociales, et de spéciaux pour chaque classe, pour chaque
association, pour chaque coterie. Tout est réglé, depuis les
cérémonies les plus solennelles, jusqu'à la manière de
saluer et de s'habiller, depuis les phrases qu'il faut dire

---

1. Solon défendait l'amour pour les jeunes gens à ceux qui n'étaient pas
hommes libres, parce qu'il considérait cette sorte d'amour comme une application très belle et honorable. (PLUTARQUE, *Vie de Solon*.)

dans certaines circonstances, jusqu'à l'expression qu'il faut se donner et aux inflexions avec lesquelles certains mots doivent se prononcer. Ceux qui se révoltent contre de pareilles règles sont appelés tantôt excentriques, tantôt ignorants, ridicules, ou mal élevés ; ils excitent l'hilarité ou la compassion, quelquefois le mépris.

Plusieurs choses permises dans une classe ou dans une association sont rigoureusement défendues ailleurs. Il arrive même qu'une manière d'agir ou un usage dépend du temps, de l'endroit, de l'heure qu'il est, du but de la réunion. C'est ainsi qu'une dame pourra se montrer décolletée à un dîner ou à une soirée, pendant qu'en faisant ses visites de la journée, elle devra se couvrir le plus complètement ; c'est ainsi que, dans un bal, un cavalier qui vient de lui être présenté, lui prendra la taille pour valser, ce qu'il n'oserait faire en toute autre occasion, sauf dans les expansions intimes de l'amour. Chacun de nos mouvements est dicté par un usage établi, il n'y a presque aucune de nos actions qui ne soit soumise à quelque règle. Ce sont la tradition, l'éducation, les exemples continuels qui nous font suivre ces préceptes sans les discuter, sans en chercher la raison.

Mais au-dessus de toutes ces sortes de lois superficielles et spéciales, il y en a d'autres bien plus générales dont la force pénètre dans toutes les classes sociales, comme le rayon solaire qui traverse toutes les couches liquides d'une pièce d'eau ; mais de même que celui-ci subit une différente réfraction selon la différente densité du milieu, de même ces préceptes généraux subissent des variations considérables dans chaque couche de la société. C'est à ces principes, qu'on appelle proprement la *morale,* que le temps apporte des variations très lentes, de sorte que, pour y trouver de vrais contrastes, il faut recourir aux mémoires des peuples qui nous ont devancés ou de ceux qui nous sont bien inférieurs en civilisation. Nous disions donc qu'à une même époque et dans une même nation, il y a des principes dont l'empire est reconnu partout, quoiqu'ils n'aient pas la même force et la même expansion dans chaque milieu social. « S'il y a quelque chose, dit M. Bagehot, dans laquelle les hommes diffèrent de beaucoup, c'est la finesse et la délicatesse de leurs intuitions morales, quelle que soit la manière dont nous nous expliquions l'origine de ces sentiments. Pour nous en assurer, il n'est pas nécessaire de faire un voyage parmi les sauvages, il suffit de parler avec les Anglais de la classe pauvre, avec nos domestiques, nous serons assez édifiés ! Les classes inférieures dans les pays civilisés, comme toutes les classes dans les pays barbares, sont évidemment dépourvues *de la partie la plus délicate,* de ces sentiments que nous désignons en un mot par le nom de *sens moral*[1]. » Que l'on ne s'abuse pas cependant sur la signification du passage que nous venons de citer. L'auteur ne remarque dans le bas peuple que le manque de la partie *la plus délicate* du sens moral. C'est dire que l'on trouve partout un sens moral, à peine ébauché si l'on veut, mais qu'enfin *même les bas-fonds* de la société ont quelque chose de commun avec les couches supérieures en fait de moralité. La raison en est évidente : Du moment que le sens moral n'est qu'un produit de l'évolution, il faut bien qu'il soit moins dégrossi

1. BAGEHOT, *Lois scientifiques du développement des nations,* liv. III, p. 128. Paris, 1885.

et moins perfectionné dans certaines classes sociales, qui,
n'ayant pu marcher de plain-pied avec les autres, représentent un degré inférieur du développement psychique.
Ce qui n'empêche pas que les mêmes instincts n'y existent
à un état rudimentaire, et c'est par la même raison qu'ils
existent à un état simplement embryonnaire dans certaines
tribus barbares encore moins développées que nos bas-
fonds sociaux. Il s'ensuit (nous passons aux conséquences,
parce que la chose nous paraît tellement claire que des
exemples seraient superflus) que l'on pourra distinguer,
dans chaque sentiment moral, des couches superposées,
qui rendent ce même sentiment toujours plus délicat ; de
sorte qu'en le dégageant de ses parties superficielles on en
découvrira *la partie vraiment substantielle et identique*
dans tous les hommes *de notre temps* et de *notre race*, ou
d'autres races *pas trop dissemblables de la nôtre* au point
de vue psychique. C'est ainsi que tout en renonçant à
l'idée de l'universalité absolue de la morale, nous pourrons parvenir à déterminer l'identité de certains instincts
moraux dans une très vaste région du règne humain.

III

Mais quels sont d'abord ces instincts moraux dont il nous
faut nous occuper ? Parlerons-nous de la pudeur, de la
religion, du patriotisme ? Pour ce qui est de ce dernier sentiment, on peut dire que, de nos temps, il n'est plus *abso-*
lument nécessaire à la moralité de l'individu. On n'est pas

immoral parce que l'on préfère un pays étranger ou parce qu'on ne verse pas de douces larmes à la vue de la cocarde nationale. Si l'on désobéit au gouvernement établi, si l'on accepte un emploi à l'étranger, on peut mériter d'être appelé un mauvais citoyen, non pas un méchant homme. C'est la possibilité même de faire une pareille distinction (possibilité qui n'existait pas à Sparte ni à Rome) qui prouve la séparation actuelle entre le sentiment national et la morale individuelle.

Cette observation peut s'appliquer également au sentiment religieux. Dans toute l'Europe contemporaine, ou pour mieux dire dans toute la race européenne, les gens éclairés considèrent les règles de la religion comme une chose à part. Le sentiment religieux des anciens était intimement lié au patriotisme, parce qu'on croyait que le salut de la patrie dépendait du culte pour la divinité. De nos jours, le même préjugé existe encore dans plusieurs tribus barbares. Au moyen âge, l'idée que les chrétiens étaient la famille de Dieu les rendait impitoyables pour les infidèles. Le blasphème, l'hérésie, le sacrilège, la sorcellerie et même la science, contredisant les dogmes, étaient les crimes les plus graves. Mais aujourd'hui, l'on distingue les préceptes religieux des préceptes de la conduite sociale ; ce qui n'empêche pas que notre morale contemporaine ne soit en partie dérivée de l'Évangile, qui a favorisé le développement de l'altruisme. Mais la bonté et la droiture peuvent se trouver même dans un cœur qui a perdu la foi. Nous reviendrons plus tard sur cette question.

La pudeur a l'air d'un vrai instinct humain. Mais nous avons déjà parlé de son immense variabilité. Nous ajouterons que ni la plus complète nudité n'est introuvable dans quelques tribus, ni la publicité de la conjonction des sexes n'est sans exemples. Qu'on se souvienne du récit que nous fait Cook d'un singulier usage aux îles Sandwich : la consommation publique du mariage, ce dont un auteur, qui raffole des sauvages, déclare qu'il ne faut pas s'en étonner, du moment que, même selon le code Napoléon, le mariage est un *acte public!* On peut citer encore, parmi plusieurs autres exemples, une page de Xénophon nous décrivant l'étonnement des Grecs à la vue du sans gêne des Mosynacciens en pareille matière [1]. Quant à la pudeur féminine qui se refuse à l'amour libre, il y a là, plutôt qu'un instinct, le respect dû aux devoirs d'épouse ou de famille, le sentiment de l'honneur de jeune fille, etc. Et même, faut-il ajouter, il est rare qu'une jeune personne résiste toujours aux prières de l'homme dont elle est éprise. Bien souvent, même dans les familles les plus sévères, on a vu des jeunes filles élevées dans les meilleurs principes, céder tout à coup à la fougue d'une passion ou à une séduction habile et hardie.

L'instinct de la chasteté existe bien chez quelques individus, mais il faut convenir que ce sont des exceptions ; l'instinct le plus général pousse au contraire à la satisfaction des sens, et l'amour libre n'est contrarié le plus souvent que par la retenue imposée par la situation spéciale dans laquelle on se trouve, à moins qu'il ne le soit par un sentiment religieux excessivement pur. Bref, cette retenue, lorsqu'elle ne dérive pas du tempérament, n'est conseillée, en général, que par l'intérêt individuel, ou tout au plus par celui de la famille dont on est membre.

---

1. Xénophon, *Anabasis*, liv. V, ch. xix.

En écartant les sentiments dont nous venons de parler, nous trouverons à la fin que le sens moral d'une agrégation humaine ne peut consister que dans l'ensemble des instincts moraux *altruistes*, c'est-à-dire de ceux qui ont pour objet *direct* l'intérêt des autres, quoique, indirectement, cela puisse tourner à notre avantage.

Les sentiments altruistes que l'on trouve à un très différent degré de développement chez les différents peuples et dans les différentes classes d'un même peuple, mais que néanmoins l'on rencontre partout, dans chaque agrégation humaine organisée (à l'exception peut-être d'un très petit nombre de tribus sauvages), peuvent se réduire à deux instincts typiques : celui de la *bienveillance* et celui de la *justice*.

Si l'on veut les considérer au point de vue de l'École évolutionniste, on peut remonter à leur forme rudimentaire qui a été celle d'un appendice des sentiments égoïstes. L'instinct de la conservation individuelle s'étend d'abord à la famille, ensuite à la tribu ; il s'en détache lentement un sentiment de sympathie pour nos semblables, et l'on commence à considérer comme semblables d'abord ceux qui font partie de la même tribu, puis les habitants d'un même pays, ensuite les hommes de même race et couleur, enfin tous les hommes d'une race quelconque.

C'est ainsi que le sentiment de l'amour ou de la bienveillance pour nos semblables a commencé à paraître comme un sentiment *égoaltruiste*, sous la forme d'amour pour nos propres enfants, qui sont presque une partie de nous-mêmes. Il s'étend ensuite aux autres membres de notre famille, mais il ne devient réellement *altruiste* que lorsqu'il n'est plus déterminé par les liens du sang. Ce

qui le détermine alors, c'est la ressemblance physique
ou morale des individus d'une même caste, d'une même
nation, ou d'une même race, parlant la même langue ou
à peu près, parce que nous ne pouvons concevoir de sympathie pour des individus totalement différents de nous,
et dont nous ne connaissons pas la manière de sentir. C'est
à cause de cela, comme l'a très bien remarqué Darwin,
que la différence de race et partant d'aspect et d'usages
est l'un des plus grands obstacles à l'universalité du sentiment de bienveillance. Ce n'est que très lentement qu'on
peut en venir à considérer comme ses semblables les
hommes de n'importe quel pays et quelle race. Enfin, la
sympathie pour les animaux est une acquisition morale
très retardataire et qui, de notre temps encore, n'existe
que chez les hommes les plus délicats.

Mais il nous faut analyser un peu plus profondément cet
instinct de bienveillance pour en distinguer les différents
degrés et en découvrir la partie vraiment nécessaire à la
moralité, et qui est en quelque sorte universelle.

Nous trouverons d'abord un petit nombre de personnes
qui ne s'occupent que du bien-être des autres, et qui emploient toute leur vie à l'amélioration matérielle et morale
de l'humanité pauvre et souffrante, de l'enfance ou de la
vieillesse abandonnées, et cela sans aucune arrière-pensée
de récompense ou d'ambition ; qui, au contraire, désirent
que leurs noms restent cachés ; ou qui se privent non
seulement du superflu, mais même de quelque chose dont
la privation les fait souffrir. Ce sont les *philanthropes*
dans la vraie et pure acception du mot. Vient ensuite un
assez grand nombre de personnes qui, sans en faire le but
de leur vie, s'empressent de rendre un service toutes les

fois qu'elles en ont l'occasion ; ces occasions elles ne les
recherchent pas, mais elles ne les fuient pas non plus ; elles
sont enchantées dès qu'elles peuvent faire quelque chose
pour les autres ; ce sont les hommes *bienfaisants* ou *généreux*. La masse est composée de personnes qui, sans
faire aucun effort, ni s'imposer aucun sacrifice pour augmenter le bonheur et diminuer les malheurs des autres,
ne veulent pourtant pas être la cause d'une souffrance ;
elles sauront réprimer *tous les actes volontaires qui produisent une douleur à leurs semblables*. C'est le sentiment de la *pitié* ou de l'*humanité*, c'est-à-dire la répugnance à la cruauté, et la résistance aux impulsions qui
seraient la cause d'une souffrance pour nos semblables.
L'origine n'en est pas absolument altruiste. Comme le dit
M. Spencer, de même que l'action généreuse est provoquée
par le plaisir que nous ressentons en nous représentant le
plaisir des autres, de même la pitié dérive de la représentation de la douleur d'autrui, que nous ressentons comme
une douleur individuelle. A l'origine, c'est donc de l'é-
goïsme, mais cela est devenu un instinct qui ne raisonne
pas et dont nos semblables sont le but direct. C'est dans ce
sens qu'on peut appeler altruiste un sentiment qui dérive
de la sympathie pour la douleur, et partant de la crainte
d'éprouver une émotion douloureuse à la vue de la douleur que nous aurons causée.

« La sympathie pour la douleur produit dans la conduite des modifications de plusieurs genres. En premier
lieu, elle réprime les actes par lesquels on inflige inten-
tionnellement la souffrance. Cet effet s'observe à plusieurs
degrés. En supposant qu'aucune animosité ne soit res-
sentie, le mouvement par lequel on heurte un autre homme,

suscite un sentiment spontané de regret chez presque tous
les hommes adultes, excepté chez les gens tout à fait brutaux ; la représentation de la *douleur physique* ainsi
produite est suffisamment vive chez *presque toutes les
personnes civilisées pour éviter avec soin de la produire.* Là où il existe un plus haut degré de puissance
représentative, il y a une répugnance marquée à infliger
une douleur *même non physique.* L'état d'esprit pénible
qui serait excité dans un autre homme par un mot dur ou
un acte blessant *est imaginé* avec une telle clarté que
cette image suffit partiellement ou entièrement pour nous
en détourner [1]. »

« . . . . . Dans d'autres classes de cas, la pitié modifie la
conduite en déterminant des efforts pour le soulagement
d'une douleur existante : la douleur résultant d'une maladie, ou d'un accident, ou de la cruauté d'ennemis, ou
même de la colère de la personne même dans le cœur de
laquelle naît la pitié. . . . . Si son imagination est vive et
s'il voit outre cela que la souffrance dont il est témoin
peut être adoucie par son aide, alors il ne peut échapper à
la conscience désagréable en s'éloignant, puisque l'image
de la douleur continue à le poursuivre, en le sollicitant à
revenir sur ses pas pour lui prêter secours [2]. »

Nous pouvons conclure de là que le sentiment de la
bienveillance a plusieurs degrés de développement : la
pitié qui empêche les actes par lesquels on inflige une
douleur physique ; la *pitié* qui empêche les actes qui peuvent causer une douleur morale ; la *pitié* qui nous pousse

---

1. SPENCER, *Principes de psychologie,* t. II, corollaires, ch. VIII. Paris, 1875.

2. *Ibidem.*

à adoucir les douleurs dont nous sommes témoins ; la *bienfaisance*, la *générosité*, la *philanthropie*, qui nous font
nous occuper avec plaisir de ce qui peut non seulement
apaiser des douleurs actuelles, mais prévenir même des
douleurs futures et rendre moins triste l'existence des
malheureux. Les deux premières manifestations sont négatives, c'est-à-dire qu'elles consistent dans l'abstention de
certains actes ; les autres n'impliquent pas une omission,
mais une action. Maintenant on peut voir tout de suite le
côté faible de la théorie selon laquelle les actes criminels
sont reconnaissables à leur caractère d'être en même
temps immoraux et nuisibles à la communauté. En effet,
ce double caractère se trouve parfaitement dans le manque
de bienveillance ou de pitié *positive*, par laquelle on tâche
d'adoucir les souffrances d'autrui. On peut nuire beaucoup
par le refus de soulager un malade, de secourir un pauvre,
ce qui en même temps révèle peu de développement des
sentiments altruistes. Mais pourtant l'opinion publique
d'aucun pays ne désignera ces individus comme des criminels. Pourquoi ? Parce que l'idée du crime est associée
à une action qui n'est pas seulement nuisible, qui n'est pas
seulement immorale, mais qui encore décèle l'immoralité
la plus frappante, c'est-à-dire la moins ordinaire, donc
la violation des sentiments altruistes *dans la mesure
moyenne possédée par toute une population*, mesure qui
n'est pas celle du développement supérieur de ces sentiments, privilége de cœurs et d'esprits rares, mais bien
celle de la *première phase* de ce développement, celle que
l'on pourrait appeler rudimentaire. C'est pourquoi il n'y a
que la pitié *dans ses formes négatives*, qu'on retrouve
chez presque tous les individus appartenant aux races

supérieures de l'humanité, ou aux peuples en voie de civilisation. Il s'ensuit que le fait anormal, auquel se rattache l'idée du *crime*, ne peut être que la violation du sentiment qui s'oppose à ce que nous soyons la cause volontaire d'une souffrance.

Oui, mais comme nous l'avons dit, il n'y a que le premier degré de la pitié qui soit devenu presque universel, c'est-à-dire la répugnance pour les actes qui produisent une *douleur physique*. Quant à ceux qui sont la cause d'une *douleur morale*, il faut distinguer. Il y en a dont l'effet dépend surtout de la sensibilité de la personne qui en est l'objet. La même injure qui affecte douloureusement un homme bien élevé, laisse un rustre presque indifférent. La puissance représentative générale n'est pas suffisante pour apprécier cette douleur. C'est pourquoi les mots durs et autres espèces de grossièretés sont si fréquents dans le bas peuple, et que les saillies parfois sanglantes lancées par les personnes dites spirituelles ne le sont pas moins dans la bonne société. On ne pense pas jusqu'à quel point quelques âmes délicates peuvent en souffrir ; le sens moral commun n'en est pas blessé.

Nous ne parlons pas de ces sortes de douleurs morales, qui peuvent causer des maladies et même la mort. L'effet en est trop variable selon les natures, l'intention de celui qui en est la cause est trop incertaine, pour que le sens moral puisse s'en révolter, ou s'il s'en révolte il ne peut que déplorer le fait, faute de savoir l'attribuer avec sûreté à un acte déterminé. C'est pourquoi l'*homicide moral* dont parlent certains auteurs, n'a pas d'intérêt pratique pour la criminologie. Il ne saurait y avoir une place marquée, il n'y représente qu'une utopie.

Mais le cas est bien différent lorsque la douleur morale est compliquée de quelque chose de physique, comme l'*obstacle à la liberté des mouvements, la violence par laquelle on déshonore une jeune fille* ; ou encore, lorsque la douleur morale est compliquée *d'une lésion de la position que l'individu occupe dans la société*. C'est le cas de la *diffamation*, de la *calomnie*, de l'*excitation à la prostitution*, de la séduction d'une *jeune fille avant l'âge du discernement*. Ces actes peuvent produire des malheurs irréparables, ils peuvent refouler la victime dans les classes abjectes, qui sont le rebut de la société. C'est donc par la prévision de ces effets que le sentiment universel de la pitié s'en indigne ; c'est par là qu'ils deviennent criminels.

De tout ce que nous avons dit dans ce paragraphe, il résulte que nous croyons avoir trouvé jusqu'à présent un sentiment altruiste, qui, dans la phase rudimentaire de son développement, est *universel*, du moins pour les races supérieures de l'humanité, et pour tous les peuples sortis de la vie sauvage : le sentiment de la *pitié* sous sa forme *négative*.

Ce serait donc un sentiment fixe, immuable pour l'humanité parvenue à un certain développement, un sentiment universel, si l'on en excepte quelques tribus éparses et qui, vis-à-vis de l'espèce humaine, ne représentent qu'une minorité insignifiante, ou, si l'on veut, des anomalies, des phénomènes.

Cela n'est nullement en contradiction avec la théorie de l'évolution, contradiction que M. d'Aramburo me reproche en disant : « Si la morale est évolutionniste, pourquoi doit-elle varier en partie seulement ? — et pourquoi,

si elle a varié en toutes choses jusqu'à un moment
donné, doit-elle s'arrêter et ne pas changer à l'infini [1] ? »
Spencer y a répondu lui-même, quoiqu'il ne se soit pas
occupé de la théorie du crime : « Conclure que des sentiments fixes ne peuvent être engendrés par le processus
décrit plus haut, c'est supposer qu'il n'y a pas de *conditions fixes du bien-être social*. Cependant, si les formes
temporaires de conduite nécessitées par les besoins sociaux font naître des idées temporaires du juste et de
l'injuste, avec des excitations de sentiments correspon-
dants, on peut en inférer avec clarté que les formes permanentes de conduite nécessitées par les besoins sociaux,
feront naître des idées permanentes du juste et de l'injuste,
avec les excitations du sentiment correspondant ; et, ainsi,
mettre en question la genèse de ces sentiments, c'est révo-
quer en doute l'existence de ces formes. Or, qu'il y ait des
formes permanentes de conduite, personne ne le niera,
pourvu qu'on veuille comparer les codes de toutes les
races qui ont dépassé la vie purement prédatrice. Cette
variabilité de sentiments signalée plus haut n'est que l'ac-
compagnement inévitable de la transition qui conduit du
type originel de la société, adopté par l'activité destructive,
au type civilisé de la société, adopté par l'activité pacifique. » Ces derniers mots du plus grand philosophe contemporain nous aideront à répondre à une objection toute faite :
comment pouvez-vous citer le sentiment de pitié comme
instinctif à l'humanité, en oubliant ce que vous-mêmes
nous avez dit plus haut à propos du parricide autorisé en
certains cas par les coutumes de plusieurs peuples an-

1. DE ARAMBURO, *La nueva ciencia penal*, page 101. Madrid, 1887.

ciens, du brigandage, de la piraterie, du pillage des na-
vires naufragés, dont on trouve des traces à une époque
plus récente dans notre race européenne qui déjà n'était
plus sauvage, de la vente des enfants tolérée en Chine, de
l'esclavage qui vient à peine de disparaître en Amérique,
enfin des horribles supplices du moyen âge et des cruautés
sans nombre des chrétiens contre les hérétiques et les
Arabes, des Espagnols contre les indigènes de l'Amérique ?
Comment expliquer que la légende raconte sans frémir et
sans obscurcir le caractère chevaleresque de son héros,
l'histoire du festin de cannibale de Richard Cœur de Lion
pendant la croisade [1] ?

Il n'y a pourtant pas de contradiction, et l'explication ne
se fera pas attendre. Nous avons montré quels sont les
objets auxquels peut s'étendre le sentiment de la pitié : ce
sont *nos semblables*. Nous avons même ajouté que l'on a
commencé à considérer comme ses semblables les hommes
de la même tribu, ensuite ceux d'un même peuple, plus
tard tous ceux que réunissait une foi, un langage, une
origine commune ; et seulement de nos temps peut-être
tous les hommes, quelle que soit la race ou la religion à
laquelle ils appartiennent.

La pitié existait dès les commencements, seulement elle
était loin d'être cosmopolite, elle ne l'est pas encore tout à
fait, quoi qu'on en dise, et la preuve en est le traitement
cruel que les armées des nations de l'Europe infligent, même

---

1. « On tue un jeune Sarrasin frais et tendre, on le cuit, on le sale, le
roi le mange et le trouve très bon..... Il fait décapiter trente des plus nobles,
ordonne à son cuisinier de faire bouillir les têtes, et d'en servir une à
chaque ambassadeur, et mange la sienne de bon appétit. » (TAINE, *De la
littérature anglaise*, t. I, ch. II, § 7.)

aujourd'hui, aux Berbères, aux Indo-Chinois pour qui on ne respecte pas les lois humanitaires de la guerre moderne [1]. Cela explique que, à une époque moins éclairée, les indigènes de l'Amérique n'étaient pas des hommes pour les Espagnols ; que quelques siècles auparavant, les Maures, les Sarrasins, tous ceux qui n'étaient pas chrétiens, les hérétiques, les Albigeois, ne méritaient pas plus de pitié que des chiens enragés. Ils n'étaient pas *les semblables* des catholiques; ils en diversifiaient autant que l'armée de Satan de celle de l'Archange Michel ; ils étaient les ennemis du Christ dont il fallait extirper la souche. Ce n'est pas le sentiment de la pitié qui faisait défaut, c'était la ressemblance qu'on ne voyait pas, sans laquelle la sympathie, origine de la pitié, n'était pas possible.

Il a fallu le xixe siècle pour faire pousser à Victor Hugo ce cri triomphant, mais exagéré, du cosmopolitisme : « Le héros n'est qu'une variété de l'assassin. » Pour voir ce que c'est que l'évolution d'un sentiment, comparez à ce cri l'inscription cunéiforme qui raconte comme quoi le roi Assur-Nazir-Habal fit écorcher les chefs d'une ville ennemie tombés entre ses mains, en fit enterrer d'autres tout vivants, en fit crucifier et empaler plusieurs [2]. Il y a eu progrès, disons-nous, dans l'*expansion* de ce sentiment, qui, *borné, dans les temps préhistoriques, aux seuls membres d'une famille*, n'a maintenant d'autre limite que l'humanité, et même tend à la surpasser par la *zoophilie*, c'est-à-dire la pitié pour les animaux.

Mais ce même sentiment dont l'objet s'est élargi de la

---

1. Voir à ce sujet un très beau passage de M. TARDE : *La criminalité comparée*, p. 188 et 189.

2. MASPERO, *Histoire ancienne des peuples de l'Orient*, ch. IX.

sorte, a toujours existé dans le cœur humain, *dès qu'un groupe de sauvages a pu se former, dès qu'on a vu autour de soi ses semblables*. La contradiction qu'on nous reproche n'est donc qu'apparente ; mais il nous reste encore quelques faits à expliquer : le cannibalisme, le parricide religieux, les sacrifices humains, la vente des enfants, l'infanticide autorisé...

Cela est grave, mais nous espérons avoir raison de ce dernier obstacle.

Ne voyons-nous pas tous les jours des braves gens de notre connaissance, exerçant le métier de chirurgiens, sévir impitoyablement sur le corps d'un malheureux malade, sans en écouter les cris, sans s'attendrir à ses frémissements douloureux ? Ce sont pourtant des gens incapables de faire le moindre tort à qui que ce soit, et pour l'exécution de leurs cruelles opérations on les recherche, on les paye, on les loue, on les remercie. On se gardera bien pourtant de conclure de là que la pitié n'est pas un sentiment moral et fondamental de la nature humaine. Pourquoi cela ? Parce que le but de cette opération douloureuse n'étant pas le mal, mais le salut du patient, la pitié qui retiendrait la main du chirurgien serait puérile et absurde. La vraie pitié mue par la représentation de la douleur future du patient, et de sa mort certaine dans le cas que l'on ne l'ait pas opéré, surpassera la représentation trop vive de sa douleur présente et passagère.

C'est à ce point de vue qu'il faut se placer pour juger de certaines coutumes atroces des peuples primitifs dont on retrouve les traces parmi les sauvages.

Quelquefois c'était le salut de l'agrégation (comme dans les sacrifices humains), quelquefois c'était le bien de la victime même (c'est le cas des parents vieux tués publiquement par leurs enfants). La superstition empêchait toute révolte ; la répugnance individuelle devait se cacher en présence d'un devoir social, religieux ou filial. C'est par des raisons analogues, que l'on justifie aujourd'hui au Dahomey, comme autrefois au Pérou, les sacrifices funéraires et qu'Agamemnon et Jephté immolèrent leurs filles. Ce sont des préjugés patriotiques ou religieux, des usages traditionnels qu'on explique par la nécessité de la sélection, par la prévention d'un accroissement excessif de la population, qui ont fait tolérer l'infanticide au Japon, en Chine, en Australie, au Paraguay, dans l'Afrique australe, l'avortement volontaire dans plusieurs tribus de la Polynésie, et qui, d'après la loi de Lycurgue, faisaient périr tous les enfants faibles ou mal conformés. Il ne s'agit donc pas de cruauté instinctive, mais d'institutions sociales auxquelles l'individu ne pouvait résister, quelle que fût sa répugnance. Ce n'est que la cruauté nuisible que l'altruisme défend, et ce que l'on aurait cru nuisible dans ces pays, c'était précisément de ne pas exécuter ces actes de cruauté considérés comme nécessaires.

De toutes les horreurs autorisées par les lois des peuples dont nous avons parlé, il ne reste donc que le *cannibalisme par gourmandise*, le droit des chefs et des guerriers de *tuer un homme par un pur caprice, pour le désir de montrer leur adresse, d'essayer leurs armes ;* enfin des actions cruelles qui, n'étant aucunement imposées par des préjugés religieux ou patriotiques, ou par des institutions ayant un but économique et social, ne peuvent s'expliquer que par l'*absence totale du sentiment de pitié.*

Mais il n'y a que très peu de peuplades parmi lesquelles on ait découvert de pareils usages : les Fidjiens, les Néo-Zélandais, les Australiens, quelques tribus de l'intérieur de l'Afrique..... Ce sont des exceptions qui confirment la règle, des anomalies sociales, qui, vis-à-vis de l'espèce humaine, représentent ce que les anomalies individuelles sont vis-à-vis d'une race ou d'une nation.

Nous en avons assez dit à ce sujet, et nous croyons pouvoir affirmer maintenant qu'il existe un sentiment rudimentaire de *pitié*, possédé par toute l'espèce humaine (à quelques exceptions près) sous une forme *négative*, c'est-à-dire d'abstention de certaines actions cruelles; — et que l'opinion publique a toujours considéré comme des crimes les *violations de ce sentiment nuisibles à la communauté*, ce qui en a fait toujours excepter la guerre et les actes de cruauté ordonnés ou provoqués par des préjugés religieux ou politiques, ou par des institutions sociales et traditionnelles.

Passons à la forme la plus marquée de l'altruisme, c'est-à-dire à ce sentiment qui se détache d'une manière plus tranchée des sentiments égo-altruistes : je veux dire le sentiment de la *justice*. « Il ne consiste pas évidemment, nous dit Spencer, en représentations de simples plaisirs ou de simples peines que les autres éprouvent; mais il consiste en représentations de ces émotions que les autres ressentent quand on empêche ou qu'on laisse manifester en eux, réellement ou en perspective, les activités par lesquelles les plaisirs sont recherchés et les peines écartées. Le sentiment de la justice est ainsi constitué pour la représentation d'un sentiment qui est lui-même hautement représentatif.... La limite vers laquelle marche ce sentiment altruiste supérieur est assez facile à discerner... c'est l'état dans lequel chaque citoyen, incapable de supporter toute autre restriction de sa liberté, supportera cependant volontiers les restrictions de cette liberté, nécessitées par les réclamations d'autrui. Bien plus, il ne tolérera pas seulement cette restriction, il la reconnaîtra et l'affirmera spontanément. Il sera sympathiquement plein de sollicitude pour l'intégrité de la sphère d'action des autres citoyens, comme il l'est pour l'intégrité de la sienne propre, et il la défendra contre toute attaque, en même temps qu'il s'interdira lui-même de l'attaquer. » Le sentiment de la justice, à un degré si élevé, est ce qu'on est convenu d'appeler *délicatesse*. On comprendra facilement qu'un sentiment si complexe ne peut être possédé parfaitement que par des natures privilégiées. Quoique l'idée de la justice soit très développée même chez les enfants ou les personnes du bas peuple, il est rare que les mêmes personnes agissent en conformité de cette idée lorsque leur intérêt personnel est en jeu. L'enfant et le sauvage savent très bien distinguer ce qui leur appartient de ce qui ne leur appartient pas ; ils ne font néanmoins que tâcher de s'emparer de n'importe quels objets placés à leur portée. Ce qui prouve que c'est le sentiment, non l'idée de la justice qui leur manque. Quant aux personnes adultes d'une nation civilisée, elles possèdent *généralement* par l'hérédité et les traditions un certain instinct qui leur empêche de s'emparer par tromperie ou par violence de ce qui ne leur appartient pas. C'est un sentiment altruiste correspondant à ce sentiment égoïste de la *propriété* qu'un philosophe italien [1] a très bien défini

1. Sergi, *Elementi di psicologia*, p. 590-51. Messina, 1879.

« une forme secondaire de celui de la conservation individuelle ».

Nous ne trouvons, pour désigner le sentiment altruiste
correspondant, que le mot de « probité », qui exprime le
respect pour tout ce qui appartient à autrui.

Il est évident que le sens moral *moyen* d'une société ne
peut contenir toutes les nuances du sentiment de justice.
La délicatesse la plus exquise nous empêcherait d'accepter
une simple louange que nous n'aurions pas la conscience
d'avoir parfaitement méritée. Mais ce sont là les sentiments
d'une minorité de gens choisis. Pour que le sens moral de
la communauté soit violé, il faut que le sentiment qu'on
blesse soit presque universel. Et nous ne rencontrerons ce
caractère que dans cette probité élémentaire qui consiste,
comme nous l'avons dit, à respecter la propriété des
autres.

A ce point de vue, la simple insolvabilité simulée serait
criminelle. Cela blesse, en effet, le sens moral universel tout
comme une escroquerie, ou une fraude quelconque. Il n'est
pas improbable qu'on en viendra là ; peut-être même ira-
t-on plus loin ; on considérera comme criminelles toutes
ces sortes de tromperies que l'on découvre dans les procès
civils, et auxquelles on donne le nom de *simulations*, lorsqu'elles ne sont que des moyens d'obtenir un avantage indu
aux dépens des autres.

Mais il ne serait peut-être pas sans danger de s'engager
dans cette voie. D'abord, lorsqu'il s'agit de procès civils, il
est très difficile de découvrir la mauvaise foi cachée sous
les subtilités légales. Ensuite, s'il s'agit de droits immobiliers, la présence même de l'immeuble en question est faite
pour rassurer les esprits dans la plupart des cas. Ce qui

fait que la société ne peut s'alarmer beaucoup des fraudes de ce genre et qu'elle ne les range pas parmi les actions nuisibles. Enfin, l'on ne saurait oublier que la probité est un sentiment beaucoup moins enraciné que la pitié, beaucoup plus détaché que ce dernier de notre organisme, beaucoup moins instinctif et beaucoup plus variable selon nos raisonnements et nos idées particulières. Il dérive, bien moins que la pitié, de l'hérédité naturelle, bien plus que la pitié, de l'éducation et des exemples du milieu ambiant. Ce qui fait qu'il est de la dernière difficulté de tracer une ligne de démarcation entre la probité commune et la probité supérieure, la *délicatesse*, ce sentiment noble et idéal de la justice dont nous avons donné un aperçu.

Lorsqu'on pense à l'extrême tolérance qu'on a pour les contrefaçons industrielles, pour la mauvaise foi dans la vente de chevaux, d'objets artistiques, etc. ; pour les profits indus, qui sont la principale ressource de plusieurs classes très nombreuses, on est quelquefois tenté de douter de l'existence même du sentiment de probité dans la majorité de la population. La duplicité, la déloyauté, l'indélicatesse sont tellement communes qu'une tolérance réciproque est devenue indispensable. De là une limitation forcée du cachet d'improbité aux formes les plus grossières et les plus évidentes d'attaque à la propriété ; mais ce cachet existe également qu'il s'agisse d'objets, de biens, de propriété littéraire ou industrielle. C'est ainsi que, quoique les lois ne menacent de peines graves qu'une seule espèce de contrefaçon, celle de la monnaie, — le sens moral n'en sera pas moins révolté en apprenant qu'une contrefaçon industrielle quelconque enrichit tout le monde, excepté l'auteur du procédé dont on s'est emparé malgré lui. Sans doute, le

fait d'un danger social infiniment plus grave dans le premier cas n'est pas sans influence pour l'opinion publique,
néanmoins elle reconnaîtra le même caractère d'improbité
à ces deux sortes de contrefaçons, quoique l'une d'elles soit
punie des travaux forcés, pendant que l'autre n'est punie
que d'une amende. — *Vice versa*, et malgré les plus beaux
raisonnements, on ne nous fera jamais sentir la même
répugnance pour le contrebandier et pour celui qui profite
de la contrebande, que pour le voleur et pour celui qui
recèle ou achète des objets volés. C'est que, somme toute,
dans le premier cas, on ne fait que se soustraire au payement d'une taxe, que refuser de déposer son argent dans
les caisses de l'État; or, ne pas contribuer à enrichir quelqu'un, c'est bien différent de le dévaliser. On aura beau
flétrir la contrebande, cela n'empêchera pas les plus honnêtes gens de fumer des cigares de la Havane dont les
droits n'ont pas été payés à la Douane.

IV

Nous pouvons conclure de tout ce qui a été dit dans le
paragraphe précédent que l'élément d'immoralité nécessaire pour qu'un acte nuisible soit considéré comme criminel par l'opinion publique, c'est la lésion de cette partie
du sens moral qui consiste dans les sentiments *altruistes*
fondamentaux, c'est-à-dire la PITIÉ et la PROBITÉ. Il faut,
de plus, que la violation blesse, *non pas la partie supérieure et la plus délicate* de ces sentiments, mais *la me-*

sure moyenne dans laquelle ils sont possédés par une communauté, et qui est *indispensable* pour l'adaptation de l'individu à la société. C'est là ce que nous appellerons crime ou *délit naturel*. Ce n'est pas, je le veux bien, une vraie définition du délit, mais on ne pourra se refuser d'y voir une détermination que je crois très importante. J'ai voulu démontrer par là qu'il ne suffit pas de dire, comme on l'a fait jusqu'à présent, que le délit est un acte en même temps nuisible et immoral. Il y a quelque chose de plus : *une espèce déterminée d'immoralité*. Nous pourrions citer des centaines de faits qui sont nuisibles et immoraux sans qu'on puisse se résoudre à les considérer comme criminels. C'est que l'élément d'immoralité qu'ils contiennent n'est ni la cruauté, ni l'improbité. Si l'on nous parle, par exemple, d'immoralité *en général*, on sera forcé de reconnaître que cet élément existe, en quelque sorte, dans toute désobéissance volontaire à la loi. Mais que de transgressions, que de délits, de crimes même selon la loi, ne nous empêchent pas de serrer la main de leurs auteurs !

Sans doute, nous sommes les premiers à reconnaître qu'une sanction pénale est nécessaire pour toute désobéissance à la loi, qu'elle blesse ou qu'elle ne blesse pas les sentiments altruistes. Mais alors, nous dira-t-on, quel est le but pratique de votre distinction ? Nous le montrerons plus tard ; pour le moment, il nous faut compléter notre analyse, en expliquant pourquoi nous avons exclu de notre cadre de la criminalité certaines violations de sentiments moraux d'un ordre différent.

Ce que nous avons dit de la pudeur justifie assez l'exclusion de tous les actes qui blessent *uniquement* ce sentiment. Ce qui rend criminels les attentats à la pudeur n'est

pas la violation de la pudeur même ; c'est la violation de la
liberté individuelle, du sentiment de pitié, même s'il n'y a
pas eu de contrainte, mais une simple tromperie, à cause
de la douleur morale, de la honte et des conséquences
fâcheuses que l'acte brutal fait subir à la victime. Mais qui
est-ce qui s'inquiète de l'acte impudique en lui-même,
lorsque la jeune fille a librement disposé de soi et qu'elle
n'a pas à se plaindre d'avoir été trompée ? La même raison
ne permet plus de classer parmi les crimes n'importe quelle
sorte d'actes impudiques librement consentis, quoique les
codes de quelques États menacent encore de la maison de
force certaines dépravations du sens génésique. Quant à la
pudeur publique, elle a sans doute le droit d'être respectée,
mais la trop grande variabilité des usages empêche toute
règle fixe en cette matière. On peut dire seulement qu'une
société civilisée ne supporte pas le spectacle de la nudité
complète, ni celui de la conjonction publique des sexes;
pourtant des spectacles de ce genre exciteraient l'hilarité
ou le dégoût, plutôt que l'indignation, si ce n'est chez les
pères et mères de famille. Mais ces derniers mêmes ne
voudraient pas la mort des pécheurs; ils ne crieraient pas
au crime, mais à l'indécence; parce qu'enfin il n'y a là
qu'une modalité à changer, le lieu, pour que tout rentre
dans l'ordre normal. Ce qui fait que, selon les temps, l'on
a administré le fouet, les arrêts ou les amendes pour des
histoires de ce genre, comme s'il s'agissait d'ivrognerie,
mais pas plus que pour les ivrognes on n'a songé à invoquer
les peines réservées aux crimes. La conscience publique
ne peut voir un crime dans ce qui ne devient une inconvenance que par une circonstance extérieure : la publicité.
Encore faut-il ajouter que cette inconvenance est plus ou

moins grave, selon que l'endroit est plus ou moins écarté et le buisson plus ou moins épais. C'est pourquoi l'opinion publique ne trouve dans ces sortes de choses que des contraventions de police, quelle que soit la place qu'elles occupent dans le code.

Nous passons à un autre genre de sentiments qui ont eu jadis une importance immense : les sentiments de famille. On sait que la famille a été le noyau de la tribu et partant de la nation, et que le sens moral a commencé à y paraître sous la forme de l'amour pour ses enfants, qui n'est pas encore un vrai sentiment altruiste, mais un sentiment *cgoaltruiste*. Les progrès de l'altruisme ont diminué de beaucoup l'importance du groupe de la famille, la morale en a franchi d'abord la limite, pour franchir ensuite celle de la tribu, de la caste et du peuple et ne connaître d'autres bornes que l'humanité.

Malgré tout, la famille a continué d'exister, avec ses règles naturelles : l'obéissance, la fidélité, l'assistance mutuelle de ses membres. Mais la violation des sentiments de famille est-elle toujours un délit naturel ? Non, tant qu'il n'y a pas en même temps violation des sentiments altruistes élémentaires dont nous avons parlé tantôt.

Qu'un fils maltraite ses parents ; qu'une mère abandonne ses enfants ; quel est le sentiment *réellement* blessé par là, celui de la famille considérée comme une *agrégation*, comme un *organisme*, ou celui de la *pitié*, qui est généralement plus vif pour les personnes qui nous appartiennent par le sang ?

C'est même cette universalité du sentiment de pitié pour nos parents ou nos enfants qui rend criminelles des actions qui ne seraient pas telles s'il s'agissait d'autres personnes.

Bien au contraire, l'idée de la communauté de famille, idée traditionnelle, et qui subsiste toujours en dépit des lois, retranche le caractère criminel de certaines attaques à la propriété, comme le vol entre père et enfants, mari et femme, frères et sœurs. Ce n'est pas le sentiment de famille qui l'emporte sur celui de la probité; c'est plutôt l'improbité qui n'existe pas là où tous se croient les maîtres.

La désobéissance à l'autorité paternelle n'est déjà plus depuis longtemps classée parmi les délits ; mais l'adultère a toujours sa place dans le code. Que l'adultère soit nuisible à l'ordre de la famille, qu'il soit immoral à ce point de vue, il n'y a pas le moindre doute. Toutefois, sauf quelques cas exceptionnels, il ne blesse pas directement les sentiments altruistes élémentaires. Ce n'est que l'oubli d'un devoir, l'inobservation d'un pacte, et, comme dans tout autre contrat, cela ne devrait donner à la partie qui en souffre que le droit de faire dissoudre l'engagement. Nous n'en sommes pas encore arrivés là ; pourtant, nous voyons dans l'histoire la diminution toujours croissante des peines infligées à l'adultère qui, depuis la lapidation israélite, la fustigation allemande, le pilori et les autres supplices du moyen âge, n'est plus menacé de nos jours que de quelques mois de prison correctionnelle.

Bref, ce qui n'est que la violation d'un droit, ce qui ne blesse ni le sentiment de pitié, ni celui de probité, ne saurait plus être considéré comme un crime par l'opinion publique. Ce sont ces sentiments qui souffrent de la *bigamie*, ou encore des *fausses qualités* qu'un aventurier s'est attribuées pour parvenir à se fourrer dans une honnête famille. Voilà ce qui devrait être un crime et qui, pourtant, ne l'est pas. Un mariage obtenu par escroquerie soulève l'indignation universelle, bien plus que l'oubli d'une femme qui ne sait pas résister à l'amour défendu! On a beau comparer l'adultère à un larcin; l'amour n'est pas une propriété; si un contrat a été violé, tout ce qu'on peut exiger, c'est la résiliation du contrat.

L'adultère est, en quelque sorte, le *délit politique* de la famille. On pourra y appliquer plusieurs des considérations que nous allons faire au sujet du délit politique.

C'est ici, pour sûr, que nous rencontrerons les obstacles les plus graves. Comment! nous dira-t-on, prétendez-vous que la conspiration, la révolte contre le gouvernement légitime d'un pays ne sont pas des crimes? Mais qu'y a-t-il de plus dangereux pour la société dont on est membre? Est-ce qu'on n'attaque pas par là de la manière la plus directe la tranquillité publique?

Et pourtant comment expliquer la sympathie qu'ont toujours inspirée les condamnés politiques, en comparaison de la répugnance qu'inspirent des voleurs, des escrocs, des faussaires ou autres fripons?

Il y a là une distinction tranchée; je veux bien qu'on dise *crimes politiques*, mais lorsqu'on dit *crimes* tout court, il n'y a pas de place pour les premiers.

Cette différence, la conscience publique ne manque jamais de la faire: pour en donner un exemple, elle est exprimée par De Balzac (*Peau de chagrin*) dans le dialogue suivant, qui a lieu parmi des jeunes gens appartenant à la bohême littéraire:

« Oh! maintenant, reprit le premier interlocuteur, il ne nous reste....

— Quoi? dit un autre.

— Le crime. ...

— Voilà un mot qui a toute la hauteur d'une potence, et toute la profondeur de la Seine, réplique Raphaël.

— Oh! tu ne m'entends pas. Je parle des crimes politiques. »

Oui, sans doute; ce sont des attentats que l'État doit réprimer énergiquement, la faiblesse des gouvernements est même une faute énorme; mais enfin, de quel genre est l'immoralité qu'ils contiennent? Le manque de patriotisme? Ils peuvent dériver d'un sentiment plus noble encore que le patriotisme: le cosmopolitisme! La désobéissance au gouvernement établi? Ils peuvent dériver de ce qu'on croit être le vrai patriotisme. Nous avons d'ailleurs montré plus haut pourquoi l'absence de patriotisme n'est plus suffisante de nos temps pour donner à un individu le cachet de l'immoralité. Il ne reste donc qu'un seul élément : la désobéissance à la loi, la révolte à l'autorité.

Il y a pourtant des crimes qu'on appelle politiques et qui sont des crimes même pour nous. Tels sont par exemple l'attentat à la vie du chef de l'État ou d'un fonctionnaire du gouvernement; l'explosion d'une mine, d'une bombe pour terrifier une ville, etc. Dans de tels cas, peu importe que le but soit politique, du moment que l'on a violé le sentiment d'humanité. A-t-on tué ou voulu tuer, hors le cas de guerre ou de défense légitime? On est, pour cela seul, un criminel; on peut l'être plus ou moins selon l'intention et les circonstances, et c'est ce que nous verrons ailleurs, mais le crime existe par le seul fait d'une violation si grave du sentiment de pitié. Nous ne dirons pas que cette sorte de crime est d'une nature différente, ni qu'il existe dès qu'on en a conçu le projet, avant d'avoir rien fait pour l'exécuter.

La raison d'État pourra donner le nom d'attentat punissable à ce qui ne serait pas tel dans les cas ordinaires, c'est alors qu'on rentre dans le délit politique. Nous parlons des cas où il y a eu meurtre, explosion, incendie, ou tentative de meurtre, d'explosion, d'incendie... Eh bien, le crime existe, indépendamment de la passion qui l'a provoqué. Il existe par le fait de la violation des sentiments altruistes élémentaires, la *pitié* ou la *probité.* Qu'on nous pardonne d'en revenir toujours là; c'est monotone, mais indispensable pour le but à atteindre. Nous avons donc fixé que *le délit politique, quoique punissable, n'est pas un délit naturel, lorsqu'il ne blesse pas le sens moral de la communauté.* Ce qui fait qu'il devient tel dès qu'une société retourne tout à coup à un état de vie où l'existence collective se trouve menacée. La guerre, état ressemblant à celui de la vie prédatrice, fait passer en seconde ligne les sentiments développés par l'activité pacifique. Du moment que l'indépendance devient l'unique souci d'un peuple, l'immoralité la plus grave pour un citoyen est de tâcher de livrer sa patrie à l'étranger. Tout citoyen alors doit être considéré comme un soldat; c'est la loi martiale qui régit; les lois de la paix ont disparu. C'est alors que la désertion, la trahison, l'espionnage sont de vrais crimes, parce qu'ils peuvent contribuer à la destruction d'une nation par une autre. Mais l'état de guerre n'est, de nos temps, qu'une crise de courte durée. L'activité pacifique succédant à l'activité prédatrice, la moralité de la paix succède à celle de la guerre, et le crime qui n'en est un que par rapport à la moralité de la guerre, passe à l'état de délit politique ou disparaît tout à fait, il cesse en tout cas d'être compté parmi les délits naturels. C'est ainsi que la désertion se transforme en *option* d'une nationalité différente ; la conspiration et la révolte n'attaquent plus la vie nationale, mais tout simplement la forme du gouvernement ; quant à l'espionnage, il n'est plus qu'une révélation de secrets d'État, qui peut être coupable comme toute autre indiscrétion, lorsque l'honneur vous obligeait de garder le secret qui vous avait été confié et que vous avez vendu ou vous êtes laissé corrompre. Il y a alors *improbité*, c'est pourquoi le sens moral en est blessé et le délit naturel existe.

Il y a d'autres délits qui ne sont pas politiques, mais qui menacent la tranquillité publique *au point de vue particulier d'un gouvernement*. Telles sont, par exemple, les attaques à une institution, les grèves, la résistance à l'autorité, le refus d'un service public de la part d'un citoyen, etc. Nous n'avons qu'à répéter que l'opinion publique se refusera toujours à voir un crime et un criminel là où il n'existe pas d'offense au sens moral universel.

V

Quel est donc notre cadre de la criminalité ? Nous l'avons rangée sous deux catégories très larges, selon que l'offense est faite principalement à l'un ou à l'autre des deux sentiments altruistes primordiaux, quoique les actions coupables attaquent des droits de différentes espèces et soient classées dans les codes sous différents titres.

C'est ainsi que la *première catégorie, l'offense au sentiment de pitié* ou *d'humanité*, contient d'abord les *agres-*

sions à la vie des personnes, et *toutes sortes d'actions*
tendant à leur faire un mal *physique*, ainsi donc les *blessures*,
les *mutilations*, les *mauvais traitements* entre
père et enfants, mari et femme, les *maladies causées
volontairement*, *l'excès de travail imposé à des enfants*
ou la *spécialité d'un travail capable d'endommager leur
santé ou d'arrêter le développement de leur corps* (ces
dernières actions ne figurent pas dans les codes, ou, tout
au plus, sont-elles rangées parmi les contraventions) ;
ensuite les actes physiques qui produisent une douleur *en
même temps physique et morale*, comme la violation de la
liberté individuelle pour un but égoïste quelconque, soit la
luxure ou le gain ; ainsi la *défloration*, le *rapt sans consentement*, *l'emprisonnement arbitraire*, etc., — enfin
les actes qui par un moyen *direct* produisent nécessairement une douleur *morale*, comme la *calomnie*, la *diffamation*, la *séduction d'une jeune fille moyennant tromperie*.

Dans la *seconde catégorie*, *l'offense au sentiment élémentaire de probité*, nous avons rangé : d'abord, les
agressions violentes à la propriété, comme le *vol*, *l'extorsion*, la *dévastation*, *l'incendie ;* ensuite, les agressions
faites sans violence, mais par abus de confiance, comme
l'escroquerie, *l'infidélité*, *l'insolvabilité volontaire*, la
banqueroute, la *violation d'un secret*, le *plagiat*, et toutes
sortes de *contrefaçons* nuisibles aux droits des auteurs
ou des fabricants ; enfin les lésions *indirectes* à la propriété ou aux droits civils des personnes moyennant des
mensonges solennels, comme les *faux témoignages*, les
faussetés dans les actes authentiques, la *substitution* d'un
enfant, la *suppression d'état civil*, etc.

Nous avons laissé hors de notre cadre: d'abord, *les actions qui menacent l'État*, comme celles qui peuvent être la cause d'hostilités entre puissances, les enrôlements militaires non autorisés, les révoltes contre la loi, les réunions subversives, les cris séditieux, les délits de presse, soit encouragements à une secte, à un parti anti-constitutionnel, excitations à la guerre civile, etc.; ensuite, *les actions qui attaquent le pouvoir social sans but politique*, comme toutes sortes de *résistances* aux agents de la loi (hors les cas de meurtre ou blessure), l'*usurpation* de titres, de dignité ou de fonctions *sans but de gain illicite, le refus d'un service dû à l'État*, la contrebande, etc.; puis, *les actions lésives de la tranquillité publique, des droits politiques des citoyens, du respect du culte, de la pudeur publique*, comme les violations de domiciles, les rixes et les duels en public, l'exercice arbitraire d'un droit par la force, les fausses nouvelles alarmantes, l'évasion de prisonniers, le faux nom donné aux autorités, les intrigues électorales, les offenses à la religion ou au culte, les arrêts arbitraires, les actes obscènes en public, l'éloignement du lieu de relégation; enfin les *transgressions à la législation particulière d'un pays*, comme le port d'armes non autorisé, la prostitution clandestine, les contraventions aux lois sur les chemins de fer, télégraphes, hygiène publique, état civil, douane, chasse, pêche, forêts, cours d'eau, aux règlements municipaux d'ordre public, etc.

Tous les actes nuisibles et punissables de ce genre ne peuvent donc être un objet d'étude pour le criminaliste sociologue; ils sont relatifs aux conditions particulières d'une nation; ils ne révèlent pas dans leurs auteurs une anomalie, le défaut de cette partie du sens moral, que l'évolution a rendu presque universelle. Nul doute que le législateur ne doive frapper les uns comme les autres ; mais il n'y a que les *vrais crimes* à notre point de vue qui peuvent intéresser la *vraie science*, par la recherche de leurs causes naturelles, et de leurs remèdes sociaux ; pendant qu'ils attaquent la moralité élémentaire de tous les peuples, les autres n'attaquent que des lois faites pour une société déterminée et variables d'un pays à l'autre ; la recherche des causes biologiques en ces cas est donc inutile, et quant aux remèdes il n'y en a d'autres que des châtiments variables de même, selon que le besoin d'intimidation est plus ou moins vif.

CHAPITRE II

LE DÉLIT SELON LES JURISTES

On croit de notre temps que la science des délits n'est qu'une branche de la science du droit ; on a donné à la pénalité un caractère juridique ; on s'est adressé aux avocats pour la législation et à des avocats encore pour appliquer la loi. Il n'y a qu'un seul et même ordre de fonctionnaires pour juger en matière civile et pénale, et les salles d'audience présentent à peu près le même spectacle, des hommes en robe noire, des greffiers, des avocats qui plaident..... Et pourtant, qui ne sent pas que le rapport entre les deux choses est presque imaginaire, et qu'une distance incommensurable sépare ces deux salles d'audience existant dans le même édifice à quelques pas l'une de l'autre ?

Les juristes se sont emparés de la science de la criminalité ; on les a laissés faire, et on a eu tort, à mon humble avis. J'espère, dans la suite de cet ouvrage, parvenir à justifier ce que ces mots peuvent avoir d'étrange. Voyons, pour le moment, quelle est la manière dont ils envisagent l'idée du crime.

Qu'est-ce d'abord que la criminalité pour le juriste ? Rien. Il ne connaît presque pas ce mot. Il ne s'occupe pas des causes naturelles de ce phénomène social ; ce sont pour lui, tout au plus, des connaissances de luxe. Le criminel n'est pas pour lui un homme anormal psychiquement ; ce n'est qu'un homme comme tous les autres, qui a commis une action défendue et punissable. C'est que le juriste n'étudie le délit que d'après sa forme extérieure, il n'en fait aucune analyse selon la psychologie expérimentale, il n'en recherche pas la dérivation. Ce qui le préoccupe, c'est la détermination des caractères *extérieurs* des différents délits, c'est la classification des délits, selon les *droits* qu'ils blessent, c'est la recherche de la peine juste, proportionnellement et *in abstracto*, non pas de la peine *utile expérimentalement* pour l'atténuation du mal social.

Si le juriste ne s'occupe pas de la criminalité comme mal social, du moins nous a-t il donné une définition rigoureuse de ce qu'il entend par délit ?

C'était, selon l'ancienne école utilitaire, « une action que l'on croit devoir défendre, à cause de quelque mal qu'elle produit ou qu'elle tend à produire »[1] ; ou, tout simplement, « une action défendue par la loi »[2] ; ou, enfin, « une action quelconque opposée au bien public »[3].

On voit, d'un coup d'œil, ce qu'il y a de vague dans de pareilles définitions ; on peut y faire entrer tout ce qu'on

1. BENTHAM, *Traité de législation pénale*, ch. 1.
2. FILANGIERI, *Scienza della legislatione*, lib. I, cap. 37.
3. BECCARIA, *Dei delitti e delle pene*, § VI.

veut, tout ce qui, du moins, sous un rapport quelconque,
peut être considéré comme nuisible à la société.

On a tâché, depuis, d'y introduire un élément moral,
l'injustice. C'est ainsi que l'un des plus grands écrivains
italiens nous dit que le délit est l'acte d'une personne libre
et intelligente, nuisible aux autres et injuste [1], et que le
fondateur de l'école française moderne explique que « le
pouvoir social ne peut regarder comme délit que *la violation d'un devoir* envers la société et les individus, exigible
en soi et utile au maintien de l'ordre [2] ».

On a adhéré de toutes parts à cette conception du délit,
selon laquelle l'utilité sociale n'est plus qu'une *condition*
pour qu'une action immorale soit punissable.

Il est néanmoins facile de voir quelle en est l'élasticité,
du moment qu'on parle d'immoralité ou d'injustice *en général*, sans autre détermination. Nous en présenterons un
exemple tiré d'un des ouvrages les plus estimés en pareille
matière :

« Tout trouble apporté à l'ordre social est un délit moral, puisque ce trouble est la violation d'un devoir, celui
de l'homme envers la société. Ainsi, les actions que la
justice a mission de punir seraient de deux sortes : ou
empreintes d'une immoralité intrinsèque, ou *pures en
elles-mêmes de cette immoralité, mais la puisant alors
dans la violation d'un devoir moral;* dans ces deux cas,
il y aurait délit social, l'élément de ce délit serait la
criminalité intrinsèque ou relative de l'acte. La plupart

---

1. ROMAGNOSI, *Genesi del diritto penale*, § 554 et suivants.
2. ROSSI, *Traité du droit pénal*, liv. II, ch. I. Cette définition a été
acceptée, entre autres, par Ortolan, Trébutien, Guizot, Bertault, en France,
Haus en Belgique, Mittermaier en Allemagne.

des contraventions matérielles rentrent dans la dernière classe[1]. »

En d'autres termes, lorsqu'on fait une chose défendue par une autorité légitime, il y a immoralité, à cause de la désobéissance à la loi. Mais, alors, à quoi bon distinguer l'élément moral et nous le présenter comme une condition *sine qua non* pour qu'une action ait le caractère de délit ? Du moment que l'obéissance à la loi est un devoir moral, autant vaut en revenir aux définitions de l'école ancienne, et nous dire tout simplement que le délit est une action défendue par la loi.

M. Ad. Franck a substitué la proposition corrélative à celle employée par Rossi. Ce dernier parle de la violation d'un devoir ; le premier, de la violation d'un droit. Une action ne peut être légitimement poursuivie et punie par la société que lorsqu'elle est la violation *non pas d'un devoir, mais d'un droit*, d'un droit individuel ou collectif, *fondé*, comme la société elle-même, sur *la loi morale*[2].

Il n'y a là, peut-être, qu'une question de mots, quelques efforts que fasse M. Franck pour démontrer qu'il s'agit d'une différence substantielle. Il critique la définition de Rossi, en apportant des exemples de devoirs même envers la société et dont la violation, quoique nuisible, ne pourrait mériter la poursuite ou la répression de la justice.

Tel est le devoir « de consacrer à notre pays tout ce que nous avons de force et d'intelligence », telles sont les vertus que notre conscience nous commande à l'égard des individus, par exemple, les œuvres de charité, le pardon des

1. CHAUVEAU et HÉLIE, *Théorie du code pénal*, ch. XVII.
2. Ad. FRANCK, *Philosophie du droit pénal*, page 99. Paris, 1880.

injures. Mais il faut remarquer que M. Franck a oublié la dernière partie de la formule de Rossi, qui n'a pas seulement parlé d'une violation de devoirs, mais y a ajouté la condition que ces devoirs soient *exigibles en soi*. Or, dans les exemples de M. Franck, il ne s'agit pas de devoirs exigibles par la force; de sorte que les deux définitions ont précisément la même portée. Il n'en saurait être différemment, puisque les mots « droit » et « devoir » sont corrélatifs, et qu'il n'existe pas de droit, s'il n'existe en même temps le devoir de le respecter. La nouvelle définition de M. Franck n'est pas d'ailleurs moins vague que les précédentes. Il a beau ajouter des conditions, faire des restrictions; dire, par exemple, que les seuls droits dont la violation constitue un délit, sont ceux qui sont susceptibles d'une *détermination précise* ou exigibles par la force, parce qu'ils sont *absolument* nécessaires à l'accomplissement des devoirs auxquels ils correspondent; aller même plus loin et remarquer que la violation d'un de ces droits circonscrits *ne suffit pas toujours, ne suffit pas seule pour constituer un délit,* et qu'il faut encore que la sanction pénale soit *possible*, qu'elle soit *efficace*, qu'elle ne soit pas elle-même un mal moral aussi grand que le délit, qu'elle ne soit pas de nature à blesser les mœurs. Ainsi, une femme qui refuserait à son mari l'accomplissement des fins du mariage, échapperait à toutes les mesures de rigueur qu'on pourrait imaginer, ces rigueurs étant plus à craindre que le délit lui-même, parce que la constatation seule de ce délit n'est pas possible sans les plus graves inconvénients.

Et pourtant, malgré tant de soins apportés pour cette définition, elle laisse toujours passer quelque chose de trop : un débiteur, par exemple, qui refuse de payer ce qu'il doit, viole un droit bien déterminé et exigible par la force ; mais, si le débiteur est insolvable, est-il un délinquant ? il ne l'est pas, hélas ! selon les lois présentes même si l'insolvabilité est volontaire ou simulée ! On a le droit d'avoir chez soi ses enfants ; s'ils quittent le toit paternel, on peut les y faire reconduire de force, et pourtant, il n'y a pas de délit.

D'ailleurs, toute contravention à une loi, voire même à un ordre de l'Autorité, serait un délit social pourvu que le pouvoir dont est émané l'ordre soit légitime, c'est-à-dire qu'il aurait le droit de faire ce qu'il a fait. On en revient toujours là ; c'est un cercle vicieux ; pendant qu'on recherche ce que la loi doit considérer comme délit, on finit par nous dire que c'est ce qui est défendu par la loi.

La conception du délit retombe dans le vague ; elle y retombera toujours jusqu'à ce qu'on ait déterminé *le genre particulier d'immoralité*, qui est l'élément nécessaire de ce que l'opinion publique considère comme un délit.

Qu'on ne nous dise pas que par une analyse de ce genre on retrancherait du code un grand nombre d'actions qui sont punissables et doivent l'être pour la sécurité sociale. Il ne s'agit pas de voir maintenant s'il y aurait lieu de former deux codes de nature différente, l'un pour la criminalité naturelle, l'autre pour toutes les désobéissances aux lois qu'un État croit devoir réprimer sévèrement. Nous avons déjà dit que nous ne cherchons pas les caractères des faits *punissables*, mais des actions considérées universellement comme criminelles, c'est-à-dire qui offensent le sens moral moyen de toutes les populations non sauvages.

Nous avons tâché d'isoler le *délit naturel*, afin de pouvoir en faire une étude scientifique, ce qui serait impossible si l'on prenait toutes les actions punissables que l'on trouve pêle-mêle dans les codes. Voilà pourquoi la conception juridique du délit ne saurait nous servir, du moment qu'elle ne distingue pas, à ce point de vue, les différentes transgressions à la loi.

Pour parvenir à notre but, nous avons commencé par éliminer tous les sentiments qui ne sont pas altruistes; nous avons réduit ces derniers à deux types, et nous en avons enfin dégagé la partie constituant la *mesure moyenne* dans laquelle l'humanité les possède, en renonçant ainsi à leur partie supérieure et plus délicate qui est l'apanage du petit nombre. En un mot, ce n'est pas sur la violation des droits, c'est sur celle des sentiments que nous pouvons baser notre conception du crime ou délit naturel. Voilà en quoi notre principe est totalement différent de celui des juristes. Nous n'avons pas du reste à nous défendre de vouloir par là étendre le domaine de la criminalité à des actions qui ne révèlent que de mauvais sentiments, et qui n'ont jamais été et ne seront jamais punissables, puisque nous avons ajouté que ces actions violatrices du sens moral élémentaire, soient en même temps *nuisibles* à la communauté. Enfin, la détermination que nous avons faite de la mesure moyenne des sentiments altruistes empêchera de nous reprocher de placer parmi les délits des actions qui, *quoique nuisibles*, ne sauraient être punissables, comme toutes celles qui révèlent le manque de certaines vertus utiles à la société.

II

J'ajouterai quelque chose à propos d'une observation
que mes idées ont peut-être suggérée à M. Tarde : « Un
acte est-il délictueux, — se demande-t-il, — par le seul
fait qu'il offense le sentiment moyen de pitié et de justice ?
Non, s'il n'est pas jugé délictueux par l'opinion. La vue
d'un massacre belliqueux soulève en nous plus d'horreur
que la vue d'un seul homme assassiné ; nous plaignons
plus les victimes d'une razzia que celles d'un vol ; et pourtant le général qui a ordonné cette boucherie et ce pillage
n'est pas un criminel. Le caractère licite ou illicite des
actions, par exemple, du meurtre en cas de légitime défense, ou de vengeance, et du vol, en cas de piraterie et
de guerre, est déterminé par l'opinion dominante, accré-
ditée dans le groupe social dont on fait partie. En second
lieu, tel acte qui est prohibé par cette opinion, s'il est accompli au préjudice d'un membre de ce groupe, ou même
d'un groupe plus étendu, devient permis au-delà de ces
limites [1]. »

Fort bien ; cette dernière remarque n'a pas été oubliée
par nous lorsque nous avons parlé du mouvement progressif d'expansion du sens moral, à partir de la famille
jusqu'à l'humanité tout entière. Mais pourquoi distinguer
le sentiment moral moyen, de l'opinion publique ? De quoi

---

1. TARDE, *La criminalité comparée.* Paris, 1886.

dérive-t-elle cette opinion, sinon de la mesure moyenne des sentiments moraux ? Il n'y a là, je pense, qu'une question de mots. Quant à la raison pour laquelle un général, qui est l'auteur d'un massacre, n'est pas considéré comme un criminel, elle est toute simple et je crois l'avoir donnée. C'est qu'avant d'arriver au criminel, il nous faut la notion du crime. Cette notion, nous l'avons donnée d'une manière plus complète : il ne suffit pas que les actes soient cruels ou injustes, il faut encore qu'ils soient *nuisibles* à la société. Or, la guerre n'est pas un crime, puisqu'elle a du moins l'apparence d'un cas de nécessité sociale, et son but n'est pas de nuire à la nation, mais de la sauver de la destruction. C'est, à un certain point de vue, le même cas d'une exécution capitale. Par un carnage sur le champ de bataille, la nation se défend de ses ennemis extérieurs ; par une exécution capitale, de ses ennemis intérieurs.

Eh bien ! pourra-t-on répliquer, il n'en est pas moins vrai que, même en se défendant, on peut offenser le sentiment de pitié. Or, puisque l'offense à ce sentiment est un élément commun au crime et à des actions qui ne sont pas telles, on ne peut s'en servir comme d'un caractère distinctif. Mais nous croyons qu'il n'y a pas même cette identité de l'élément dont on nous parle. Cela ne paraîtra pas étrange à celui qui aura pris la peine de nous suivre dès nos premières pages. On y aura vu comment le sentiment de pitié, dans sa mesure moyenne ou vulgaire, dérive de la sympathie. Et la sympathie naît elle-même de la faculté de nous représenter notre semblable et du plaisir qui en résulte [1].

1. A. Espinas, *Les sociétés animales*. Conclusion, § 1.

C'est pourquoi, lorsqu'on nous présente un malfaiteur totalement dépourvu d'instincts moraux et partant complètement différent de nous au moral, nous ne pouvons voir en lui notre semblable et, par conséquent, ne pouvons éprouver pour lui cette sympathie qui rendrait possible la pitié. Cela tient à la grande importance qu'a pour les hommes la vie psychique ; pendant que les animaux rejettent de la communauté ceux de leur espèce qui les révoltent par leur difformité physique, les hommes sont tolérants et même compatissants pour les défauts du corps. Ce n'est que l'anomalie psychique qui peut faire perdre à un homme la sympathie de ceux qui ne se regardent plus comme ses semblables. C'est alors qu'on préfère à un homme abruti un chien fidèle ou un noble cheval, parce que leurs qualités morales les élèvent jusqu'à nous. Ils nous ressemblent au moral, bien plus qu'un assassin ne nous ressemble au physique. C'est la ressemblance morale qu'il faut surtout à l'homme. Cela explique encore pourquoi des personnes bienveillantes, douces, généreuses, des femmes même, dont la sensibilité est généralement plus délicate que la nôtre, ne désirent pas sauver de la potence un condamné pour un meurtre exécrable, et qu'elles voient même avec une certaine satisfaction intérieure l'accomplissement de la justice. C'est que le pouvoir représentatif dont elles sont douées leur faisant sentir toute l'horreur du crime, leurs sentiments délicats éloignent de leur sympathie l'auteur de ce crime. Elles ne sauraient donc avoir beaucoup de pitié pour un être qui ne leur ressemble aucunement au moral.

Ainsi donc, quoique l'analogie existe entre les deux

fails, le crime et l'exécution, elle n'existe pas dans les *sentiments provoqués* par l'un et par l'autre [1].

Le cas du carnage en guerre peut s'expliquer de la même manière, à part la nécessité qui s'impose d'une manière plus frappante ; la raison pour laquelle nous n'avons pas de pitié pour l'ennemi est, en effet, toujours la même ; nous ne pouvons ressentir pour lui cette sympathie d'où découle la pitié. Seulement, cela dépend non pas d'une sensibilité raffinée, mais, au contraire, d'une sorte de régression historique, d'un saut en arrière, brusquement fait par nos sentiments, qui retournent à ce qu'ils étaient à l'époque de la vie prédatrice, où l'on ne considérait comme ses semblables que les hommes d'une même horde ou d'un même pays. Tous les degrés lentement franchis depuis des siècles par le sentiment de bienveillance sont repassés d'un seul coup ; le canon suffit pour nous faire revenir aux haines primitives de races ou de tribus, pour faire disparaître de nos cœurs l'amour pour l'humanité, cette acquisition morale si péniblement faite par une évolution séculaire.

[1] M. D'ARAMBURO me contredit sur ce point, en remarquant qu'en Espagne chaque condamnation à mort est la cause d'une vive agitation en faveur du condamné, et qu'on fait toutes sortes d'efforts pour en obtenir la grâce (*La nueva ciencia penal*, p. 238, 239. Madrid, 1887.) Je remarquerai pour ma part que d'autres pays non moins civilisés donnent un spectacle tout différent. Qu'on se souvienne seulement de l'agitation presque universelle en Belgique pour obtenir du roi l'exécution des frères Peltzer ; des centaines de milliers de signatures respectables couvraient la pétition. Qu'on se souvienne encore de l'émeute de Cincinnati (États-Unis d'Amérique) qui a ensanglanté pendant trois jours les rues de cette ville (1882), parce que le jury avait accordé des circonstances atténuantes à des assassins qu'on aurait voulu arracher à la prison pour les pendre.

III

L'importance de notre détermination de l'idée du crime ressortira dans la suite de cette étude. Puisque le crime consiste dans une action nuisible, qui viole le sentiment *moyen* de *pitié* ou de *probité*, le criminel ne pourra être qu'*un homme chez qui il y a absence, éclipse ou faiblesse de l'un ou de l'autre de ces sentiments*. Cela est évident, parce que, s'il avait possédé ces sentiments à un degré suffisant d'énergie, il n'aurait pu les violer, à moins que la violation ne soit qu'apparente, c'est-à-dire que le délit n'en soit pas réellement un.

Or, ces sentiments étant le *substratum* de toute moralité, leur absence chez quelques individus rend ces derniers incompatibles avec la société. En effet, si la moralité moyenne et relative consiste dans l'adaptation de l'individu au milieu, cette adaptation devient impossible lorsque les sentiments dont on manque sont précisément ceux que le milieu considère comme indispensables. C'est ainsi que dans un cercle plus étroit, où une moralité plus élevée est nécessaire, où la délicatesse, le point d'honneur, l'extrême politesse, sont la règle, la révélation de l'absence de ces qualités implique le manque d'adaptation, l'incompatibilité d'un membre avec le milieu. C'est ainsi que dans certaines associations, l'offense aux sentiments de la religion ou du patriotisme est mortelle, parce que ces sentiments sont le fond de la moralité sociale. La société, la grande, l'innominée se contente de peu ; elle exige qu'on n'offense pas la petite mesure de moralité dont elle a besoin pour vivre, la plus élémentaire, la moins raffinée, celle que nous avons essayé d'analyser. Ce n'est que lorsqu'elle la voit foulée aux pieds qu'elle crie au crime.

Nous savons maintenant quelles sont les deux classes de crimes dont nous avons à nous occuper. Il s'agit de voir si à ces deux classes correspondent réellement deux variétés *psychiques* de la race, deux types distincts : d'un côté, des hommes dénués du sentiment de pitié ; de l'autre, des hommes dénués du sentiment moyen de probité. Il nous faut les étudier *directement*, et déterminer les cas dans lesquels l'anomalie est irréductible par l'insusceptibilité du criminel pour les sentiments qu'il a violés, parce que, comme l'a dit en excellents termes un philosophe contemporain [1], il « existe dans l'organisation mentale des lacunes comparables à la privation d'un membre ou d'une fonction physique », ce qui fait que ces êtres sont complètement « déshumanisés ». Dans les autres cas, cette anomalie peut être atténuée parce qu'il n'existe pas absence absolue, mais seulement faiblesse du sens moral, qui rend impossible l'adaptation du criminel tant que le milieu qui le pousse au crime reste identique, et par là même la rend possible aussitôt qu'on le retire de ce milieu délétère et qu'on le place dans des conditions nouvelles d'existence.

---

[1] M. Th. RIBOT, dans sa leçon d'ouverture à la Sorbonne, *Revue politique et littéraire*, n° 25, 19 décembre 1885.

DEUXIÈME PARTIE

LE CRIMINEL

CHAPITRE PREMIER

L'ANOMALIE DU CRIMINEL

I

Nous avons dit, à la fin du chapitre précédent, que notre notion du crime nous conduisait tout naturellement à l'idée de l'anomalie morale du criminel. Les adversaires de notre théorie pourraient nous répondre que c'est une supposition, une affirmation gratuite. De ce que le criminel a violé un sentiment moral, on n'est pas autorisé à conclure qu'il a une organisation psychique différente de celle des autres hommes. Le criminel pourrait être tout aussi bien un homme normal, qui a eu un moment d'égarement, et qui pourrait s'en repentir. Nous n'avons pas prouvé que l'immoralité de l'action soit le miroir parfait de la nature de l'agent et que le criminel ne soit pas sus-

ceptible des sentiments qu'il a violés lui-même. Encore,
pourrait-on nous dire, tout en acceptant la théorie naturaliste qui fait de la volonté une résultante, « l'acte volontaire — selon un psychologue contemporain — suppose la
participation de tout un groupe d'états conscients ou sub-
conscients qui constituent le *moi* à un moment donné ».
Or, ces états de conscience ne peuvent-ils pas varier jusqu'à entraîner de nouveaux actes volontaires tout à fait
opposés aux premiers ? Le criminel d'aujourd'hui ne pourrait-il pas être l'homme vertueux du lendemain ? Qu'est-ce
qui prouve l'absence complète du sens moral, ou le défaut
organique, ou même simplement la faiblesse de l'un ou
de l'autre des sentiments altruistes élémentaires ? La force
de certains motifs n'a-t-elle pas pu vaincre, à un moment
donné, la résistance du sens moral, sans qu'il soit nécessaire d'imaginer, dans certains hommes, une organisation
psychique différente ?

Ce qui donne à ces doutes une réponse décisive, c'est
que nous ne connaissons pas uniquement le criminel par
le fait de l'acte qui l'a révélé, mais par toute une série
d'observations démontrant la cohérence d'un acte de ce
genre avec certains caractères de l'agent ; d'où il s'ensuit
que l'acte n'est pas un phénomène isolé, mais qu'il est le
symptôme d'une anomalie morale.

Un aperçu rapide de l'anthropologie et de la psychologie criminelles va nous éclaircir ce point.

Quoique, dès la plus haute antiquité, on ait essayé de
trouver une corrélation entre certaines formes de perversité
et certains signes physiques extérieurs, on peut dire que
la conception du criminel, comme une variété de l'espèce
humaine, comme une race dégénérée physiquement et mo-

ralement, est tout à fait moderne, contemporaine même. La théorie de Gall est bien différente de celle des nouveaux anthropologues ; on sait que cet illustre écrivain assignait à chaque penchant humain un lobe déterminé du cerveau, dont le développement particulier était reconnaissable extérieurement par la forme du crâne à l'endroit correspondant. Comme tous les autres, *chaque* mauvais penchant devait avoir sa bosse ; jamais Gall n'a songé à décrire le *criminel* comme un type à part. C'est la tâche que se sont imposée de nos temps quelques savants qui viennent de créer l'*anthropologie criminelle*, une branche distincte de la science. Les recherches les plus récentes, celles de Thompson, par exemple, de Maudsley, de Benedikt, de Virgilio, de Lacassagne, de Lombroso surtout, ont-elles donné des résultats sérieux ? Est-on parvenu à trouver les caractères qui distinguent les criminels des autres hommes d'une même nation ou d'une même race ?

Chacun de ces savants a travaillé isolément ; chacun a suivi sa méthode ; leurs conclusions sont nombreuses et variées ; sur plusieurs points même le désaccord est complet. Les caractères anatomiques surtout ont trouvé bien des incrédules. Pour éviter tout malentendu, hâtons-nous de déclarer qu'il n'existe pas jusqu'à présent une anatomie du criminel. S'il avait été possible de l'établir, il n'y aurait plus lieu à la discussion ; on ne douterait pas plus de la réalité de ce type qu'on ne doute de celle du type malais ou mongol.

Nous ne connaissons pas un seul caractère physique qui distingue constamment les criminels des non-criminels ; nous n'avons pu remarquer qu'un certain nombre d'anomalies physiques, qu'on trouve aussi parmi les gens supposés honnêtes, et qui, tantôt l'une, tantôt l'autre, tantôt réunies ensemble, paraissent *plus fréquemment* parmi les criminels. Ce sont pour la plupart des déviations du type européen normal du crâne et de la physionomie, ayant un caractère régressif, telles que le front petit, étroit et fuyant, la proéminence des arcades sourcillières, le prognathisme, les cheveux laineux ou crépus, le manque de barbe. On a remarqué, en outre, très fréquemment, la longueur excessive des bras et l'ambidextrisme.

Ce qui est plus frappant encore c'est que lorsqu'on compare l'une à l'autre les deux grandes espèces des meurtriers et des voleurs, on s'aperçoit que quelques-unes de ces anomalies sont bien plus fréquentes chez les premiers, d'autres chez les derniers. Lombroso nous assure que la capacité crânienne chez les voleurs est moindre que chez les meurtriers. Mais à part ce trait, qui est quelque peu douteux, il a trouvé en grandes proportions, parmi les voleurs, les anomalies désignées sous les noms de *submicrocéphalie, oxycéphalie* et *trochocéphalie.* Il en esquisse ainsi la physionomie : mobilité remarquable du visage et des mains, l'œil petit et vif, les sourcils épais et rapprochés, le nez camus, le front presque toujours petit et fuyant.

Quant aux assassins, la grosseur des mâchoires et la longueur de la figure en comparaison du crâne sont des caractères très fréquents, et M. Ferri les a très bien expliqués au point de vue de l'école évolutionniste, comme de vrais cas de réversion, puisque des mammifères inférieurs aux anthropomorphes, et de ceux-ci aux Australiens, aux nègres, aux Mongols, aux Européens, on remarque un développement progressif du crâne avec une diminution proportionnelle de la figure et des mandibules. Pour l'ensemble de la physionomie du meurtrier, voici l'esquisse que Lombroso en a faite, et qui présente un contraste frappant avec celle du voleur. « Il a le regard froid, cristallisé, quelquefois l'œil injecté de sang, le nez souvent aquilin ou crochu, toujours volumineux ; les oreilles longues, les mâchoires fortes ; les zigomes espacés, les cheveux crépus, abondants, les dents canines très développées, les lèvres fines, souvent des tics nerveux et des contractions d'un seul côté de la figure qui ont pour effet de découvrir les dents canines en donnant au visage une expression de menace ou un ricanement. »

Veut-on contrôler par sa propre expérience les affirmations de ces anthropologistes ? On n'a qu'à se rendre dans une prison et, à l'aide du signalement que je viens de résumer, on distinguera presque d'un coup d'œil les condamnés pour vol des condamnés pour meurtre. Je déclare pour ma part que je me suis à peine trompé deux fois sur dix. J'ajouterai que, comme Lombroso et d'autres, j'ai presque toujours remarqué les lèvres grosses et épaisses des auteurs d'attentats à la pudeur.

On est allé encore plus loin : M. Marro, dans un ouvrage qui vient de paraître, assigne des caractères particuliers rien moins qu'à onze classes de criminels ; mais il faut dire que les signes distinctifs les plus marqués ne sont pas tous physiques, et qu'ils sont même tirés pour la plupart de leurs penchants, de leurs usages, de leurs convoitises, du degré de leur intelligence et de leur instruction, etc.

Maintenant, pour ne pas nous éloigner encore des anomalies exclusivement physiques, on peut remarquer d'a-

bord que la détermination en a été faite d'après un pourcentage plus élevé chez les criminels que chez les autres
sujets choisis comme terme de comparaison. Or, ce tant
pour cent monte rarement à plus de 35 ou de 40, de sorte
que le plus grand nombre des criminels n'aurait pas de ces
anomalies. Voilà le grand reproche qu'on a fait à Lombroso, et par lequel on a cru avoir gain de cause. M. du
Bled, par exemple, dans la *Revue des Deux-Mondes*
(1er nov. 1886), après avoir cité mon nom avec celui de
Ferri, et tout en reconnaissant l'importance des recherches
anthropologiques de Lombroso, se demande : « Comment
ce savant peut-il parler de type criminel, lorsque, d'après
lui-même, 60 criminels sur 100 n'en présentent nullement
les caractères ? »

Des objections pareilles avaient déjà été faites et n'é-
taient pas demeurées sans réponse. Le point vital de la
question est de démontrer que la *proportion des anomalies congénitales est plus forte dans un nombre donné
de criminels que dans un nombre égal de non-criminels*. Or, on peut affirmer que ce point est hors de question, d'après les résultats des recherches de plusieurs savants. Nous pourrions renvoyer nos lecteurs à ces travaux,
mais il n'est pas inutile de leur présenter quelques-uns de
ces chiffres où les différences sont les plus sensibles. Parmi
les anomalies ayant un caractère régressif, le Dr Virgilio
a trouvé 28 p. 100 de fronts fuyants sur des criminels vivants : M. Bordier en a trouvé une proportion un peu plus
grande parmi les crânes des suppliciés (33 p. 100); or,
parmi les non-criminels, cette anomalie n'atteint que 4
p. 100. Le développement de la partie inférieure du front
a été remarqué par M. Lombroso, sous le nom de proémi-

nence des arcades sourcillières et des sinus frontaux, en
66,9 cas sur 100 crânes de criminels [1] ; la proportion donnée par M. Bordier s'en rapproche beaucoup (60 p. 100) ;
M. Marro l'a trouvée de 23 p. 100 sur les détenus vivants
et de 18 p. 100 sur les non-criminels [2]. L'eurygnathisme
(distance exagérée des zigomes) atteint, selon Lombroso,
36 p. 100 [3]. M. Marro a trouvé la même anomalie *à un
degré excessif* sur 5 criminels parmi 141, sans qu'il en
ait remarqué *un seul cas* parmi les non-criminels [4]. Ce
dernier observateur nous assure qu'en 13,9 cas sur 100
criminels il a trouvé un manque absolu de barbe ; sur les
non-criminels la proportion n'est que de 1,5 pour 100 [5]. Il
a remarqué le front petit parmi les premiers dans la proportion de 41 p. 100 et dans celle de 15 p. 100 parmi les
non-criminels [6]. M. Lombroso a trouvé plusieurs cas de
microcéphalie et un grand nombre de cas de submicrocéphalie parmi les criminels ; on sait qu'ailleurs ces anomalies sont excessivement rares [7] ; il a déterminé pour le
prognathisme 60 p. 100, proportion énorme dans la race
européenne, qui, comme on le sait, est la moins pro-
gnathe.

Quant à ces déformations crâniennes qu'on peut appeler tératologiques ou atypiques, telles que la plagiocé-
phalie, la scaphocéphalie, l'oxycéphalie, M. Marro les a
trouvées à nombre presque égal parmi les détenus et les

1. *Uomo delinquente*, 3e ediz⁰, 1885, p. 173, 174, 174.
2. *Caratteri dei delinquenti*, 1887, p. 156, 157.
3. *Uomo del.*, p. 176.
4. *Caratteri, etc.*, p. 128.
5. *Idem*, p. 149.
6. *Caratteri, etc.*, p. 125, 126.
7. *Uomo del.*, p. 232, 233, 240.

gens supposés honnètes. On a remarqué pourtant qu'un assemblage de plusieurs anomalies, qu'elles soient dégénératives ou tératologiques, est bien plus facile à trouver chez le même sujet criminel que chez tout autre individu.

En effet, M. Ferri ayant comparé 711 soldats avec 699 détenus et forçats, en a trouvé sans aucune anomalie 37 p. 100 parmi les premiers, et 10 p. 100 parmi les derniers ; un ou deux traits irréguliers ont été trouvés à nombre presque égal ; trois ou quatre, chez les soldats dans la proportion de 11 p. 100 et de 33,2 p. 100 chez les forçats ; mais les premiers ne présentaient jamais un nombre plus grand d'anomalies pendant que les forçats en avaient souvent jusqu'à six ou sept et même plus [1].

Quel est maintenant le rapport entre une structure particulière du crâne et une organisation psychique anormale ? C'est actuellement encore un mystère. Nous devons nous borner à établir les faits.

Des différences sont donc constatées et on ne saurait en nier la signification profonde. Peu importe que ce fait n'ait pas pour le moment d'intérêt pratique, parce qu'il ne nous donne pas le moyen de distinguer dans la foule un criminel. N'en est-il pas de même pour les types des nations appartenant à une même grande race ? Quoiqu'ils ne présentent pas des caractères anatomiques constants, et que partant ce ne soient pas de vrais types anthropologiques, tout le monde les distingue l'un de l'autre : le type italien, par exemple, du type allemand [2]. Mais quel est le vrai trait saillant qui les caractérise, comme ceux qui caracté-

1. *Nuovi Orizzonti,* p. 215 Bologne. 1884.
2. Voir à ce sujet TOPINARD, l'*Anthropologie,* p. 409, 470. Paris, 1879.

risent la race nègre ou malaise, ou encore, en Europe, le type finnois et le type basque ? On ne saurait le dire ; c'est l'ensemble de plusieurs traits qui donnent à la physionomie un certain caractère presque indéfinissable, mais qui pourtant permettent de reconnaître et de distinguer un groupe tant soit peu nombreux d'Allemands d'un groupe à peu près égal de Français, de Slaves et d'Italiens.

M. Tarde, qui dans un des brillants chapitres de sa *Criminalité comparée*, a soulevé plusieurs doutes sur certains caractères anthropologiques des criminels, finit pourtant par admettre la *réalité* de ce type ; seulement il voudrait le distinguer, non pas de l'*homme normal*, mais de l'*homme savant*, de l'*homme religieux*, de l'*homme artiste*, de l'*homme vertueux*. Voilà une idée qui fera peut-être son chemin, mais sur laquelle, pour le moment, il est impossible de discuter, puisque toutes les données nous manquent. Elles ne nous manquent pourtant pas pour affirmer la réalité du type ou plutôt des types criminels, quoiqu'ils ne soient opposés qu'à l'homme non criminel, contraste qui probablement serait beaucoup plus frappant, si l'on pouvait choisir les antipodes des criminels, c'est-à-dire les hommes vertueux. Mais force est bien de nous contenter des observations qu'on a pu faire jusqu'à présent [1].

Peut-on dire, maintenant, que l'anthropologie criminelle est déroutée, ou que ses indices sont trop vagues pour être pris au sérieux ? Il y a encore un autre fait à remarquer :

---

1. Lombroso affirme que les criminels italiens ressemblent aux criminels français et allemands bien plus que chacun de ces groupes ne ressemble à son type national. D'un autre côté Heger déclare que ses observations lui ont donné un résultat contraire, mais il faut remarquer qu'il a limité ses études à la craniologie, et ne s'est pas occupé des caractères extérieurs. Pour ma part je n'ai pu faire d'observations directes à ce sujet.

La fréquence des anomalies dégénératives dont nous avons parlé augmente beaucoup chez les grands criminels[1], les auteurs des crimes les plus affreux dans les circonstances les plus atroces. Il est rare que les assassins pour cause de vol, par exemple, ne présentent pas quelques-uns des traits les plus saillants qui les rapprochent des races inférieures de l'humanité : le prognathisme, le front fuyant et étroit, les arcades sourcillières proéminentes, etc. Il est difficile de démontrer ce fait autrement que par de nombreux témoignages, et on pourra en puiser tant qu'on voudra dans les ouvrages de Virgilio, Lombroso, Marro, Lacassagne, Ferri. Mon expérience personnelle m'a toujours confirmé dans cette persuasion J'ai choisi une fois, par exemple, un certain nombre d'assassins remarquables, que je n'avais jamais vus, mais dont je connaissais les crimes dans tous leurs détails, d'après la lecture des pièces formant leurs dossiers ; je suis allé les visiter dans leur prison, et j'ai pu me convaincre que pas un seul d'entre eux n'était exempt de quelques caractères dégénératifs très frappants[2].

Le fait étant sûr (et il l'est, puisque les cas où de telles anomalies n'existent pas ne sont que des exceptions *parmi les grands criminels* dont je parle en ce moment[3]), il ne

1. « Les signes anatomiques sont plus fréquents chez les célébrités que dans la population ordinaire de la république des criminels, » a dit M. Benedikt dans son remarquable discours au Congrès de Phréniatrie d'Anvers, septembre 1885.

2. Voir ma *Contribution à l'étude du type criminel*, publiée dans les bulletins de la *Société de Psychologie physiologique*, Paris, 1886.

3. Voilà peut-être la raison pour laquelle certaines anomalies crâniennes absolument dégénératives, telles que le front fuyant et le prognathisme, ont été trouvées en proportions bien plus grandes parmi les morts que parmi les détenus vivants. C'est que les premiers, ayant été suppliciés, étaient

faut pas s'étonner que ces anomalies soient moins frappantes dans la criminalité inférieure. D'abord, on n'est pas bien certain que tous les auteurs de crimes selon la loi soient de vrais criminels d'après l'acception psychologique que nous avons donnée à ce mot [1]. Ensuite, il serait étrange qu'on remarquât des anomalies de la même importance chez les délinquants inférieurs. Ces derniers, en effet, ne font pas des types détachés ; ils se distinguent moins du commun des hommes ; on s'en aperçoit au moral, à ce que leurs crimes, tout en nous révoltant, ne nous paraissent pas absolument contraires à la nature humaine ; il peut nous arriver même de penser, en frissonnant, qu'en de certaines circonstances nous pourrions être poussés nous-mêmes à faire quelque chose de semblable. C'est une idée qui nous traverse la tête ; nous la repoussons avec frayeur, frayeur inutile, puisque, notre caractère étant donné, nous ne pourrions jamais avoir ce mouvement volitif que nous craignons ; mais enfin, le fait d'avoir eu, même pour un instant, l'idée de cette possibilité prouve qu'il y a des criminels que nous comprenons, qui sont donc moins éloignés, moralement, du commun des hommes. Quoi de surprenant alors que, même au physique, ils ne présentent pas des traits marqués de dégénérescence ? Mais que l'anomalie soit moindre, cela ne veut pas dire qu'elle soit tout à fait imperceptible. L'expression méchante, ou cette mauvaise mine indéfinissable qu'on est convenu d'appeler *palibulaire* est très fréquente dans les

---

tous ou presque tous de grands criminels, pendant que parmi les autres il y avait sans doute un grand nombre de criminels inférieurs ou de simples révoltés.

1. Voir Première partie, chap. i.

prisons. Il est rare d'y trouver quelqu'un aux traits réguliers, à l'expression douce ; la laideur extrême, la laideur repoussante, qui n'est pourtant pas encore une vraie difformité, est très commune dans ces établissements, et, chose remarquable, surtout parmi les femmes. Je me souviens d'avoir visité une prison de femmes où, parmi 163 détenues, je n'en ai trouvé que trois ou quatre avec des traits réguliers, et une seule qu'on aurait pu dire jolie ; toutes les autres, vieilles ou jeunes, étaient plus ou moins repoussantes et laides. On conviendra qu'une pareille proportion de femmes laides n'existe dans aucune race, ni dans aucun autre milieu. La même remarque a été faite par M. Tarde : « Il est certain, dit-il, que par son front et son nez rectiligne, par sa bouche étroite et gracieusement arquée, par sa mâchoire effacée, par son oreille petite et collée aux tempes, *la belle tête classique forme un parfait contraste avec celle du criminel, dont la laideur est en somme le caractère le plus prononcé.* Sur 275 photographies de criminels, je n'ai pu découvrir qu'un joli visage, encore est-il féminin ; le reste est repoussant en majorité, et les figures monstrueuses sont en nombre [1]. »

Et Dostojewsky en parlant d'un de ses camarades de la maison de force dit : « Sirotkine était le seul des forçats qui fût vraiment beau ; quant à ses camarades de la section particulière (celle des condamnés à perpétuité), au nombre de 15, ils étaient *horribles à voir, des physionomies hideuses, dégoûtantes* [2]. »

1. G. TARDE, *La criminalité comparée*, p. 16, Paris, 1886.
2. DOSTOJEWSKY, *La maison des morts*, p. 57, Paris, 1886.

D'ailleurs, quoique la constatation des anomalies anatomiques soit une découverte d'une importance immense,
l'impossibilité de la déterminer avec précision, d'après nos
moyens d'expérience, ne peut signifier la non-existence de
l'anomalie psychique.

« Les actions psychologiques, dit M. Benedikt, ne sont
que partiellement une question de formes ou de volume
des organes psychiques ; elles sont, en grande partie, le
résultat de phénomènes moléculaires, et nous sommes encore assez éloignés de posséder une anatomie des molé-
cules. Ainsi la question du tempérament est principalement une question physiologique et non anatomique. »

Je commencerai par avancer une idée qu'on pourra
croire tant soit peu hasardée. Je pense que l'anomalie
psychique existe, à un degré plus ou moins grand, chez
tous ceux que, d'après ma définition, on peut appeler criminels, *même* lorsqu'il s'agit de ces sortes de délits qu'on
attribue généralement aux conditions locales, ou à certaines habitudes : climat, température, boisson ; — *même*
lorsqu'il s'agit de crimes dérivant de certains préjugés de
race, de classe ou de caste, de crimes pour ainsi dire *endémiques*.

II

Suivons la même méthode dont nous venons de faire
usage. Commençons par le haut : Lemaire, Lacenaire,
Troppmann, Marchandon, les tueurs de vieilles femmes,

les assassins soudoyés, les étrangleurs, etc. Personne ne
doutera de leur insensibilité morale. Cela est encore plus
frappant lorsqu'il s'agit de jeunes gens, — de ce garçon
de seize ans, par exemple (dont j'ai parlé dans ma communication à la *Société de Psychologie physiologique*),
qui se lève de grand matin, se rend à une écurie où un
petit mendiant s'était abrité pour passer la nuit, le prend
dans ses bras, lui annonce qu'il va le tuer, et, malgré
ses pleurs et ses supplications, le jette dans un puits ; —
de cette jeune fille de douze ans, dont les journaux ont
récemment parlé, qui, à Berlin, a jeté par la fenêtre sa
petite sœur, et, devant les juges, a avoué cyniquement
qu'elle avait fait cela pour se débarrasser de cette enfant qui l'ennuyait, en ajoutant qu'elle était très contente
de sa mort.

L'anomalie psychique est trop manifeste dans des cas de
ce genre et toute la question se réduit à ces termes : si la
nature de cette anomalie est pathologique, si elle est la
même que celle de la folie, si elle doit constituer une nouvelle forme nosologique : la folie morale, la *moral insa-
nity* des Anglais ; il faut dire pourtant que cette forme
d'aliénation n'est que douteuse, malgré les études approfondies de Maudsley et de Krafft-Ebing, puisqu'il existe des
cas dans lesquels il est impossible de signaler un trouble
quelconque des facultés intellectuelles — et ces cas ne
sont pas rares. On est obligé de convenir souvent, malgré
les plus grands efforts pour trouver quelques traces de
folie, que l'on est en présence d'un individu dont l'intelligence ne laisse rien à désirer, et chez lequel il n'y a
aucun symptôme nosologique, si ce n'est l'absence du
sens moral, et que, selon l'expression d'un médecin fran-

çais, quoi qu'il en soit de l'unité de l'esprit humain dans la folie, « le clavier psychique a une note fausse, une seule [1] »

Mais je reviendrai tout à l'heure sur cette question. Je veux dire pour le moment que des individus comme ceux dont je viens de parler sont d'une nature psychique à part, chacun le sent. Pourtant ces grands criminels, ces enfants nés avec un instinct féroce, ne sont que les cas les plus saillants ; en descendant l'échelle de la criminalité, il est tout naturel que l'anomalie morale devienne moins frappante ; mais, néanmoins, elle doit exister toujours jusqu'au dernier échelon. *Natura non facit saltum.* C'est une série décroissante dont les termes les plus bas sont très rapprochés de l'état normal, de sorte qu'il devient très difficile de les distinguer. Il est donc inutile d'arriver tout au bas de l'échelle ; contentons-nous de la classe intermédiaire, celle, par exemple, des condamnés aux maisons de force.

Nous avons des descriptions complètes de leurs sentiments, de leur *impassibilité*, de l'*instabilité* de leurs émotions, de leurs goûts, de leur passion effrénée pour le jeu, pour le vin, pour l'orgie. Leur *imprudence* et leur *imprévoyance* sont deux caractères qui les distinguent surtout, selon la remarque faite depuis longtemps par Despine. On connait leur insensibilité morale, d'après le cynisme de leurs révélations, même devant le public, à la cour d'assises ; les assassins qui ont avoué leur crime ne reculent pas devant la description des détails *les plus affreux* ;

---

1. Voir *Revue des Deux-Mondes*, 1ᵉʳ novembre 1886. Les aliénés en France et à l'étranger, par V. DU BLED.

leur indifférence est complète pour la honte dont ils couvrent leurs familles, pour la douleur de leurs parents. Ils sont tout à fait *incapables de remords*, non seulement de ce noble remords qui, comme le dit M. Lévy Bruhl [1], n'est plus la crainte du châtiment, mais en est le désir et l'espérance, et qui fait demeurer inconsolablement fixé sur la pensée du mal qu'on a fait, mais même d'un seul regret, d'un mouvement trahissant une émotion lorsqu'on leur parle de la victime.

On peut avoir des doutes sur l'exactitude des observations faites par des personnes étrangères à leur vie ; mais en aura-t-on lorsque les détails nous viennent d'un écrivain illustre, qui a passé parmi eux de longues années enfermé dans la « maison des morts » ? Dostojewsky, tout en exécutant une œuvre d'art, nous a donné la psychologie la plus complète du criminel, et, ce qu'il y a d'étonnant, c'est que ce portrait du malfaiteur slave, enfermé dans une prison sibérienne, ressemble parfaitement au portrait du malfaiteur italien tracé par Lombroso. « Cette étrange famille, dit Dostojewsky, avait un air de ressemblance prononcé, que l'on distinguait du premier coup d'œil... Tous les détenus étaient moroses, envieux, *effroyablement vaniteux, présomptueux, susceptibles* et *formalistes à l'excès*... C'était toujours la vanité qui était au premier plan... *Pas le moindre signe de honte* ou de repentir... Pendant plusieurs années je n'ai pas remarqué le moindre signe de repentance, *pas le plus petit malaise* du crime commis... Certainement la vanité, les mauvais exemples, la vantardise ou la fausse honte y étaient pour

1. Lévy Bruhl, *L'idée de responsabilité*, p. 89, Paris, 1884.

beaucoup... Enfin, il semble que, durant tant d'années, j'eusse dû saisir quelque indice, *fût-ce le plus fugitif*, d'un regret, d'une souffrance morale. *Je n'ai positivement rien aperçu...* Malgré les opinions diverses, chacun reconnaîtra qu'il y a des crimes qui, partout et toujours, sous n'importe quelle législation, seront indiscutablement crimes, et que l'on regardera comme tels tant que l'homme sera homme. Ce n'est qu'à la maison de force que j'ai entendu raconter, avec un rire enfantin à peine contenu, les forfaits les plus étranges, les plus atroces. Je n'oublierai jamais un parricide, ci-devant noble et fonctionnaire. Il avait fait le malheur de son père. Un vrai fils prodigue. Le vieillard essayait en vain de le retenir par des remontrances sur la pente fatale où il glissait. Comme il était criblé de dettes, et qu'on soupçonnait son père d'avoir, outre une ferme, de l'argent caché, il le tua pour entrer plus vite en possession de son héritage. Ce crime ne fut découvert qu'au bout d'un mois. Pendant tout ce temps, le meurtrier, qui du reste avait informé la justice de la disparition de son père, continua ses débauches. Enfin, pendant son absence, la police découvrit le cadavre du vieillard dans un canal d'égout recouvert de planches. La tête grise était séparée du tronc et appuyée contre le corps entièrement habillé; sous la tête, comme par dérision, l'assassin avait glissé un coussin. Le jeune homme n'avoua rien; il fut dégradé, dépouillé de ses priviléges de noblesse et envoyé aux travaux forcés pour vingt ans. Aussi longtemps que je l'ai connu, je l'ai toujours vu d'humeur très *insouciante*. C'était l'homme le plus *étourdi* et le plus *inconsidéré* que j'aie rencontré, quoiqu'il fût loin d'être sot. Je ne remarquai jamais en lui une cruauté

excessive. Les autres détenus le méprisaient, *non pas
à cause de son crime*, mais *parce qu'il manquait de
tenue.* Il parlait quelquefois de son père. Ainsi, un jour,
en vantant la robuste complexion héréditaire dans sa famille, il ajouta : « Tenez, *mon père*, par exemple, jusqu'à
sa mort, n'a jamais été malade. » Une insensibilité animale portée à un aussi haut degré semble impossible : elle
est par trop phénoménale. Il devait y avoir là un défaut
organique, une *monstruosité physique et morale inconnue jusqu'à présent à la science,* et non un simple délit.
Je ne croyais naturellement pas à un crime aussi atroce,
mais des gens de la même ville que lui, qui connaissaient
tous les détails de son histoire, me la racontèrent. Les
faits étaient si clairs, qu'il aurait été insensé de ne pas se
rendre à l'évidence. Les détenus l'avaient entendu crier
une fois pendant son sommeil : « Tiens-le! tiens-le!
coupe-lui la tête! la tête! la tête! »

« Presque tous les forçats rêvaient à haute voix ou dé-
liraient pendant leur sommeil ; les injures, les mots d'argot, les couteaux, les haches revenaient le plus souvent
dans leurs songes. « Nous sommes des gens broyés, di-
saient-ils, nous n'avons plus d'entrailles, c'est pourquoi
nous crions la nuit. »

Cette impossibilité de remords ou de repentir ainsi que
la vanité et l'amour exagéré pour la tenue sont des caractères bien connus de tous les observateurs, et Lombroso a
fait remarquer qu'ils rapprochent le criminel du sauvage.
Mais il y a d'autres caractères plus frappants encore peut-
être, qui complètent cette ressemblance, et qui en même
temps sont communs aux enfants : « Les jours de fête, les
élégants s'endimanchaient; il fallait les voir se pavaner

dans toutes les casernes. Le contentement de se sentir bien mis allait chez eux jusqu'à l'enfantillage. Du reste, pour beaucoup de choses, les forçats sont de grands enfants. Ces beaux vêtements disparaissaient bien vite ; souvent, le soir même du jour où ils avaient été achetés, leurs propriétaires les engageaient ou les revendaient pour une bagatelle. Les bamboches revenaient presque toujours à époque fixe ; elles coïncidaient avec les solennités religieuses ou avec la fête patronale du forçat en ribote. Celui-ci plaçait un cierge devant l'image, faisait sa prière, puis il s'habillait et commandait son dîner. Il avait fait acheter d'avance de la viande, du poisson, des petits pâtés ; il s'empiffrait comme un bœuf, presque toujours seul ; *il était bien rare qu'un forçat invitât son camarade à partager son festin.* C'est alors que l'eau-de-vie faisait son apparition ; le forçat buvait comme une semelle de botte et se promenait dans les casernes titubant, trébuchant ; *il avait à cœur de bien montrer à tous ses camarades qu'il était ivre, qu'il « balladait », et de mériter par là une considération particulière.* »

Nous trouvons plus loin un autre caractère enfantin, l'impossibilité de réprimer un désir : « Le raisonnement n'a de pouvoir, sur des gens comme Pétrof, qu'autant qu'ils ne veulent rien. Quand ils désirent quelque chose, il n'existe pas d'obstacles à leur volonté... Ces gens-là naissent avec une idée qui, toute leur vie, les roule inconsciemment à droite et à gauche : ils errent ainsi jusqu'à ce qu'ils aient rencontré un objet qui éveille violemment leur désir, *alors ils ne marchandent pas leur tête...* Plus d'une fois, je m'étonnais de voir qu'il (Pétrof) me volait, malgré son affection pour moi. Cela lui arrivait par boutades. Il me vola ainsi ma Bible, que je lui avais dit de reporter à ma place. Il n'avait que quelques pas à faire ; mais, chemin faisant, il trouva un acheteur auquel il vendit le livre, et il dépensa aussitôt en eau-de-vie l'argent reçu. Probablement il ressentait ce jour-là un violent désir de boire, et *quand il désirait quelque chose il fallait que cela se fît.* Un individu comme Pétrof *assassinera un homme pour vingt-cinq kopecks,* uniquement pour avoir de quoi boire un demi-litre ; en toute autre occasion, il dédaignera des centaines de mille roubles. Il m'avoua le soir même ce vol, mais *sans aucun signe de repentir ou de confusion, d'un ton parfaitement indifférent,* comme s'il se fût agi d'un incident ordinaire. J'essayai de le tancer comme il le méritait, car je regrettais ma Bible. Il m'écouta sans irritation, très paisiblement ; il convint avec moi que la Bible est un livre très utile, et regretta sincèrement que je ne l'eusse plus, mais il ne se repentit pas un instant de me l'avoir volée ; il me regardait avec une telle assurance que je cessai aussitôt de le gronder. Il supportait mes reproches parce qu'il jugeait que cela ne pouvait se passer autrement, qu'il méritait d'être tancé pour une pareille action, et que, par conséquent, je devais l'injurier pour me soulager et me consoler de cette perte ; mais, dans son for intérieur, il estimait que c'était des bêtises, des bêtises dont un homme sérieux aurait eu honte de parler. »

Même insouciance pour ce qui regarde leur vie, leur avenir : « Un forçat se mariera, aura des enfants, vivra pendant cinq ans au même endroit, et, tout à coup, un beau matin, il disparaîtra, abandonnant femme et enfants, à la stupéfaction de sa famille et de l'arrondissement tout entier. »

Chose remarquable, Dostojewsky nous parle des qualités excellentes et solides de deux ou trois forçats, amis dévoués, incapables de haine... Eh bien! la description qu'il nous fait des fautes qui avaient entraîné ces malheureux à la maison de force, prouve *qu'ils n'avaient pas commis de vrais crimes*, au sens que nous avons donné à ce mot.

Il nous parle d'abord d'un vieux croyant de Staradoub, qui se chargeait de cacher les économies des forçats. « Ce vieillard, dit-il, avait soixante ans environ : il était maigre, de petite taille et tout grisonnant. Dès le premier coup d'œil il m'intrigua fort, car il ne ressemblait nullement aux autres, *son regard était si paisible et si doux,* que je voyais toujours avec plaisir *ses yeux clairs et limpides*. Je m'entretenais souvent avec lui, et rarement j'ai vu un être aussi *bon*, aussi *bienveillant*. On l'avait envoyé aux travaux forcés pour un crime grave. Un certain nombre de vieux croyants de Staradoub (province de Tchernigoff) s'étaient convertis à l'orthodoxie. Le gouvernement avait tout fait pour les encourager dans cette voie et engager les autres dissidents à se convertir de même. Le vieillard et quelques autres fanatiques avaient résolu de « défendre la foi ». Quand on commença à bâtir dans leur ville une église orthodoxe, ils y mirent le feu. Cet attentat avait valu la déportation à son auteur. Ce bourgeois aisé (il s'occupait de commerce) avait quitté une femme et des enfants chéris, mais il était parti courageusement en exil, estimant dans son aveuglement qu'il souffrait « pour la foi ». Quand on avait vécu quelque temps

aux côtés de *ce doux vieillard,* on se posait involontairement la question : Comment avait-il pu se révolter ? Je
l'interrogeai à plusieurs reprises sur « sa foi ». Il ne re-
lâchait rien de ses convictions, mais je ne remarquai jamais la moindre haine dans ses répliques. Et pourtant, il
avait détruit une église, ce qu'il ne désavouait nullement :
il semblait qu'il fût convaincu que son crime et ce qu'il
appelait « martyre » étaient des actions glorieuses. *Nous
avions encore d'autres forçats vieux croyants,* Sibériens
pour la plupart, très développés, rusés comme de vrais
paysans. Dialecticiens à leur manière, ils suivaient aveu-
glément leur loi et aimaient fort à discuter. Mais ils
avaient de grands défauts ; ils étaient *hautains, orgueil-
leux* et fort *intolérants.* Le vieillard ne leur ressemblait
nullement : très fort, plus fort même en exégèse que ses
coreligionnaires, il évitait toute controverse. Comme il
était d'un caractère *expansif* et *gai,* il lui arrivait de rire
non pas du rire grossier et cynique des autres forçats,
mais d'un rire *doux* et *clair,* dans lequel on sentait beaucoup de simplicité enfantine, qui s'harmonisait parfaitement avec sa tête grise. Peut-être fais-je erreur, mais il
me semble qu'on peut connaître un homme rien qu'à son
rire ; si le rire d'un inconnu vous semble sympathique,
tenez pour certain que c'est un brave homme. Ce vieillard
s'était acquis le respect unanime des prisonniers ; *il n'en
tirait pas vanité.* Les détenus l'appelaient grand-père et
ne l'offensaient jamais. Je compris alors quelle influence
il avait pu prendre sur ses coreligionnaires. Malgré la fermeté avec laquelle il supportait la vie de la maison de
force, on sentait qu'*il cachait une tristesse profonde,
inguérissable.* Je couchais dans la même caserne que lui.

Une nuit vers trois heures du matin, je me réveillai : j'entendis un sanglot lent, étouffé. Le vieillard était assis sur le poéle et lisait son eucologe manuscrit. Il pleurait, je l'entendais répéter : « Seigneur, ne m'abandonne pas ! Maitre ! fortifie-moi. Mes pauvres petits enfants ! mes chers petits enfants ! nous ne nous reverrons plus ! » Je ne puis dire combien je me sentis triste. »

Or, en analysant « le crime » de cet homme, on voit que Dostojewsky a tort de s'étonner de ses bonnes qualités. Il s'agit tout simplement d'un homme qui défendait la religion de son pays contre l'envahissement d'une nouvelle croyance ; c'est une action comparable à un délit politique. Ce vieux croyant n'était qu'un révolté, ce n'était pas un criminel. « Et pourtant il avait détruit une église ! » exclame notre auteur. Oui, mais sans faire périr personne dans les flammes, sans avoir l'idée de faire le moindre mal à qui que ce soit. Quel est le sentiment altruiste élémentaire qu'il avait donc violé ? La liberté de foi religieuse n'en est pas un. C'est un sentiment trop perfectionné, le fruit d'un développement intellectuel supérieur, qu'on ne peut pas s'attendre à trouver dans la moralité moyenne d'une population. A notre point de vue, l'incendie de l'église de Staradoub n'eût pas été un délit naturel. C'est un de ces faits qui, quoique punissables par la loi, restent en dehors du cadre de la criminalité que nous avons tâché de tracer. Eh bien, voilà que cet incendiaire non criminel est une des rares exceptions remarquées par notre auteur à la dégradation morale universelle qui l'entourait.

Une seconde exception nous est présentée dans cette figure angélique d'Aléi, un Tartare du Daghestan, qui avait été condamné pour avoir pris part à un acte de brigandage, mais voilà en quelles circonstances : « Dans son pays, son frère aîné lui avait ordonné un jour de prendre son yatagan, de monter à cheval et de le suivre. Le respect des montagnards pour leurs aînés est si grand, que le jeune Aléi n'osa pas demander le but de l'expédition : il n'en eut peut-être même pas l'idée. Ses frères ne jugèrent pas non plus nécessaire de le lui dire. » Évidemment, il s'agit d'un criminel malgré lui. Quoi d'étonnant qu'il eût une belle âme comme un beau physique ? Dostojewsky l'appelle un « être d'exception », — une de ces « natures si spontanément belles et douées par Dieu de si grandes qualités que l'idée de les voir se pervertir semble absurde ».

Il y a enfin le portrait d'un homme très honnête, serviable, exact, peu intelligent, raisonneur et minutieux comme un Allemand : Akim Akimytch. L'auteur nous le présente comme un original excessivement naïf ; dans ses querelles avec les forçats, il leur reprochait d'être des voleurs, et les exhortait sincèrement à ne plus dérober... Il lui suffisait de remarquer une injustice pour qu'il se mêlât d'une affaire qui ne le regardait pas. »

Eh bien, ce n'était pas non plus un criminel. « Il avait servi en qualité de sous-lieutenant au Caucase. Je me liai avec lui dès le premier jour, et il me raconta aussitôt son *affaire*. Il avait commencé par être *junker* (volontaire avec le grade de sous-officier) dans un régiment de ligne. Après avoir attendu longtemps sa nomination de sous-lieutenant, il la reçut enfin et fut envoyé dans les montagnes commander un fortin. Un petit prince tributaire du voisinage mit le feu à cette forteresse et tenta une attaque

nocturne qui n'eut aucun succès. Akim Akimytch usa de
finesse à son égard et fit mine d'ignorer qu'il fût l'auteur
de l'attaque : on l'attribua à des insurgés qui rôdaient dans
la montagne. Au bout d'un mois il invita amicalement le
prince à venir lui faire visite. Celui-ci arriva à cheval sans
se douter de rien ; Akim Akimytch rangea sa garnison en
bataille et *découvrit devant les soldats la félonie et la
trahison de son visiteur ; il lui reprocha sa conduite, lui
prouva qu'incendier un fort était un crime honteux, lui
expliqua minutieusement les devoirs d'un tributaire ;*
puis, en guise de conclusion à cette harangue, il fit fu-
siller le prince ; il *informa aussitôt ses supérieurs de
cette exécution*, avec tous les détails nécessaires. On ins-
truisit le procès d'Akim Akimytch ; il passa en conseil de
guerre et fut condamné à mort ; on commua sa peine ; on
l'envoya en Sibérie, comme forçat de la deuxième catégorie, c'est-à-dire condamné à douze ans de forteresse. *Il
reconnaissait volontiers qu'il avait agi illégalement*, que
le prince devait être jugé *civilement*, et non par une cour
martiale. Néanmoins *il ne pouvait comprendre que son
action fût un crime.*

« Il avait incendié mon fort, que devais-je faire? l'en
remercier ? » répondait-il à toutes mes objections.

Akim Akimytch avait raison ; il avait usé du droit de
guerre, en punissant une trahison par la mort. L'exécution
avait été méritée. Seulement son ignorance lui avait fait
croire qu'il était autorisé à tenir conseil de guerre, juger
et condamner régulièrement un brigand. Ce qu'il avait
fait illégalement, à cause de son peu d'intelligence, qui ne
lui permettait pas de connaître les bornes de son autorité,
un conseil de guerre, convoqué dans les formes légales,

l'aurait fait probablement de même ; le petit prince tributaire n'aurait pas échappé à la fusillade.

Voilà, si je ne me trompe, les seuls trois exemples
d'honnêtes et braves gens que Dostojewsky ait rencontrés
dans ses longues années de réclusion, les seuls qui ne lui
inspirèrent pas de dégoût, qui devinrent ses amis, qui
n'avaient rien du cynisme et de la frappante immoralité
des autres. Ils n'avaient pas les caractères des criminels,
tout simplement parce qu'ils n'étaient pas de ce nombre,
parce qu'ils n'avaient fait que désobéir à la loi, sans être
coupables de ce qui, à notre point de vue, forme le vrai
crime. On voit comment ces exceptions confirment la
règle, et quel appui elles donnent à notre théorie du délit
naturel et à celle du type criminel.

III

Nous ne nous arrêterons pas à certains symptômes d'ordre psychophysique, tels que l'obtusité de la sensibilité
générale, l'analgésie, la réaction vasculaire peu fréquente ;
ce sont des recherches à peine commencées sur un
nombre limité de sujets ; quoiqu'elles aient déjà donné des
résultats très satisfaisants, il faut attendre encore pour
pouvoir ajouter ces preuves à l'appui de notre théorie.
Remarquons seulement que le degré inférieur de sensibilité pour la douleur paraît démontré par la facilité avec
laquelle les prisonniers se soumettent à l'opération du ta-
touage.

Nous passons à un fait d'une évidence irrécusable : l'hérédité. On connaît à ce sujet des généalogies frappantes :
celle de Lemaire et de Chrétien, par exemple, celle de la
famille Yuke, comprenant 200 voleurs et assassins, 288 infirmes et 90 prostituées, descendus d'une même souche
en soixante-quinze ans ; leur ancêtre, Max, avait été un
ivrogne.

Thomson, sur 109 condamnés, en a trouvé 50 qui étaient
parents entre eux, et parmi ceux-ci, 8 membres d'une
même famille, qui descendaient d'un condamné récidiviste. Virgilio, sur 266 criminels, en a trouvé 195 affligés
de ces maladies qui sont l'apanage des familles dégénérées, scrofules, caries, nécrose et phtisies, dont la plus
grande partie tient à l'hérédité ; mais ce qui est encore plus
important dans ses observations, c'est la *transmission
directe* du crime par hérédité directe ou collatérale dans
la proportion du 32,24 pour 100 des condamnés qu'il a
examinés.

Si l'on réfléchit maintenant au grand nombre de cas qui
restent ignorés soit par oubli, soit à cause de la difficulté
des recherches sur l'hérédité collatérale, et de l'impossibilité dans laquelle on se trouve presque toujours d'étendre
ces recherches au-delà du grand-père, ces chiffres devraient suffire pour prouver la loi de la transmission
héréditaire du crime. Mais il y a plus encore : le même
savant que nous venons de citer a remarqué que, parmi
48 récidivistes (qui le plus souvent sont les vrais criminels), 42 avaient des caractères de dégénération congénitale.

M. Marro vient d'ajouter des observations très curieuses.
Il a trouvé parmi les non-criminels 24 pour 100, et parmi

les criminels 32 pour 100, de descendants de *vieux pa-rents ;* les assassins, pris à part, montent au chiffre énorme de 52 pour 100, les meurtriers en général à 40 pour 100, les escrocs à 37 pour 100, pendant que les voleurs et les auteurs d'attentats aux mœurs restent au-dessous de la moyenne.

Il explique ces disproportions par les altérations psychiques de l'âge mur, l'égoïsme croissant, l'esprit de calcul, l'avarice, qui doivent rayonner nécessairement sur les enfants, et leur donner une prédisposition aux mauvais penchants. C'est pourquoi les assassins, les meurtriers, qui ont peu de sentiments affectifs, et les escrocs, qui ont besoin de prudence et de duplicité, donnent des proportions d'un pourcentage si élevé, tandis que le vol en offre de bien inférieures, parce que ce vice dérive du penchant pour le plaisir, pour les orgies, pour l'oisiveté, qui est un des caractères de l'âge où dominent les passions.

Le même auteur a trouvé parmi les criminels une moyenne de fils d'ivrognes de 41 pour 100, et de 16 pour 100 parmi les non-criminels ; de 13 pour 100 parmi les premiers, ayant des frères condamnés, de 1 pour 100 parmi les autres. Il faudra nous attendre du reste à des conclusions toujours plus irrécusables. Comment pourrait-il en être différemment lorsqu'on songe que les transmissions des caractères dégénératifs sont les plus communes, et que même les adversaires du positivisme ont dû reconnaître que l'hérédité « se montre plus agissante à mesure que les phénomènes sont *plus voisins de l'organisme,* qu'elle est très forte dans les actes réflexes, les cas de cérébration inconsciente, les impressions, les *instincts ;* décroissante et de plus en plus vague dans les phénomènes de sensibilité supérieure... [1] » L'hérédité criminelle trouve donc sa place toute marquée dans ce cadre tracé par un idéaliste. Si le crime est la révélation du manque de cette partie du sens moral, qui est la *moins élevée, la moins pure, la moins délicate, la plus voisine de l'organisme*, le penchant ou la prédisposition au crime doit bien se transmettre par hérédité comme tous les autres de ce genre. Il ne s'agit pas d'un phénomène de *sensibilité supérieure*, mais au contraire de la *sensibilité morale la plus commune*, qui doit être nécessairement absente chez les enfants de ceux qui en sont totalement dépourvus. Si l'on peut imaginer des exceptions à une loi biologique qui s'étend à l'universalité des êtres, telle que la loi de l'hérédité, ce n'est pas ici, à coup sûr, qu'on pourra les trouver.

L'antiquité, qui manquait de nos statistiques, avait eu cependant l'intuition des grandes lois naturelles ; plus sage que nous, elle avait su les utiliser. Des familles entières étaient déclarées impures et proscrites. Il y aurait à faire ici une remarque assez singulière. On se souvient des malédictions bibliques qui s'étendaient jusqu'à la cinquième génération. La science moderne justifie cette limitation, puisqu'elle nous apprend qu'un caractère moral très marqué, dans le bien comme dans le mal, ne persiste pas dans une famille au-delà de la cinquième génération, et c'est même ce qui peut expliquer en partie la déchéance de toutes les aristocraties [2].

La nature congénitale et héréditaire des penchants cri-

1. CARO, *Essais de Psychologie sociale*, *Revue des Deux-Mondes*, 15 avril 1883.
2. RIBOT, *L'Hérédité psychologique*. Paris, 1882.

minels étant ainsi établie, on ne s'étonnera plus des chiffres énormes de la récidive, que l'école correctionnaliste attribuait naïvement à l'état des prisons, et à la mauvaise organisation du système pénitentiaire. On a fait depuis l'expérience que le perfectionnement de ce système a été presque indifférent sur la proportion des récidivistes. La récidive est la règle, l'amendement du criminel n'est qu'une rare exception. Les chiffres officiels ne peuvent pas nous dire toute la vérité, parce que les délinquants de profession apprennent plus facilement à se sauver de la justice ; que souvent ils cachent leurs noms ; et enfin que les codes limitent la récidive à des cas particuliers, quelquefois la *récidive spéciale*, d'autres fois la récidive après une condamnation non inférieure à une année de prison, ou à une condamnation criminelle, etc.

Malgré cela la récidive légale atteint 52 pour 100 en France, 49 pour 100 en Belgique, 45 pour 100 en Autriche ! « Ce sont les mêmes individus, a dit un auteur, qui commettent toujours les mêmes crimes. »

IV

Il y a aujourd'hui bien peu de savants qui nient absolument l'existence des penchants criminels innés, mais il y en a beaucoup qui les réduisent à quelques cas pathologiques, et qui pensent que la grande majorité des délinquants n'est composée que de gens non dégénérés organiquement, mais socialement. Nous sommes loin de nier l'importance des causes extérieures, qui sont même les causes directes et immédiates de la détermination, telles que le milieu ambiant, physique et moral, les traditions, les exemples, le climat, les boissons, etc.; mais nous pensons qu'il existe toujours dans le criminel un élément congénital différentiel. Le délinquant *fortuit* n'existe pas, si par ce mot on veut signifier qu'un homme moralement bien organisé peut commettre un crime par la seule force des circonstances extérieures. En effet, si, parmi cent personnes qui se trouvent dans des circonstances identiques, il n'y en a qu'une seule qui se laisse entraîner au crime, il faut bien avouer que cette personne a ressenti d'une manière différente l'influence de ces circonstances ; donc, il y a en elle quelque chose d'exclusif, une *diathèse,* une manière d'être toute particulière. C'est ce qu'on pourrait dire, par exemple, à ces auteurs qui voient dans la misère de certaines classes la source des crimes commis par quelques individus. Mais ces classes, où la souffrance est également répandue, ne sont pourtant pas composées de criminels, car ceux-ci ne représentent toujours qu'une très petite minorité. Elles sont, peut-être, comme l'a dit M. Lacassagne, le bouillon où le microbe peut se développer, le microbe, c'est-à-dire le criminel, qui n'en est donc pas le produit nécessaire; mais qui, dans un milieu différent, serait probablement resté à l'état de *criminel latent.* On ne peut donc pas séparer les criminels en deux classes distinctes, l'une d'êtres anormaux, l'autre d'êtres normaux; on ne peut les classer que d'après le degré, *plus* ou *moins* grand, de leur *anomalie.* C'est en ce sens que j'ai parlé dans mes ouvrages de délinquants *instinctifs* et de délinquants *fortuits :* les premiers étant caractérisés par l'ab-

sence du sens moral et la toute-puissance des instincts
égoïstes ; les seconds, par une faiblesse organique, une névrasthénie morale selon M. Benedikt, c'est-à-dire par une
impuissance des agents de résistance aux impulsions provoquées par le monde extérieur.

Dans la première classe, il faut distinguer d'abord *certains états pathologiques*, tels que l'imbécillité, la folie,
l'hystérie, l'épilepsie, associés à des impulsions criminelles, états qui peuvent être congénitaux ou acquis ; ensuite l'*anomalie exclusivement morale*, caractérisée par
la perversité ou l'absence des instincts moraux élémentaires et qui *n'est pas une infirmité*.

C'est sur ce dernier point que bien des doutes ont été
soulevés.

Nous trouvons d'abord contre nous ceux qui n'admettent
pas la fatalité d'une volonté esclave des penchants ou des
instincts, et qui ne peuvent comprendre qu'une âme puisse
être entraînée au mal, par la spécialité de l'organisation
individuelle, sans que l'intelligence soit troublée ou qu'une
infirmité empêche la soumission des actes à la volonté.
Nous nous abstiendrons de discuter la question à ce point
de vue général ; il nous suffira de faire remarquer qu'il y
aurait malentendu, si on nous attribuait l'idée que tout
penchant *criminel* doit nécessairement pousser à l'action.
Nous croyons au contraire que la manifestation de ce penchant peut être réprimée par l'heureux concours d'innombrables circonstances extérieures, même par ces individus
dont la perversité est innée. Que la volonté soit la résultante de plusieurs forces, ou qu'elle soit un mouvement
psychique initial, ce qui est sûr c'est qu'on pourra trouver
un motif plus énergique que les impulsions criminelles, la

frayeur de la guillotine, par exemple, ou la crainte de perdre des avantages plus grands que ceux que l'on gagnerait par le crime. Il faut ajouter que l'absence du sens moral n'est que la condition favorable pour que le crime s'accomplisse à un moment donné, mais que plusieurs personnes, tout en ayant une prédisposition de ce genre, ne deviennent jamais criminelles, parce qu'elles peuvent assouvir leurs plus grands désirs, sans nuire le moins du monde aux autres. C'est ainsi que des hommes à l'instinct criminel latent passent pour des honnêtes gens toute leur vie, parce que le moment ne s'est pas présenté pour que le crime leur fût utile. Libre à qui veut de croire que le mérite en revient à leur volonté et non pas exclusivement à la situation où ils ont eu le bonheur de se trouver.

Nous passons à l'objection qui nous vient d'un côté diamétralement opposé. Plusieurs aliénistes rangent l'anomalie des criminels parmi les formes de la folie, sous le nom de *folie morale*. Nous croyons que c'est une formule impropre, et qu'il vaudrait mieux la faire disparaître tout à fait du vocabulaire de la science. D'abord cela engendre bien des malentendus ; et c'est à cause de cette formule qu'on a reproché à notre école de faire de la criminalité un chapitre de la folie. Ensuite le mot « folie » est synonyme d'aliénation mentale. Or, quoique la raison et le sentiment résident également dans le système nerveux, on ne saurait ne pas convenir que ce sont des activités bien différentes, et qu'il peut arriver que l'une d'elles, la faculté d'idéation, soit parfaitement régulière, pendant que l'autre, la faculté des émotions, soit anormale. Enfin, le mot « folie » ou « aliénation » implique l'idée d'une infirmité, puisqu'on n'admet plus la folie non pathologique de

Despine. Or, nos criminels instinctifs ne sont pas des malades. C'est sur ce point qu'il nous faut nous arrêter quelque peu.

Lorsque la névrose des criminels n'a d'autres symptômes que ces caractères physiques et psychiques que
nous venons d'esquisser, sans le moindre trouble des facultés d'idéation, sans qu'on puisse constater l'existence
d'une névrose d'un genre différent, l'hystérie, par exemple,
ou l'épilepsie, pourra-t-on dire qu'il s'agit d'un état pathologique? On ne le pourrait qu'autant que les mots de *maladie* et d'*anomalie* seraient considérés comme ayant un sens
identique. En ce cas, il n'y aurait plus de différence entre
les états physiologiques et les états pathologiques, puisque
toute déviation atypique, toute irrégularité du corps, toute
excentricité du caractère, toute particularité du tempérament, deviendrait une forme nosologique... Or, comme il
n'y a presque pas d'individus qui n'offrent quelque singularité au physique ou au moral, l'état de santé deviendrait
idéal; le mot n'aurait plus de signification pratique.
Et pourtant il y a un état de santé physique et de santé
intellectuelle; il y a encore une zone intermédiaire entre
ces états et ceux de maladie, ce qui fait qu'on ne nous a
pas encore donné une définition parfaite de l'aliénation;
cela n'empêche pas que « dans chaque cas » on ne puisse
distinguer un fou d'un homme normal [1].

La distinction entre anomalie et infirmité n'est pas nouvelle; il s'en faut de beaucoup. J'en donnerai un exemple :
— le Digeste, à propos de la résiliation de la vente d'un

---

1. TAYLOR, *Traité de médecine légale*, traduit par le Dr J. Coutagne.
Livre XI, chapitre LXI. Paris, 1881.

esclave, distingue le *vitium* du *morbus* : « *Ulpula si quis balbus sit, nam hunc vitiosum magis esse quam morbosum.* » Le muet, ajoute Sabinus, est un infirme, non pas celui qui parle avec difficulté et d'une manière peu intelligible... Celui qui manque d'une dent n'est pas un infirme (*Paulus*), etc. [1]. Nous dirons de même que celui qui est dépourvu de quelques instincts moraux est un homme anormal (*vitiosus*), non pas un malade (*morbosus*).

On pourrait répliquer, avec les paroles d'un aliéniste italien, que somme toute « *l'infirmité n'est que la vie dans des conditions anormales*, et que, à ce point de vue, il n'y a pas d'antithèse absolue entre l'état de santé et l'état de maladie [2] ».

Nous pourrions nous demander si la science a le droit d'annuler la signification de certains mots dont l'humanité a de tous temps jugé ne pouvoir se passer. Le mot maladie ou infirmité signifie toujours quelque chose qui tend à la destruction de l'organisme ou de la partie attaquée ; s'il n'y a pas destruction, il y a guérison, jamais stabilité comme dans plusieurs anomalies. Mais tout en admettant l'extension de l'idée d'infirmité à toutes sortes de conditions anormales de la vie, nous n'avons rien à changer à ce que nous avons avancé. En effet, pour savoir ce qu'on entend par conditions *anormales*, il faut commencer par déterminer les conditions *normales* de la vie. Est-ce qu'on nous parle de celles d'un peuple, d'une race, ou de l'humanité tout entière ? C'est à toute l'espèce humaine qu'il faut rapporter les expressions d'*état physiologique*, ou d'*état*

1. Digeste, livre XXI, titre i. Voir FIORETTI : *Polemica in difesa della scuola criminale positiva*, 1886, p. 254.
2. VIRGILIO, *la Fisiologia et la Patologia della mente.* Caserta, 1883.

pathologique indépendamment des variations de races. Les cheveux laineux, le prognathisme, le nez camus, sont des anomalies dans *notre* race, sans que pour cela on leur attribue un caractère pathologique, parce que ce ne sont pas des déviations du type *humain*; ces anomalies font même partie du signalement de certaines races inférieures; elles ne troublent pas, elles n'altèrent en aucune façon les fonctions organiques. Pourquoi ne dirait-on pas la même chose à propos des variations psychiques? L'insensibilité, l'imprévoyance, la versatilité, la cruauté, sont des caractères exceptionnels dans *notre* race, mais très communs *ailleurs*. Il n'y a donc pas d'anomalie par rapport au *genus homo*, il n'y en a que par rapport au type *perfectionné*, représenté par les peuples en voie de civilisation. Maintenant, pour mieux apprécier la distinction que nous faisons, qu'on mette en regard de la perversité innée, ces autres espèces d'anomalies psychiques : le défaut de la faculté de coordonner les idées, le manque de mémoire, l'aphasie, l'indépendance du processus psychique de toutes excitations extérieures; voilà sans doute de vraies infirmités, parce qu'elles présentent des anomalies *par rapport à l'espèce :* en effet, la faculté d'idéation, qui est troublée en de pareils cas, n'est pas l'apanage d'une race, elle ne se montre pas seulement à une étape de l'évolution morale, elle existe dès que l'homme parait. Quelle différence avec la perversité instinctive ou l'absence du sens moral ! Ici, aucune fonction organique n'est dissoute ou troublée ; les conditions physiologiques nécessaires à la vie de l'espèce restent les mêmes ; il n'en résulte que l'incompatibilité du sujet avec le milieu ambiant, lorsque ce milieu est une agrégation de plusieurs familles, car tant qu'il s'agit d'une seule famille les sentiments égoïstes suffisent.

Et encore, faut-il ajouter que cette agrégation ne doit pas être tout à fait à l'état sauvage. On a vu, en effet, des tribus dans lesquelles la plus grande cruauté ou la luxure la plus effrénée étaient à peu près normales. Les Néozélandais et les Fidjiens, qui tuent pour le plaisir de tuer, sont dépourvus de tout instinct de pitié, ou plutôt cet instinct ne franchit pas la limite de leur famille. *Ce ne sont pourtant pas des malades,* pas plus que le nègre africain, qui vole toutes les fois qu'il en a l'occasion. Ni certains caractères anatomiques qui ne sont des anomalies que par rapport à notre race, ni certains signes d'un arrêt d'évolution psychique, communs à quelques peuples sauvages et au criminel typique, ne peuvent faire un malade de ce dernier, si les premiers, malgré tout, sont considérés comme parfaitement sains.

Peu importe que les sentiments altruistes se soient répandus presque partout. Il y a eu un temps où ils n'existaient qu'à l'état embryonnaire, c'est-à-dire qu'ils franchissaient à peine les bornes de la famille, rarement celles de la tribu. Mais, s'ils étaient sains les hommes de ces temps reculés, pourquoi les criminels ne le seraient-ils pas, eux qui leur ressemblent, qui, peut-être par un atavisme mystérieux, ont reçu de leurs premiers ancêtres ces traits, qui forment à présent une anomalie morale ? En considérant comme une infirmité l'absence de sens moral on en viendrait donc à cette conséquence strictement logique : qu'une même infirmité pourrait être plus ou moins grave et qu'elle disparaîtrait tout à fait selon le degré de perfectionnement des états sociaux ; de sorte

qu'*un même individu* devrait être considéré comme gravement malade dans les pays civilisés, d'une santé quelque
peu inquiétante chez les peuples à moitié barbares, et
parfaitement sain aux lles Fidji, à la Nouvelle-Zélande ou
au Dahomey !

Cela est absurde ; lorsqu'on parle des conditions pathologiques, on ne se demande pas si l'homme est moderne,
ou s'il appartient aux âges héroïques ou à l'époque de la
pierre : qu'il s'agisse d'un Malais, d'un Polynésien ou d'un
Anglo-Saxon, les conditions *essentielles* de la vie humaine
sont les mêmes ; elles ne peuvent varier d'une époque ou
d'une race à l'autre.

On peut donc admettre des anomalies *non pathologiques,* et, parmi celles-ci l'absence du sens moral. Un
aliéniste contemporain a très bien dit que « c'est parce
qu'on n'a pas voulu comprendre le rapport qui existe
entre les sentiments et les actes immoraux, et certaines
spécialités de l'organisme, dont les caractères psychiques
sont le résultat et l'expression, que l'on a créé une forme
nosologique à part, dans le cas seulement où ce rapport se
montre d'une manière évidente [1] ».

Nous n'admettons pas de folie exclusivement morale. Il
y a sans doute des cas d'extrême perversité, qui sont de
vrais cas pathologiques ; mais alors la perversité n'est que
le symptôme le plus frappant d'une grande névrose,
comme l'épilepsie ou l'hystérie, ou d'une forme d'aliénation, comme la mélancolie, la paralysie progressive et
l'imbécillité. Lorsque, au contraire, on ne peut déterminer

1. Buonvecchiato, *Il Senso morale e la Follia morale,* p. 223. Pa-
doue, 1883.

aucun dérangement des fonctions physiologiques, il ne s'agit plus d'infirmité, quelle que soit l'incompatibilité de l'individu avec le milieu social.

Voici maintenant une observation qui tranche tout à fait la question.

Les perceptions du monde extérieur produisent chez le fou ou chez l'imbécile des impressions exagérées ; elles font naître un processus psychique, *qui n'est pas en accord avec la cause extérieure ;* il s'ensuit une incohérence entre cette cause et la réaction de l'aliéné. C'est ce qui explique les meurtres affreux qui ont été commis pour se délivrer d'une simple sensation désagréable... de l'ennui causé par la présence d'une personne. Un certain *Grandi* à moitié imbécile, pour se débarrasser des enfants de ses voisins, qui faisaient du tapage devant son atelier, les attirait l'un après l'autre dans l'arrière-boutique, les y enfermait, et, la nuit venue, les y enterrait tout vivants. Il en tua de cette façon une dizaine, croyant ainsi pouvoir travailler tranquillement. Il n'avait pas eu d'autre mobile. Le fou décrit par Edgar Poë étouffe son oncle uniquement pour se débarrasser de la vue de son œil louche, qui l'ennuyait. Dans d'autres cas, il s'agit d'un plaisir pathologique, comme pour ce fou dont parle Maudsley, qui notait dans son journal les petites filles qu'il avait égorgées, en ajoutant : « elle était tendre et chaude. »

Chez le *criminel-né,* au contraire, le processus psychique *est en accord avec les impressions du monde extérieur.* Si le mobile a été la vengeance, le tort ou l'injure existent réellement. Si c'est l'espoir d'un avantage, ce serait aussi un avantage réel pour toute autre personne. Si c'est le plaisir, ce plaisir n'aurait rien d'anormal. Ce n'est pas le but en soi-même, c'est le moyen criminel qu'on emploie pour y arriver, qui révèle l'anomalie morale. Il est vrai que l'absence du sens moral ne suffit pas toujours pour expliquer certains crimes. Il vient s'y joindre parfois un amour-propre exagéré qui fait ressentir plus vivement un tort supposé ou même insignifiant. C'est ainsi qu'un certain T..., fâché de ce que son domestique l'avait quitté, le guetta au passage, et le tua d'un coup de fusil. La conduite de ce malheureux, qui n'aurait que légèrement vexé un autre à sa place, avait été pour lui un affront, qui exigeait une vengeance sanglante! On dit, en pareil cas, qu'il y a *disproportion* entre la cause et l'effet. Cette expression est philosophiquement absurde; la proportion ne peut qu'exister toujours. C'est que la cause n'est pas uniquement celle qu'on croit connaître; on n'a qu'à ajouter au mobile insuffisant, le manque de sens moral avec l'amour-propre exagéré, la vanité immodérée, la susceptibilité excessive, ces caractères qui, comme nous l'avons vu, se retrouvent si fréquemment parmi les criminels.

M. Tarde, tout en acceptant mes idées sur la différence entre la folie dite *morale* et l'instinct criminel, différence qu'il dit être capitale, les complète par ce passage remarquable :

« Pour le fou lui-même, le méfait est bien, si l'on veut, un moyen de plaisir, puisque, comme Maudsley l'observe, l'exécution de l'homicide procure un vrai soulagement à celui qui l'a commis, en vertu d'une impulsion morbide irrésistible, mais c'est *la nature anormale de ce plaisir, et le fait de n'en pas chercher d'autre* en commettant un crime qui distingue l'aliéné du délinquant. Le délinquant, il est vrai, a des anomalies *affectives* aussi, mais elles consistent à être dépourvu, plus ou moins complètement, de certaines douleurs sympathiques, de certaines répugnances qui sont assez fortes chez les honnêtes gens pour les retenir sur la pente de certains actes. Autre chose est la *présence d'un attrait morbide* qui même sans provocation du dehors pousse à l'action, autre chose est l'*absence interne d'une répulsion* qui empêche de céder à des tentations extérieures. »

Au surplus, il ne s'agit pas d'une simple question de mots, comme on pourrait le penser, peut-être, en remarquant que nous admettons un *substratum somatique* à l'anomalie tout aussi bien qu'à la maladie. Cette différence importe beaucoup au point de vue de la science pénale; elle fournit la possibilité de justifier la *peine de mort*, qui aurait l'air d'une cruauté inutile si l'on considérait les criminels comme des êtres souffrants et, par là même, ayant droit à notre pitié, à notre sympathie même, parce que le crime n'est chez eux qu'un accident de leur infirmité, non l'effet de leur caractère ou de leur tempérament; l'aliénation mentale, comme le dit Shakespeare, c'était « l'ennemi du pauvre Hamlet... Il en était offensé autant que ceux qui, à cause de lui, en avaient souffert. » Le caractère, le tempérament, au contraire, c'est bien la physionomie morale de l'individu; c'est le *moi*.

Cette différence, en outre, rend possible la recherche des moyens d'avoir raison d'un grand nombre de délinquants, dont l'anomalie n'est pas excessive, en les plaçant dans un milieu incapable de les déterminer à l'action, ou dans lequel l'activité honnête leur soit plus utile que l'activité malfaisante; de sorte que leur perversité reste à l'état latent, ce qui serait inutile si, comme les aliénés, ils

n'agissaient que sous l'empire de leurs impulsions intérieures.

C'est pourquoi nous avons tenu à combattre la formule
dangereuse de la folie morale et à distinguer *nettement* le
criminel de l'aliéné.

V

Le criminel typique, celui qui présente le plus fréquemment des anomalies anatomiques et psychologiques,
manque totalement de sentiments altruistes, ce produit de
l'évolution incompatible avec les caractères régressifs que
nous avons indiqués.

Lorsqu'il y a égoïsme parfait, c'est-à-dire absence de tout
instinct de bienveillance ou de pitié, il est inutile de rechercher les traces du sentiment de la justice, puisque ce
sentiment a une origine postérieure, et qu'il suppose un
degré plus élevé de l'évolution morale. Le même criminel
sera donc voleur et meurtrier à l'occasion ; il tuera pour
de l'argent, afin de s'emparer du bien d'un autre, pour en
hériter, dans le but de se délivrer de sa femme et d'en
épouser une autre ; ou pour se débarrasser d'un témoin,
ou pour se venger d'un tort insignifiant ou imaginaire, ou
encore pour montrer son adresse, son œil sûr, son poing
ferme, son mépris pour les gendarmes, son aversion enfin
pour toute une classe de personnes.

Ce criminel typique est-il le représentant de l'homme
préhistorique, est-il comparable au sauvage moderne ?

C'est l'idée de M. Lombroso, combattue par M. Tarde. Je
ne passerai pas en revue les arguments pour et contre. Je
remarquerai seulement que si nous acceptons la théorie
évolutionniste, il ne peut y avoir de difficulté à admettre
que l'homme préhistorique, vivant seul avec sa progéni-
ture, ne pouvait avoir des sentiments vraiment altruistes.
Il faut remarquer pourtant que, chez lui, l'altruisme n'é-
tait pas développé par l'absence des conditions de vie
sociale, pendant que, chez le criminel, il y a impuissance
de ce sentiment, malgré le milieu social où il se trouve dès
sa naissance. Quant aux caractères anatomiques, le rapprochement le plus digne d'attention consisterait dans le
prognathisme[1] démesuré de quelques crânes, du Néanderthal et de Cro-Magnon. Mais ces quelques faits, comme
le dit M. Topinard, ne permettent pas une conclusion[2]
Les preuves nous font défaut; pourtant on ne saurait
douter du caractère régressif du prognathisme, lorsqu'il est
connu que l'allongement et la proéminence des mâchoires
sont habituels chez les races noires de l'Afrique et de
l'Océanie et accidentelles chez quelques Européens[3];
« que, en prenant le mot dans son sens courant ordinaire,
on peut dire que les races blanches ne sont jamais prognathes, et que les races jaunes et noires le sont à des
degrés divers[4] »; que des peuplades, qui sont classées
parmi les plus dégénérées, telles que les Hottentots (Bos-

1. Suivant Lombroso le prognathisme atteint, chez les criminels, le
69 p. 100. M. Marro a remarqué le développement exagéré des mandibules
dans le rapport de 52 p. 100. Les sanguinaires, pris à part, offrent la proportion de 66 p. 100.
    2. TOPINARD, *Anthropologie*, p. 451 et 452, 3e édition. Paris, 1879.
    3. TOPINARD, l'*Anthropologie*, p. 284.
    4. *Idem*, p. 390, 3e édition. Paris, 1879.

chimens et Namaquois) atteignent le maximum de prognathisme connu « dans toute l'humanité [1] ».

On est donc autorisé à supposer que nos premiers ancêtres étaient encore plus prognathes que ces sauvages, et,
tout en admettant que les crânes du Néanderthal aient pu
être une exception dans la race de l'âge du mammouth, on
peut voir en eux, comme M. Topinard, les représentants,
par atavisme, d'une race déjà éteinte, appartenant aux
époques pliocène ou miocène. « Il en est ainsi, à coup
sûr, des fameux Namaquois du Muséum à prognathisme
inouï... ; ce seraient des représentants d'une race anté-
rieure, éteinte, de l'Afrique. »

Nous voilà amenés naturellement à la question du rapprochement du criminel avec les races inférieures de l'humanité. En laissant de côté les caractères anatomiques,
M. Tarde nous objecte qu'il y a de bons sauvages, et qu'ils
ne représentent pas une infime minorité. Cela est vrai ;
aussi, faut-il distinguer. Il y a des centaines de races sauvages différentes, les unes plus avancées socialement que
les autres ; sans doute, aucune n'est un exemplaire parfait
de l'homme préhistorique. M. Bagehot a très bien éclairci
cette question. « A certains égards, dit-il [2], l'homme préhistorique devait être bien différent d'un sauvage moderne. » Il s'en faut de beaucoup que le sauvage moderne
soit cet être simple que les philosophes du xviiie siècle se
figuraient. « Au contraire, sa vie est tout entrelacée de
mille habitudes curieuses, sa raison est obscurcie par mille

1. *Idem*, p. 289 et 290.
2. BAGEHOT, *Lois scientifiques du développement des nations*, p. 131,
4ᵉ édition. Paris, 1882.

préjugés étranges ; son cœur est épouvanté par mille su-
perstitions cruelles. »

Ils étaient pourtant « des sauvages qui n'avaient pas les
usages fixes des sauvages, nos premiers pères. Comme les
sauvages, *ils avaient de fortes passions et une raison
faible ;* comme les sauvages, *ils préféraient les transports
passagers d'un plaisir violent* aux jouissances calmes et
durables ; ils étaient *incapables de sacrifier le présent à
l'avenir ;* comme les sauvages, *ils avaient un sens moral
très rudimentaire et très imparfait, pour ne pas dire de
plus* [1]. »

Maintenant, ces caractères ne sont-ils pas précisément
ceux des criminels que nous avons analysés ? Seulement,
de même qu'on a constaté ces traits communs, on en a
trouvé d'autres très différents. On a aussi remarqué des
ressemblances entre certains instincts des criminels et des
enfants, mais on ne prétend pas, par là, conclure à l'identité, seulement constater l'existence de ces traits communs
qu'on nomme *régressifs*, parce qu'ils indiquent une étape
moins avancée du développement humain. Je crois, du
reste, inutile d'insister sur ces ressemblances ; bien des
criminels présentent des traits qu'on ne saurait attribuer à
l'atavisme, et qui sont vraiment atypiques : c'est pourquoi
j'accepte pour ma part cette partie des conclusions de
M. Tarde, à savoir que le criminel est « un monstre, et
que comme bien des monstres il présente des traits de
régression au passé de la race ou de l'espèce ; mais il les
combine différemment, et il faudrait se garder de juger
nos ancêtres d'après cet échantillon. » Le même auteur dit

1. BAGEHOT, *ibidem*, p. 123.

plus loin qu'il « ne conteste pas l'apparition par atavisme, par ricochet héréditaire à grande distance, des caractères, ou de quelques caractères propres au délinquant né ; il faut bien que la vie emprunte quelque part les éléments des monstruosités qui lui échappent, et où le prendrait-elle, si ce n'est dans la mémoire de ses compositions passées, à moins que ce ne soit dans le trésor, rarement ouvert, de son imagination créatrice, ce qu'elle fait quand elle enfante un génie, non quand elle excrète un monstre, un criminel ou un fou ? »

A la question : « ces monstruosités où les prend-elle? » M. Sergi a répondu sans hésitation : « Dans la vie *préhumaine*, dans l'animalité inférieure. » Si l'on peut admettre cet atavisme préhumain dans les anomalies morphologiques, pourquoi ne le pourrait-on pas lorsqu'il s'agit des fonctions correspondantes ? Cela donnerait la clef de certains instincts qui rabaissent le type humain au type bestial, et qu'on peut expliquer biologiquement par l'arrêt de développement de ces parties de certains organes qui ont une influence directe sur les fonctions psychiques.

La cause de la brutalité la plus extraordinaire serait ainsi dévoilée par cet atavisme bestial, hypothèse acceptable uniquement par ceux qui suivent, sans aucune réserve, la théorie de la transformation des espèces. Il n'y aurait plus à s'étonner alors, en trouvant des criminels dont la férocité aurait dû faire, en tous temps et en tous lieux, des êtres exceptionnels. Le criminel typique est bien pire que les sauvages les plus mauvais, il a, du moins au moral, des traits régressifs bien plus marqués; les criminels inférieurs sont, au contraire, à certains égards, plus développés que bien des sauvages.

Le criminel typique serait enfin un monstre dans l'ordre psychique ayant des traits régressifs qui le ramènent à l'animalité inférieure; les criminels incomplets, inférieurs, auraient une organisation psychique avec des traits d'atavisme qui les rapprochent des sauvages.

VI

Il est temps de nous occuper de ces derniers qui, au physique, aussi bien qu'au moral, sont moins éloignés du commun des hommes. C'est ici que l'on voit se préciser la distinction de deux classes, l'une caractérisée par le manque de bienveillance ou de pitié, l'autre par le manque de probité, distinction correspondante à celle que nous avons faite des délits naturels.

Dans la première classe nous trouverons d'abord les auteurs de ces crimes contre les personnes, qu'on pourrait appeler endémiques, c'est-à-dire qui forment la criminalité *spéciale* d'un pays. Ce sont, par exemple, de nos temps, les vengeances des *camorristes* à Naples, ou les vengeances des sectes politiques de la Romagne, de l'Irlande, ou de la Russie.

Le milieu a sans doute ici beaucoup d'influence; ce sont souvent des préjugés d'honneur, de politique ou de religion; dans quelques pays, c'est le caractère général de la population, l'instinct de la race, ou son degré inférieur de civilisation ou de sensibilité, qui pousse à des actes sanguinaires pour venger des torts même légers. C'est ainsi que, dans quelques contrées du midi de l'Europe, les témoins, même dans un procès civil, risquent leur vie ; et qu'un coup de fusil attend souvent celui qui a supplanté un fermier, ayant proposé au propriétaire des conditions plus avantageuses.

On connaît quelle influence ont eue sur la criminalité, la sorcellerie, les sortilèges, le *mal occhio*, certaines idées de classe ou de caste sociale, certains raffinements du point d'honneur, certaines croyances superstitieuses. Dans le midi de l'Italie, on croit que le contact sexuel avec une jeune fille procure la guérison de certaines infirmités ; c'est ce qui pousse souvent à des attentats à la pudeur. Dans le bas peuple de Naples s'est enracinée la croyance que les religieux ont le don de prophétie et qu'ils peuvent deviner le numéro gagnant du prochain tirage de la loterie ; on les a enfermés et, parfois, torturés pour les contraindre à cette révélation ; il y en a eu un (Frate Ambrogio) qui a succombé à la suite des tourments qu'on lui a fait subir. Il y a, dans les mêmes classes, un préjugé d'honneur : l'abandon, de la part d'une jeune fille avec laquelle on a eu des rapports, est une offense très grave. On la répare en infligeant à la pauvre étourdie un coup de rasoir à la figure, qui la marque d'un signe ineffaçable... En France, c'est l'inverse : les femmes trahies par leurs amants les *vitriolent ;* il y a eu des moments où cela a été une véritable épidémie.

On pourrait multiplier les exemples, mais nous préférons nous arrêter. Ce qui en ressort, c'est que l'imitation joue un rôle considérable dans une foule de crimes contre la vie ou la liberté des personnes. Faut-il en tirer la conséquence que le criminel est un homme normal et que le crime n'est que l'effet des exemples du milieu ambiant [1] ? S'il en était ainsi, les criminels ne formeraient plus une petite minorité ; le crime perdrait son caractère d'acte exceptionnel. Les auteurs des attentats dont nous venons de parler sont toujours en défaut d'une partie proportionnelle du sentiment de pitié, dans cette mesure moyenne qui est possédée par la grande majorité d'une population. Même dans les races auxquelles nous avons fait allusion et dont la sensibilité ou la civilisation est moindre, le meurtre et les autres crimes de ce genre sont toujours des faits anormaux. Ce genre de criminalité endémique ne gagne qu'un petit nombre, ceux qui n'ont pas dans leur organisation psychique des agents de résistance assez forts, ceux chez qui cette partie de sens moral, qu'on nomme sentiment de pitié, existe à peine. « A ce défaut dérivant d'une diminution congénitale de sensibilité pour les douleurs et les sentiments désagréables, est lié, dit M. Benedickt, le *défaut de vulnérabilité.* » Il donne ce nom à cette qualité que possèdent certaines personnes de ne pas ressentir les conséquences des coups et des blessures, ou d'en guérir promptement. Il en cite quelques exemples étonnants dont il tire la conclusion que ces gens-là se considèrent comme des privilégiés, qu'ils méprisent les individus délicats et

---

1. « Ou parle de criminels-nés, -- dit M. Benedikt, — mais tous les criminels sont des criminels-nés ! C'est leur organisation qui les pousse au crime, comme l'organisation d'un artiste le pousse à l'étude du beau. Raphaël est un peintre-né. Néanmoins l'occasion jouait un grand rôle quand il a « commis » les *Stanze*, et il est certain que sans une vive passion pour l'art, il n'eût pas créé tant de chefs-d'œuvre dans une vie relativement courte. La prédisposition congénitale n'exclut ni l'influence de l'occasion, ni celle de la passion. Cela est vrai pour les faits louables comme pour les forfaits. » *Discours de M. Benedikt au 1er Congrès d'anthropologie criminelle*, Actes du Congrès, page 140, Rome, 1887.

sensibles et que c'est un plaisir pour eux de tourmenter les autres qu'ils regardent comme des créatures inférieures.

A cette classe de crimes dérivant de l'*imitation*, il faut faire suivre ceux qui sont commis sous l'empire de la passion. Cet état « peut être habituel et représenter le *tempérament* de l'individu » (Benedickt), ou naître de quelques causes extérieures, les *boissons alcooliques*, par exemple, la *température*, ou enfin de circonstances vraiment *extraordinaires*, et tout à fait propres à exciter vivement la colère de toute autre personne, quoique à un degré un peu moins fort. Dans ce dernier cas, le criminel peut se rapprocher de l'homme normal ; la nuance peut même devenir imperceptible, lorsqu'il s'agit, par exemple, d'une réaction instantanée contre une injure inattendue et excessivement grave ; le meurtre même peut, dans des cas pareils, perdre l'horreur qui le caractérise ; du moment qu'une réaction violente n'est pas blâmable, le meurtre ne paraît qu'excessif ; c'est là une différence de degré ; mais c'est cette différence même qui prouve l'existence d'un minimum d'anomalie morale.

Nous croyons donc qu'un élément psychique différentiel doit toujours exister. Examinons, par exemple, le cas où un état passionné permanent est l'effet du tempérament. La colère n'est qu'un désordre élémentaire des fonctions psychiques, une manière anormale dans laquelle le cerveau réagit contre les excitations extérieures, et qui, comme le dit le Dr Virgilio, accompagne souvent les états dégénératifs caractérisés par le défaut de développement des organes cérébraux ou par la faiblesse excessive du système nerveux provenant d'une cause héréditaire. Maintenant, ce tempérament peut-il suffire, à lui seul, pour expliquer un acte de cruauté, ou, en d'autres termes, un meurtrier par colère peut-il être doué d'un sentiment d'humanité égal à celui des non-criminels ?

Je ne le pense pas. Quoique un homme en proie à un violent accès de colère frappe souvent de la main celui qui a excité cette colère, il ne lui plonge pas son couteau dans le ventre. La colère ne fait qu'exagérer le caractère ; elle est la cause déterminante du crime, mais elle ne le détermine que chez un sujet qui ne possède pas cette force de résistance morale qui vient du sentiment altruiste. Il va sans dire que le cas d'un état vraiment pathologique, tel qu'une névrose ou une phrénose, dont la passion ne serait qu'un symptôme, doit être excepté.

Une question qui se rattache à la précédente est de savoir si les agents extérieurs, tels que les boissons alcooliques ou une température élevée, peuvent engendrer des états de passions assez vifs pour pousser un honnête homme à un acte criminel. La statistique comparée prouve que l'alcoolisme est très peu répandu chez les peuples qui occupent la place la plus élevée dans la statistique du meurtre ; que ce vice, au contraire, est très commun chez d'autres peuples où le meurtre est excessivement rare [1]. Sans doute l'ivresse excite facilement les esprits, elle est souvent la cause de rixes et de querelles, pourtant il n'y a que les ivrognes à tempérament criminel qui en viennent aux mains pour s'entretuer ou se blesser ; ils emploient alors le couteau ou le pistolet ; les ivrognes non criminels se frappent à coups de poing, sans donner des signes d'une

[1]. Voir, à ce sujet, une monographie très intéressante de M. N. COLAJANNI, *L'Alcoolismo, sue conseguenze morali, e sue cause*. Catania, 1887.

haine mortelle ; ce qu'ils veulent, c'est jeter leur adversaire par terre, *pull him down*, comme disent les Anglais ;
lorsqu'ils y sont parvenus, ils l'aideront peut-être même à
se relever. Une échauffourée de cabaret est souvent sanglante en Italie ; elle ne l'est presque jamais en Angleterre.
Est-ce que cela tient à la race ou plutôt au degré de civilisation et d'évolution morale ?

Nous verrons cela ailleurs ; pour le moment, il suffit
de constater que le vin a très peu d'effet sur les crimes de
ce genre ; mon expérience personnelle m'a toujours démontré, du reste, que les ivrognes devenus meurtriers
étaient presque tous connus auparavant par leur méchant
caractère, et que souvent ils avaient déjà subi des peines
pour des délits de ce genre.

Quant au climat, aux variations atmosphériques, et à
celles de la température, du moment que tous les habitants
d'une même contrée y sont également soumis, il est clair
que leur influence ne peut être considérée que dans la
statistique comparée, comme une des causes des différences
entre la criminalité d'un pays et celle d'un autre. Il est
hors de doute que les climats chauds sont caractérisés, du
moins en Europe et en Amérique, par un nombre plus
grand de meurtres, tandis que, dans les pays du Nord, les
attentats à la propriété sont la forme prédominante de la
criminalité. M. Tarde ne croit pas qu'on doive attribuer
cette relation à l'influence pure et simple du climat ; porté
comme il l'est à faire une part très large à la civilisation,
il fait des remarques très ingénieuses sur le fait que, de
nos temps, elle rayonne des pays du Nord, pendant qu'anciennement elle rayonnait des pays du Midi. Mais il convient pourtant que le climat entre pour quelque chose dans

le contraste géographique lui-même, et que « les hautes températures exercent une provocation indirecte sur les passions malfaisantes ». Impossible, du reste, de nier cette influence, lorsqu'on rapproche ces considérations géographiques de ce que l'on remarque chaque année dans un même pays, à savoir que le maximum des crimes de sang correspond aux mois chauds, pendant que la criminalité contre la propriété atteint son *climax* en hiver. M. Ferri a confirmé cette loi, en comparant les variations de la température pendant *plusieurs années* de suite, et en les mettant en regard du nombre d'attentats à la pudeur qui ont eu lieu dans chacune de ces mêmes années [1].

On sait que Buckle a poussé jusqu'à l'exagération l'influence du milieu physique sur le tempérament prédominant et sur le caractère d'un peuple. Mais, comment la mesurer, cette influence, du moment qu'elle est si intimement liée à d'autres éléments ? Ce qu'on nomme le caractère d'une race dérive-t-il principalement du climat ou de l'hérédité ? L'anthropologie est favorable à cette dernière opinion ; elle a l'appui de l'histoire qui démontre la persistance des caractères de certains peuples depuis la plus haute antiquité, et surtout les différences immenses de caractère entre peuples habitant sous un même isotherme, parfois dans la même région, mais appartenant à des races diverses.

D'ailleurs le climat étant un élément inséparable de la vie d'un peuple civilisé, son influence sur la production des crimes est constante comme celle de l'hérédité. Que le

1. Voir une critique de cette théorie dans les *Archives d'Anthropologie criminelle*, 1886, n° 6, par M. COLAJANNI.

principal élément du caractère d'un peuple soit la race
ou le climat, la solution de cette question est à peu près
inutile pour nous, puisque l'une et l'autre agissent sur un
peuple tout entier, non pas sur des individus. Ce qui nous
importe, ce n'est pas de mesurer les influences qui façon-
nent le caractère des nations, mais *celui des individus au
sein d'une même nation.* Aussi, nous faudra-t-il étudier,
dans la suite, l'influence de ces agents extérieurs qui
agissent d'une façon toute différente sur les individus, tels
que les exemples, les traditions, la vie de famille, l'éducation, les conditions économiques, la religion, la législation,
tout ce que, en un mot, on désigne sous le nom de *milieu
social.*

Nous verrons alors que, quoique, comme nous l'avons
déjà dit, ces causes extérieures soient très sensibles sur
l'espèce de criminalité dont nous venons de parler, elles
sont bien plus agissantes encore sur l'autre espèce de
criminalité, celle qui attaque les différents genres de propriété. Pourtant, elles n'empêchent pas de démêler ici-
même un élément individuel, qui n'en dérive pas directement, mais qui préexiste dans l'organisme du criminel.
Sans doute le sentiment de probité est bien moins instinctif que celui de la pitié ; ou plutôt, il n'est pas dans un état
de stricte dépendance de l'organisme ; il est plus moderne,
et représente une couche superposée, presque superficielle
du caractère, de sorte qu'il est moins transmissible par
hérédité ; il n'a pas enfin cette nature uniquement congénitale, qui rend impossible d'en remplacer l'absence par
l'éducation.

Pourtant, il y a des cas très marqués où l'improbité est
réellement congénitale. Plusieurs fois, au sein d'une hon-

nête famille, il arrive qu'un enfant se distingue par l'instinct du vol, qu'il est impossible d'attribuer à l'éducation
ou aux exemples reçus en commun avec ses frères et
sœurs. Dès son plus jeune âge, ce petit être, dont la naissance paraît n'avoir d'autre but que de couvrir de honte
sa famille, vole les objets des amis de la maison, ceux
même des domestiques, et les cache, les vend quelquefois
pour se procurer le moyen de satisfaire quelques-uns de
ses désirs. On voit donc qu'un instinct pareil n'a rien de
commun avec cette forme d'aliénation appelée *celplomanie*,
parce que, dans ce dernier cas, c'est l'action même de
voler qui, par le plaisir pathologique qu'elle produit, est
le but unique du voleur. Celui-ci ne recherche par là
aucun avantage ; il ne se soucie pas non plus de cacher ce
qu'il a pris ; il ne s'en sert pas, il rend même spontanément. Au contraire, dans le cas de l'improbité congénitale,
le voleur a souvent recours à la ruse, et, pour ne pas se
laisser découvrir, il est prêt à calomnier les autres. Lorsqu'un penchant pareil ne peut pas être attribué aux mauvais exemples, ou à l'hérédité directe, on ne peut l'expliquer que par l'atavisme. On ne saurait, en effet, se rendre
compte différemment d'un instinct dégénéré, qui est tout
à fait opposé à ceux de la famille du délinquant.

Il faut dire toutefois que le cas le plus fréquent est
celui où l'improbité est héritée directement par les parents, et qu'en même temps, les exemples que l'enfant
en reçoit font devenir la continuation de cette hérédité
naturelle toujours plus agissante. L'instinct est alors à la
fois congénital et acquis ; l'élément organique et l'élément
extérieur sont tellement unis, qu'il est impossible de les
démêler.

Enfin, en dehors de la famille, et de son influence sur la formation des instincts pendant la première enfance, il y a des milieux qui sont surtout favorables au développement des instincts rapaces. Ce ne sont pourtant. que des cercles étroits, deux ou trois méchants compagnons, quelquefois un seul ami, qui suffisent pour entraîner aux crimes contre la propriété. Ces crimes, en effet, n'étant presque jamais justifiés par les préjugés ou les habitudes de tout un peuple ou de toute une classe sociale, n'acquièrent pas de caractère endémique, comme certains attentats envers les personnes. C'est pourquoi le voleur ne devient tel, hors les cas d'un instinct marqué dès l'enfance, que par l'influence de *son milieu particulier*, celui qui l'entoure *immédiatement*; l'éducation et les exemples jouent ici le rôle principal. Il n'y a que peu d'exceptions : le brigandage, par exemple, devenu parfois endémique dans quelques contrées, telles que la Grèce, la Calabre, les Pyrénées ; mais le brigand y est considéré alors plutôt comme un révolté que comme un voleur ; il est en guerre ouverte avec le pouvoir social ; il le défie les armes à la main ; il risque sa vie à tous moments ; il a enfin quelque chose de chevaleresque, qui le rend sympathique même aux populations dont il est le fléau. Des peuples entiers se sont quelquefois abandonnés au brigandage ; tels sont les Normands au moyen âge, les clans des Highlanders Écossais au siècle dernier. Il ne s'agit plus, alors, de criminalité, mais de la vie prédatrice d'une nation ou d'une tribu à laquelle l'activité pacifique ne peut pas encore convenir. L'idée du crime se rattache toujours à une action nuisible pour la société dont on fait partie ; c'est donc l'acte plus ou moins exceptionnel et blâmable d'un individu ; jamais celui de l'agrégation entière. C'est un point trop évident pour qu'il soit nécessaire d'insister là-dessus.

Dans notre société contemporaine, le penchant au vol est presque toujours accompagné par l'oisiveté et par des désirs dépassant les moyens dont l'individu peut disposer. L'anomalie psychologique de ces criminels a été très bien définie par M. Benedikt comme une « névrasthénie morale combinée à une névrasthénie physique » qui est « congénitale ou acquise dans la première enfance ». L'élément principale est « une aversion au travail qui va jusqu'à la résistance » et qui dérive elle-même de la constitution nerveuse de l'enfant... « Si un individu, dès l'enfance, n'a ni la force de résister aux entraînements instantanés, ni celle d'obéir aux excitations nobles, et principalement si ce combat moral a pour lui la conséquence d'un sentiment pénible, alors il représente un *névrasthénique moral*. Comme tel, il évitera, avec le temps, tout combat moral, et il pensera, il sentira, il agira sous la pression de cette névrasthénie morale. Il se développera chez lui un système de philosophie et de pratique sur la base de l'aversion pour le combat moral. »

M. Benedikt attribue le vagabondage à la névrasthénie simplement physique, avec le besoin de gagner sa vie. « S'il n'y a pas de complication, le vagabond ne commet jamais, de sa vie, un crime ». Mais, si « la névrasthénie physique est combinée à un vif goût de jouir, il en résulte déjà un désir dangereux de se procurer, d'une manière quelconque, le moyen de satisfaire le goût, et si l'individu est aussi un névrasthénique moral, il ne résistera pas et deviendra criminel dès qu'il n'aura pas les moyens suffi-

sants. Cette combinaison... joue un grand rôle dans la
psychologie des *voleurs*, des *faussaires*, des *imposteurs*,
des *brigands* en général, des criminels de *profession*...
Les criminels par névrasthénie calculent d'une manière
parfaitement normale les chances de succès de leurs ma-
nœuvres. Ils reconnaissent bientôt la supériorité de la
force de la société. Mais, comme ils sont incapables d'un
travail régulier, ils se contentent de résultats passagers,
et, comme tous les hommes, ils ont plus d'espoir de réussir que de chance. » A tout cela s'ajoute le désir de se
servir des habiletés qu'on possède, de les développer jusqu'à la *virtuosité*, de briller par elles. « Dès qu'un névrasthénique moral a reconnu la facilité de profiter de l'inat-
tention des gens, de leur défaut de présence d'esprit, de
leur crédulité, de leur timidité, etc., il se dépêchera d'en
tirer parti, il perfectionnera l'art de s'en servir jusqu'à
devenir un comploteur parfait. S'il réussit, il n'a pas
seulement le plaisir du résultat matériel, il en ressent
aussi les charmes d'une comédie d'intrigues et se croit
être d'une intelligence supérieure à celle de ses victimes...
Cet entraînement de la virtuosité et de l'art de complo-
ter joue un grand rôle dans la psychologie des voleurs à
effraction, des faussaires, des trompeurs, des chevaliers
d'industrie et des brigands. »

Cette description met le sceau à la différence entre cette
grande classe de criminels et celle qui est caractérisée par
le défaut du sentiment de pitié. Il n'y a pas à s'étonner
maintenant, que les voleurs, les faussaires, les escrocs,
etc., soient très souvent incapables d'un acte de violence
contre les personnes, et que leur répugnance pour toute
cruauté les porte à se vanter, dans les prisons, d'avoir été

condamnés *pour vol, non pour meurtre*. On remarque
précisément l'inverse chez les criminels de l'autre classe,
les grands assassins exceptés, chez lesquels il y a absence
de tout sens moral. Un condamné pour meurtre ou blessures ayant pour mobile la vengeance, la jalousie, l'honneur, par suite d'un tempérament passionné ou d'une excitation alcoolique, etc., déclare dédaigneusement qu'il n'a
jamais volé.

Il peut, en effet, posséder le sentiment de probité même
à un degré supérieur; être non seulement fidèle, mais dé-
voué à ses maîtres, à ses bienfaiteurs; être tout à fait
incapable de la moindre tromperie. Cela prouve que dans
les degrés inférieurs de la criminalité, il ne s'agit plus de
l'absence complète du sens moral, mais seulement de l'absence ou de la faiblesse de l'un ou de l'autre des sentiments altruistes élémentaires, — la pitié ou la probité.

Résumons-nous : Il existe une classe de criminels qui
ont des anomalies psychiques et, très fréquemment, des
anomalies anatomiques, non pathologiques, mais ayant un
caractère dégénératif ou régressif et quelquefois atypique,
dont plusieurs traits prouvent l'arrêt du développement
moral, quoique leur faculté d'idéation soit normale ; qui
ont certains instincts et certaines convoitises comparables à ceux des sauvages et des enfants; qui enfin sont
dépourvus de tout sentiment altruiste, et partant agissent
uniquement sous l'empire de leurs désirs. Ce sont ceux
qui commettent des assassinats pour des motifs exclusivement égoïstes, sans aucune influence de préjugés, sans
aucune complicité indirecte du milieu social. Leur anomalie étant absolument congénitale, la société n'a aucun

devoir envers eux ; elle n'a envers elle-même que celui de supprimer des êtres qu'aucun lien de sympathie ne peut lui rattacher, et qui, étant mus uniquement par l'égoïsme, incapables d'adaptation, représentent un danger continu pour tous les membres de l'association.

Le sens moral paraît, plus ou moins faible et imparfait, dans les deux autres classes, caractérisées l'une par une mesure insuffisante du sentiment de pitié, l'autre par l'absence du sentiment de probité. Les premiers, n'ayant pas une répugnance bien forte pour les actions cruelles, peuvent en commettre sous l'empire des préjugés sociaux, politiques, religieux, ou de ceux de leur caste ou de leur classe ; ou encore ils peuvent y être poussés par un tempérament passionné ou par l'excitation alcoolique. Leur anomalie morale peut n'être qu'insignifiante lorsque l'action criminelle n'est qu'une réaction contre un acte qui blesse lui-même les sentiments altruistes. La deuxième sous-classe est composée de gens chez qui le sentiment de probité n'existe pas, soit par défaut atavistique (c'est le cas le plus rare), soit par hérédité directe, jointe aux exemples reçus pendant la première enfance.

Nous n'aborderons pas ici la question du caractère absolument congénital de cette imperfection morale. Il se peut qu'un milieu délétère étouffe le sentiment de probité ou plutôt en empêche le développement dans le jeune âge. Ce qui est sûr, c'est que l'instinct, une fois formé, persiste toute la vie, et qu'on ne peut plus espérer de corriger par l'enseignement ce vice moral, lorsque le caractère se trouve déjà organisé, c'est-à-dire lorsque le sujet a passé l'âge de l'adolescence. Ce que l'on peut essayer, souvent avec bon espoir de réussite, c'est de *supprimer les causes directement déterminantes*, soit en modifiant le milieu, soit en enlevant l'individu de son milieu même pour le transporter dans un milieu où il pourra trouver de telles conditions d'existences que l'activité honnête lui soit *plus facile* et *plus profitable* que l'activité malfaisante. Voilà les idées que nous essayerons de développer dans les chapitres suivants. Nous croyons cependant avoir assez justifié l'anomalie psychologique du criminel, tout en laissant de côté cette partie des données de l'anthropologie sur lesquelles le doute règne encore.

CHAPITRE II

INFLUENCE DE L'ÉDUCATION SUR LES INSTINCTS CRIMINELS

I

Il est facile après la lecture des chapitres précédents, d'entrevoir les conclusions que nous tirerons de notre théorie, mais que nous réserverons pour la troisième partie de cet ouvrage ; car avant d'en arriver à ces conclusions, il nous faut discuter, à différents points de vue, les idées que nous venons d'exprimer. On peut accepter, en effet, le principe de l'anomalie psychologique du criminel, tout en soutenant que cette anomalie n'est pas irréductible. Plusieurs philosophes croient à la possibilité de modifier les sentiments moraux par l'éducation ou par les influences du milieu, et à la possibilité de transformer le milieu social moyennant le pouvoir de l'État. Deux questions s'ensuivent, l'une psychologique, l'autre sociale et surtout économique, et elles méritent toutes les deux un examen approfondi.

Nous allons commencer par la question de l'influence que peut avoir l'éducation sur les penchants des criminels, afin de pouvoir apprécier ce qu'il y a de vrai et d'acceptable dans la théorie pénale dite correctionaliste.

Le problème de l'éducation serait, en effet, de la plus grande importance pour la science pénale, si, par des enseignements, il était possible de transformer le caractère de l'individu *déjà sorti de l'enfance*.

Malheureusement, il paraît démontré que l'éducation ne représente qu'une de ces influences agissantes *dans les premières années de la vie*, et qui, comme l'hérédité et la tradition, contribuent à former le caractère. Celui-ci étant fixé, comme la physionomie au physique, il reste ce qu'il est pendant toute la vie. Et même est-il douteux qu'un instinct moral absent, puisse être créé par l'éducation dans la période de la première enfance. D'abord, lorsqu'il s'agit de l'enfance, le mot éducation ne doit pas être pris dans le sens pédagogique; il signifie plutôt tout un ensemble d'influences extérieures, toute une série de scènes que l'enfant voit se dérouler continuellement, et qui lui impriment des habitudes morales, en lui apprenant expérimentalement, et presque inconsciemment, quelle est la conduite à suivre dans les différents cas. Ce sont les exemples de la famille, bien plus que les enseignements, qui agissent sur son esprit et sur son cœur. Mais, tout en donnant au mot *éducation* une signification si étendue, on n'est pas sûr de son effet, ou du moins, cet effet, on ne saurait le mesurer aucunement [1].

1. « Pour que l'éducation ait toute son influence, il faut qu'aucun vice de conformation, aucun état pathologique, aucune condition héréditaire ayant duré pendant une longue série de générations n'aient rendus certains

On peut nous faire remarquer que presque tous les
enfants paraissent dénués· de sens moral dans les premières années de leur vie ; leur cruauté pour les animaux
est connue ainsi que leur penchant à s'emparer de ce qui
appartient aux autres ; ils sont tout à fait égoïstes, et lorsqu'il s'agit, pour eux, de satisfaire leurs désirs, ils ne se
préoccupent pas le moins du monde des peines qu'ils font
endurer aux autres.

Dans la plupart des cas, tout cela change à l'approche
de l'adolescence ; mais peut-on dire que cette transformation psychologique est l'effet de l'éducation ou ne faut-il y
voir qu'un simple phénomène d'évolution organique, semblable à l'évolution embryogénique, qui fait parcourir au
fœtus les différentes formes de l'animalité, depuis les plus
rudimentaires jusqu'à celles de l'homme ? On a dit que
l'évolution de l'individu reproduit en raccourci celle de
l'espèce [1]. Ainsi, dans l'organisme psychique, les instincts
qui paraissent les premiers, seraient ceux de la bête,
ensuite les plus égoïstes, ceux de l'homme primitif, auxquels viendraient s'ajouter successivement les sentiments
ego-altruistes, et altruistes, acquis par la race d'abord,
par la famille ensuite, enfin par les parents de l'enfant.
Ce seraient autant de juxtapositions d'instincts et de sentiments, qui pourtant ne seraient pas dues à l'éducation,
ou à l'influence du milieu ambiant, mais tout simplement
à l'hérédité. « La conscience, dit M. Espinas, croît comme
l'organisme et parallèlement à lui, renfermant des aptitudes, des formes prédéterminées de pensée et d'action,

---

centres (nerveux) absolument inexcitables. • Rapport de M. Sciamanna,
dans les *Actes du 1er congrès d'Anthropologie criminelle*, p. 201. Rome, 1887.
    1. Voir Haeckel, *Anthropogénie*, p. 48. Paris, 1877.

qui sont des émanations directes de consciences anté-
rieures *éclipsées un instant il est vrai, dans l'obscurité
de la transmission organique*, mais réapparaissant au
jour avec des caractères de ressemblance non équivoques,
bientôt de plus en plus confirmés par l'exemple et l'éducation. *Une génération, c'est un phénomène de scissi-
parité transporté dans la conscience* [1]. »

Cette hypothèse n'est pas invraisemblable, quoiqu'il soit
impossible de la démontrer rigoureusement, parce qu'il
faudrait, pour cela, pouvoir distinguer, dans le développement moral d'un enfant, ce qui est dû à l'hérédité de
ce qui est dû à l'éducation. Comment s'y prendre, d'autant plus que ces deux influences agissent ordinairement
dans la même direction, parce que presque toujours,
*elles dérivent des mêmes personnes, les parents? L'édu-
cation domestique n'est que la continuation de l'hérédité;* ce qui n'a pas été transmis organiquement, sera
transmis par la force des exemples, et d'une manière
également inconsciente. On ne pourra jamais mesurer
jusqu'à quel point l'une de ces deux forces serait arrivée
sans le secours de l'autre.

C'est pourquoi Darwin, d'un côté, a le droit de dire
que si l'on transportait dans un même pays un certain
nombre d'Irlandais et d'Écossais, après un certain temps
les premiers seraient dix fois plus nombreux que les
Écossais, mais ceux-ci, à cause de leurs qualités héréditaires, seraient à la tête du Gouvernement et des industries. — Et Fouillée peut aussi répliquer : « Mettez
des enfants Irlandais dans les berceaux de nourrissons

---

1. A. Espinas, *Des Sociétés animales.* Conclusion, § 2.

Écossais, sans que les parents puissent s'apercevoir de
la substitution : faites-les élever comme des Écossais, et
peut-être, à votre grand étonnement, le résultat sera le
même [1]. » Mais, cette seconde expérience n'a pas encore
été faite, et il est même problable que l'on ne fera jamais
des expériences de ce genre. Il y a sans doute des milliers d'enfants qui ne sont point élevés par leurs parents,
mais ordinairement ces derniers sont inconnus. Enfin, il
faut toujours faire la part des phénomènes d'atavisme,
qui restent encore dans l'obscurité et que l'on ne saurait
déterminer ; de sorte que tout conspire pour que le problème reste sans solution.

Il arrive assez souvent que les instincts paternels sont
étouffés ou atténués par les exemples maternels; d'autres
fois c'est le contraire qui a lieu. Mais cela ne prouve rien
en faveur de l'efficacité éducative, car on peut soutenir,
avec une apparence égale de vérité, que l'effet est dû
simplement à la supériorité finale d'une des deux héré-
dités.

Ce que l'on peut bien affirmer, c'est que l'influence
héréditaire sur les instincts moraux est *démontrée*, pendant que celle de l'*éducation* est *douteuse*, mais *probable*,
pourvu qu'elle soit prise dans le sens des *exemples* et des
habitudes ; qu'on la considère comme toujours de plus en
plus *faible, à mesure qu'on avance en âge*, et qu'on lui
attribue simplement une action *capable de modifier* le
caractère, c'est-à-dire pouvant diminuer, mais non point
extirper les instincts pervers, qui resteraient toujours la-

1. FOUILLÉE, *La philanthropie scientifique au point de vue du Darwinisme.*
(*Revue des Deux-Mondes*, 15 sept. 1882.)

tents dans l'organisme psychique. C'est ce qui explique comment la perversité, peut-être ataviste, montrée par quelques enfants en bas âge, n'a jamais pu être corrigée de toute leur vie, malgré la conduite la plus exemplaire de la part des parents, et des personnes qui les approchaient, et en dépit des soins les plus assidus et des meilleurs enseignements. Au contraire, il semble assuré que l'*influence délétère* d'une *mauvaise éducation*, ou d'un milieu ambiant dépravé, peut étouffer entièrement le sens moral transmis et y substituer les plus mauvais instincts. De sorte que la *création artificielle d'un bon caractère serait toujours peu stable*, tandis que *celle d'un mauvais caractère serait complète*. Cela s'explique aisément, selon M. Ferri, lorsqu'on pense que les germes mauvais, ou instincts anti-sociaux, qui correspondent à l'âge primitif de l'humanité, sont le plus profondément enracinés dans l'organisme psychique, précisément parce qu'ils remontent à une date plus reculée dans la race. Ils sont donc plus forts que ceux que l'évolution leur a substitués. C'est pourquoi les instincts sauvages « non seulement ne sont jamais entièrement étouffés; mais à peine le milieu ambiant et les circonstances de la vie en favorisent l'expansion, ils éclatent avec violence, parce que, disait Carlyle, la civilisation n'est qu'une enveloppe sous laquelle la nature sauvage de l'homme peut toujours brûler d'un feu infernal [1] ».

Maintenant, si l'influence de l'éducation *pour ce qui regarde le sens moral*, est douteuse, *même pendant l'enfance*, qu'en sera-t-il au sortir de cette période ?

---

1. E. FERRI, *Socialismo e criminalità*, p. 104.

M. Sergi croit que le caractère est formé de couches superposées, qui peuvent couvrir et cacher entièrement le caractère congénital ; le milieu ambiant, l'éducation expérimentale, les enseignements même pourraient produire une nouvelle couche, non seulement pendant l'enfance, mais pendant toute la vie de l'homme[1]. Cette hypothèse n'est admissible, à mon avis, que si l'on suppose que les couches les plus récentes n'altèrent jamais le type déjà formé du caractère. Nul doute que l'organisme psychique n'ait sa période de formation et de développement, tout autant que l'organisme physique. Le caractère, comme la physionomie, se déclare dès l'âge le plus tendre. Il peut devenir plus souple ou plus raide, émousser ses pointes ou les aiguiser, se dissimuler dans la vie ordinaire ; mais, comment pourrait-il perdre son type? Or, un type à part du caractère, c'est celui de l'homme dépourvu des sentiments moraux les plus élémentaires ; c'est un défaut organique dérivant de l'hérédité, de l'atavisme ou d'un état pathologique. Comment pourrait-on supposer que des influences extérieures réparent ce défaut congénital ? Ce serait une création *ex nihilo*, la production *artificielle* du *sens moral* appartenant à la *race*, mais dont l'*individu* se trouve d'être *exceptionnellement* dépourvu !

Voilà qui est difficile à concevoir, qui paraît même impossible, lorsqu'il ne s'agit plus d'un enfant. Ce n'est pas nier la puissance de l'éducation. Qui peut douter de ses prodiges lorsqu'il s'agit de perfectionner un carac-

---

1. G. SERGI, *La stratificazione del carattere e la delinquenza*, Milano, 1883.

tère, de rendre plus délicats les sentiments déjà existants, de travailler l'étoffe en un mot? Ce qu'on ne lui
reconnaît pas c'est le pouvoir de tirer quelque chose du
néant.

C'est sur ce point qu'un illustre psychologue, le Dr Despine, s'est contredit, à ce qu'il me semble, de la manière
la plus étonnante. C'est bien de lui que nous tenons une
foule d'observations sur les criminels confirmant leur
anomalie ; c'est même lui qui a formulé une théorie très
rapprochée de la nôtre, sur l'absence du sens moral, non
seulement chez les assassins de sang-froid ; mais même
chez les grands criminels violents [1]. C'est encore lui qui a
affirmé que « l'éducation la mieux entendue ne peut pas
créer des facultés ; elle ne peut que cultiver celles qui
existent, au moins en germe. Les facultés intellectuelles
seules ne procurent point les connaissances instinctives
données par les facultés morales ; elles n'en ont point le
pouvoir » ; que « il est facile de reconnaître, dans les
facultés morales l'origine des motifs d'action qui doivent se présenter à l'esprit de l'homme dans les diverses
circonstances où celui-ci peut se trouver [2] », et, enfin, que
« tous les raisonnements, tous les actes intellectuels, ne
prouveront pas plus le sentiment du devoir, qu'ils ne
prouveront les affections, la crainte, l'espérance, le sentiment du beau [3] ».

Et pourtant, c'est bien le même auteur qui a proposé un
traitement moral palliatif et curatif pour les criminels,

1. DESPINE, *De la folie au point de vue philosophique, etc.*, 1re partie,
p. 39. Paris, 1875.
2. *Idem*, p. 40.
3. *Idem*, p. 41.

traitement qu'il a résumé de la manière suivante : Empêcher toute communication entre les individus moralement imparfaits. — Ne pas les laisser dans la solitude, car ils ne possèdent, dans leur conscience, aucun moyen d'amendement. — Les faire rester continuellement en contact avec des personnes morales, capables de les surveiller, d'étudier leur nature instinctive, d'imprimer à celle-ci, et de donner à leurs pensées une bonne direction, en leur inspirant des idées d'ordre, et en faisant naitre en eux le goût et l'habitude du travail.

L'État devrait donc prendre à sa charge ces soins assidus, constants des détenus ; surveiller leurs progrès, comme cela se fait dans un collège de jeunes garçons ; tenter, par les exemples, par l'expérience, par l'instruction, d'adoucir leur caractère, de les rendre affectueux, honnêtes, pleins de charité et de zèle.

L'idée de l'application d'une semblable thérapie morale à plusieurs milliers de criminels est, pratiquement, une utopie. Ne faudrait-il pas mettre à côté de chaque détenu, pour ainsi dire, un ange consolateur ? Les personnes appelées à un pareil emploi devraient être douées des qualités les plus nobles, les plus rares chez l'homme ; la patience, la vigilance, la sévérité, et avec une connaissance profonde du cœur humain, elles devraient avoir de l'instruction et du dévouement. Où trouverait-on en quantité suffisante de pareils médecins des âmes ? Quelles seraient les finances qui pourraient supporter de semblables frais ? Mais, tout en supposant tant soit peu que les difficultés pratiques n'opposeraient pas un obstacle insurmontable à ce système, quels en seraient les effets ?

L'individu, une fois séparé de toute société, et n'ayant

plus sous les yeux les tentations continuelles de la vie
ordinaire, n'éprouverait plus dans son cœur les impulsions criminelles. La cause occasionnelle lui manquerait,
mais le germe criminel continuerait à résider en lui à
l'état latent, tout prêt à se montrer au grand jour aussitôt
que les conditions précédentes de son existence normale
viendraient à se reproduire. L'amendement ne serait
donc qu'apparent, si même il n'était pas simulé.

Est-ce que l'on pourrait parler d'une pédagogie expérimentale ? Mais, s'il est vrai que les instincts moraux
de l'humanité ont été créés par des millions d'expériences
utilitaires faites par nos ancêtres pendant des milliers
de siècles, comment pourra-t-on en imaginer la répétition artificielle dans un espace de temps si court que
la vie d'un individu, dont l'instinct n'a pas hérité du
fruit de ces expériences des générations passées ? Il est
évident que l'on ne peut rien tenter en dehors du raisonnement.

On a tâché depuis de faire des propositions plus pratiques. D'abord, il serait inutile d'appliquer la cure morale
d'une façon *direcle*, conformément à l'utopie de Despine ;
mais elle s'effectuerait d'elle-même par un bon régime
pénitentiaire. L'isolement, le silence, le travail, l'instruction amèneraient la résipiscence et les bonnes résolutions,
capables de régénérer le condamné. Mais, quant à l'isolement « au pauvre et au malheureux, à l'homme déchu et
tombé, — dit éloquemment Mittelstädt, — ce n'est point
la séparation de la société humaine qui manque, mais
plutôt l'amour et le contact de celle-ci... »

Et quant au travail, le même auteur ajoute : « Il ne
reste à présent, pour nos humanistes de l'école correc-

tionaliste que le vague désespérant de ce dilemme, à s'entendre sur les paroles : « *Travail éducatif des prisonniers* ». Veulent-ils l'effet bienfaisant du travail sur les mœurs ? Alors il faut qu'il s'exerce sans coercition et qu'on remplace la détention par la liberté. Ou bien veulent-ils la coercition au travail ? Alors, les voilà de nouveau dans le champ de la douleur pénale, et le but de l'amendement s'efface [1]. »

Mais au travail obligatoire, répondent les correctionalistes, doit s'allier l'éducation de l'esprit et du cœur, à l'aide d'écoles, où les condamnés, ordinairement grossiers et ignorants, peuvent acquérir les connaissances du bien et du vrai, qui leur font défaut. Malheureusement, comme nous le verrons tout à l'heure, l'expérience a démontré que l'efficacité de l'école sur la morale individuelle est ordinairement nulle.

A-t-on un délinquant adulte, privé d'une partie du sens moral, l'instinct de la pitié ; on prétend lui inculquer cet instinct par le moyen de l'enseignement, c'est-à-dire en lui répétant qu'un des devoirs de l'homme c'est d'être compatissant, que la morale défend de faire du mal à nos semblables, et autres choses fort belles...

Mais, par là le délinquant n'acquerra, s'il ne l'a pas déjà, qu'un critérium pour savoir se conduire plus sûre-

---

1. MITTELSTADT, *Gegen die Freiheitstrafen* 1880. A ce sujet, Spencer dit (*Morale des Prisons*) : « C'est un signe de vues bornées que de contraindre le condamné au travail ; aussitôt que celui-ci se verra libre, il redeviendra ce qu'il était auparavant. L'impulsion doit être intérieure, pour qu'il puisse continuer à la ressentir hors de la prison. » Et lord Stanley, dans un discours parlementaire s'écrie : « *The reformation of man can never become a mechanical process.* » (La régénération de l'homme ne peut jamais devenir un procédé mécanique.)

ment, d'après les principes de la morale. En un mot, il acquerra des idées, non point des sentiments.

Et ensuite ? L'homme est bon non pas par réflexion, mais par instinct. Et c'est précisément l'instinct qui lui manque. Comment faire pour suppléer à ce défaut organique ?

Il verra le bien, mais il fera le mal, quand le mal sera de sa convenance, et lui causera du plaisir.

> *Video meliora, proboque ;*
> *Deteriora sequor.*

On aura beau lui répéter que l'intérêt social a beaucoup plus d'importance que l'intérêt individuel ; que celui-ci, en fin de compte, se confond même avec celui-là ; que, comme membres de la société, nous devons, dans de certains cas, sacrifier notre égoïsme, pour qu'on en agisse de même envers nous. Ou bien, en s'appuyant sur un principe religieux, on lui parlera du bonheur d'une vie future pour l'homme juste, et de la damnation éternelle qui attend les pervers.

Au fond, tout cela se réduit à un raisonnement : si tu commets une telle action, il t'en arrivera mal. *Donc, pour éviter ceci, tu ne dois pas faire cela.*

Mais, si le délinquant préfère satisfaire sa propre passion plutôt que de s'abandonner à tout autre plaisir, à toute autre espérance, le raisonnement, alors, n'a plus de valeur pour lui ; ce qui pourrait lui empêcher de commettre un nouveau crime, ce n'est point de voir clairement ce que les autres et non pas lui, considèrent comme un intérêt prédominant, — mais il faudrait qu'il *éprouvât la même répugnance* que les autres éprouvent pour le crime ; parce que ce qui explique toute action humaine, c'est, en dernier ressort, le caractère de l'individu et sa manière générale de sentir [1].

Or, un raisonnement ne pourra jamais créer un instinct [2]. Celui-ci ne peut être que naturel, ou transmis, ou bien acquis inconsciemment par un effet du milieu ambiant.

Nous voilà donc revenus à nos deux agents principaux : l'hérédité et le milieu. L'éducation, tant qu'elle ne représente que des enseignements, est d'un effet nul, ou à peu près, si le milieu reste le même, c'est-à-dire si le criminel, après l'expiation de sa peine, se retrouvera dans le même milieu qu'il occupait auparavant. On connaît les histoires de ces négrillons qui, après avoir été élevés et instruits en Europe, ont été reconduits dans leurs pays pour *civiliser* leurs compatriotes. Aussitôt qu'ils se sont retrouvés parmi ceux-ci, ils ont tout oublié, leur grammaire aussi bien que leurs bonnes manières ; ils se sont défaits de leurs habits, se sont enfuis dans les forêts et les voilà redevenus des sauvages comme leurs pères, qu'ils n'avaient pourtant pas connus ! Voilà précisément à quoi aboutirait le système correctionaliste ; on peut en juger du reste par les essais qu'on en a déjà faits : le système cellulaire, celui d'Auburn, le système irlandais, etc. [3]. Le nombre des récidives n'a fait

1. V. Ribot, *Les maladies de la volonté*. Paris, 1883.
2. Despine, *De la folie*, etc., p. 39, éd. cit.
3. On avait d'abord constaté une diminution de la récidive en Angleterre par l'effet du système pénitentiaire irlandais, mais on s'est bientôt aperçu que ce n'était qu'une illusion. On n'avait pas calculé en effet le nombre des émigrants, qui s'était accru de beaucoup à la même époque. V. Beltrani Scalia, *La riforma penitenziaria in Italia*, p. 192 et 194.

que s'accroître partout, à mesure qu'on adoucissait les peines et qu'on en abrégeait la durée. En France de 21 pour 100 en 1851 elle est arrivée à 44 pour 100 en 1882 pour les *délits*, et, pour les *crimes*, de 33 à 52 pour 100 [1]. La récidive — disait le Ministre — continue sa marche envahissante... L'accroissement du nombre des malfaiteurs en état de récidive légale est, en dix années, de 39 0/0, près de deux cinquièmes ». Et dans le rapport du 28 mars 1886 on déplore le même fait. « Le flot de la récidive monte toujours [2]. »

En Belgique la récidive avait atteint la proportion de 56 0/0 en 1870 et de 52 pour 0/0 en 1873. Il y avait eu diminution depuis 1874 jusqu'à 1876, mais en 1879 elle est revenue à des proportions très graves (49 0/0).

En Italie, depuis 1876 jusqu'à 1885, la récidive des condamnés par les Cours d'assises a monté de 10 1/2 pour 100 à 34,71 pour 100. Même progression en Espagne. Il y a aussi accroissement, quoique moins prononcé, en Autriche et en Carintie.

Tout cela prouve expérimentalement l'absurdité de la théorie correctionaliste, de ses applications du moins. Il n'en pouvait être différemment, car dans ses principes il y a contradiction flagrante. En effet, pendant que d'un côté l'on déclare que le but de la peine est la *correction* du coupable, de l'autre côté on établit une *mesure fixe* de peine pour chaque délit, c'est-à-dire un certain nombre de mois ou d'années de détention dans une maison de l'État ; ce qui — comme l'a dit le juge Willert — ressemble

---

1. *Journal officiel*, 13 mars 1884.
2. *Journal officiel*, 29 mars 1886.

au traitement qu'un médecin prescrirait à son malade, avec l'indication du jour où on devrait le renvoyer de l'hôpital, qu'il soit ou qu'il ne soit pas guéri[1]. Tout ce qu'on peut sauver du naufrage de cette théorie ce sont les institutions pour l'enfance abandonnée et pour les adolescents qui ont commencé à montrer des mauvais penchants. Quant aux adultes, on ne peut qu'essayer de leur faire acquérir l'*habitude* d'un genre de vie qu'ils *devraient désirer de pouvoir continuer toujours*, parce qu'il sera plus utile *pour eux* que toute autre activité dans le nouveau milieu ambiant où on les transportera. C'est ainsi que ceux parmi les criminels qui ne sont pas tout à fait des hommes dégénérés pourront cesser d'être nuisibles à la société. Cela n'est réalisable que par la déportation ou par des colonies agricoles à établir dans les régions peu habitées de la mère-patrie, à la condition que cette sorte d'exil soit perpétuel, ou que du moins la durée n'en soit pas fixée à l'avance, afin qu'on ne délivre que les rares individus dont la régénération par le travail pourrait être réellement constatée[2]. Ce sont des cas exceptionnels, mais dans les cas ordinaires il est absurde de penser qu'après une absence plus ou moins longue, un délinquant puisse reparaître dans le milieu qui est sa petite patrie sans y subir les mêmes influences qui l'avaient poussé au crime.

1. WILLERT, *Das Postulat der Abschaffung des Strafmasses mit der dagegen erhobenen Einwendung.*

2. L'idée de la peine sans durée fixe a été avancée par moi en 1880 (voir mon « *Criterio positivo della penalità* » Napoli, Ed. Vallardi) et la même année, par le Dr Kraepelin, dans sa brochure « *Die Abschaffung des Strafmasses* », Leipzig, 1880. Elle a été appuyée par le prof. Liszt, dans ses leçons à l'Université de Marbourg, 1882.

II

Étudions maintenant l'effet que peuvent avoir sur les instincts immoraux deux parmi les moyens les plus puissants d'éducation : l'instruction littéraire et la religion. C'est une idée fort répandue que ce sont les éléments principaux de la moralité d'une nation ; or l'intérêt pratique de cette question est d'autant plus grand que ces deux forces peuvent être développées ou entravées par l'État, lui être asservies et recevoir de lui une impulsion et une direction nouvelle. Il n'est donc pas hors de propos d'examiner si elles peuvent agir sur le phénomène social de la criminalité. A la vérité, après ce que nous avons dit de l'éducation en général, on pourrait trouver ce paragraphe à peu près oisif. Mais, comme nous n'avons pas nié, tout en en doutant, la possibilité que des instincts moraux soient formés par des agents extérieurs pendant l'enfance, et jusqu'à ce que le type du caractère soit définitivement fixé, il ne sera pas inutile de dire quelques mots des deux grandes forces morales auxquelles on suppose principalement cette aptitude.

L'instruction littéraire alphabétique, d'abord. La statistique nous apprend qu'elle n'est pas du tout l'ennemie du crime.

L'Italie, où l'instruction a commencé à être assez largement répandue depuis 1860, a vu, dès lors précisément, s'accroître d'une manière menaçante, les chiffres de sa criminalité. En France, voilà, d'après M. d'Haussonville, les conclusions des dernières statistiques. « En 1826, sur 100 accusés, 61 étaient illettrés, et 39 avaient reçu une instruction plus ou moins développée. Aujourd'hui, la proposition est retournée : 70 lettrés (au sens le plus modeste du mot), contre 38 illettrés. Ce renversement de proportion s'explique parfaitement par la diffusion de l'instruction primaire, mais le nombre des crimes n'ayant pas diminué, au contraire, l'instruction n'a eu d'autre résultat que d'augmenter la proportion des criminels dans la classe lettrée, sans diminuer la criminalité ».[1] Le même écrivain fait ensuite la remarque que les départements qui comptent le plus grand nombre de prévenus, sont ceux où l'instruction est la plus répandue. — « En Espagne, dit M. Tarde, où la proportion des *illettrés* dans le chiffre de la population totale du pays est de *deux tiers*, ils ne participent que *pour moitié* à peu près *à la criminalité*. »

Sans nous hâter à conclure de là que l'instruction ait une influence malfaisante, nous pouvons nous borner à constater que l'influence bienfaisante en est tout à fait nulle, du moins pour ce qui est du nombre *total* des crimes ; car l'instruction en développant des connaissances et des aptitudes, peut déterminer des *spécialités criminelles*. Mais je n'ai pas à m'occuper, en ce moment, de cette question. Voilà donc que la pauvre arme de l'alphabet, dont on espérait merveilles, vient d'être brisée par la statistique ; l'idée que « pour chaque école qu'on ouvre on refermera une prison » n'est plus qu'une absurdité. Il

1. *Revue des Deux-Mondes*, 1ᵉʳ avril 1887. *Le Combat contre le vice*, par d'HAUSSONVILLE.

serait superflu de nous arrêter là-dessus, car même si
nous n'avions pas des chiffres à l'appui, le simple bon
sens ne nous dirait-il pas qu'il n'y a aucun rapport entre
la grammaire et la moralité? Est-ce qu'on peut s'imaginer,
par exemple, qu'une passion quelconque, ou même un préjugé d'honneur peut être détruit par l'alphabet? Quant
aux effets de l'instruction supérieure nous en dirons un
mot plus tard pour prouver que son action n'est pas du
tout moralisante comme on le pense. (Voir ch. III, § 1.) On
peut ajouter que l'instruction classique, si elle se répan-
dait au point de devenir populaire, ne pourrait produire
que des effets déplorables : l'histoire surtout, qui n'est
qu'une apologie continuelle de toutes sortes d'immoralités
et de méfaits. Voyons plutôt si par *l'enseignement religieux* l'on peut agir plus sérieusement sur le moral des
individus.

Sans doute les émotions religieuses ne sont pas sans
effet, lorsqu'elles ont été excitées dès le premier âge. Elles
laissent toujours des traces, qui quoique affaiblies, ne
disparaissent jamais, même dans l'effondrement de la foi.
L'impression des mystères religieux sur l'imagination est
tellement vive que les règles de conduite imposées au
nom de la divinité peuvent devenir instinctives, parce
que, — comme le dit Darwin, — « une croyance *inculquée*
constamment pendant les premières années de la vie,
lorsque le cerveau est plus impressionnable, semble presque
acquérir la nature d'un instinct; et la vraie essence
d'un instinct, c'est qu'on le suit indépendamment de la raison [1] ». L'influence d'un code de morale — ajoute Spen-

1. DARWIN, *L'Origine de l'homme*, ch. III.

cer, — dépend bien mieux des *émotions* provoquées par ses impératifs, que du sentiment de l'utilité d'y obtempérer. Les sentiments inspirés à l'enfance *par le spectacle de la sanction sociale et religieuse* des principes moraux, exercent sur la conduite une influence *beaucoup plus grande* encore que l'idée du bien-être que l'on obtient par l'obéissance aux principes de ce genre. Quand les sentiments que le spectacle de ces sanctions fait naître, viennent à manquer, la foi utilitaire *ne suffit pas* ordinairement pour amener l'obéissance. — *Même chez les races les mieux élevées,* — ajoute-t-il, parmi les hommes supérieurs, chez lesquels les *sympathies,* devenues *organiques*, sont cause qu'ils se conforment spontanément aux préceptes altruistes, la sanction sociale, dérivée en partie de la sanction religieuse, acquiert une importance sur l'influence de ces préceptes ; puis, elle en a une très grande sur la conduite des personnes d'un esprit moins élevé ».

Le même auteur reconnaît une influence nuisible au préjugé irréligieux ou anti-théologique. — Il dit à ceux qui croient que la Société peut tout simplement se conformer aux principes de la morale : « Comment pourrait-on évaluer la dose d'esprit de conduite nécessaire, sans des règles reçues héréditairement et qui font autorité, pour obliger les hommes à comprendre pourquoi, étant donnée la nature des choses, une certaine manière d'agir soit nuisible et une autre profitable ; pour les forcer à voir au-delà du résultat immédiat, et à discerner clairement les résultats indirects et éloignés, tels qu'ils se produisent sur eux-mêmes, sur les autres, et sur la société ? »

Il n'est donc pas douteux, pour les positivistes, que

la religion ne soit une des plus actives parmi les forces de l'éducation. Mais pour cela, deux conditions sont nécessaires, — la première, qu'il s'agisse d'un enfant, — la deuxième, que l'enseignement de la morale soit le vrai but de l'enseignement religieux, ce qui malheureusement n'arrive presque jamais dans plusieurs pays catholiques, où un clergé ignorant, surtout dans les paroisses rurales, ne s'occupe généralement que d'imposer des pratiques, tout à fait vides de signification pour la conduite morale, et dont le but n'est que d'assurer la plus entière obéissance des fidèles, qui cependant négligent les pages sub'imes de l'Evangile.

Il y a encore une chose à remarquer : c'est que le pouvoir de la religion sur la moralité individuelle paraît s'arrêter précisément dans les cas les plus graves, c'est-à-dire lorsqu'il rencontre des *penchants criminels*. Rien de plus naturel. En effet, si l'enseignement, pour devenir utile, doit être accompagné de l'*émotion*, comment peut-on espérer que cette émotion soit excitée chez des hommes, qui, par un défaut d'organisation psychique, ont *une sensibilité morale bien moindre que* la normale ? Et comment peut-on penser alors qu'ils en arrivent jamais à la pure idéalité de la religion ?

N'importe, nous dira-t-on ! La crainte du châtiment dans l'autre vie sera toujours un frein assez puissant pour bien des gens qui n'ont pas pu s'élever au vrai idéal religieux. Cela peut être vrai pour des hommes d'un esprit pratique, tranquille et calculateur, non pas, à coup sûr, pour ceux qui ont le *caractère criminel*, car l'imprudence, l'imprévoyance, la légèreté, distinguent surtout ce caractère. Si, en toutes occasions, pour la satisfaction immédiate de leurs passions, ils ne regardent pas au lendemain, comment s'attendre d'eux qu'ils regardent au lendemain de la vie ? D'autres délinquants forment cette classe qu'on appelle des *impulsifs*. Ils agissent par l'impulsion de leur tempérament colère ou névropathique, ou par celle de l'alcoolisme ; il est donc peu probable qu'au moment de frapper, les sanctions religieuses leur reviennent à l'esprit. D'autres enfin se trouvent dans cette condition de *névras- thénie morale* qui les rend impuissants à résister aux entraînements du milieu : peut-on s'imaginer que leur ca- téchisme soit suffisant pour leur donner de l'initiative et de l'énergie ?

C'est ainsi que l'étude expérimentale du criminel détruit bien des illusions, et qu'elle confirme la conclusion que nous avons déjà donnée, en parlant de l'éducation en géné- ral, c'est-à-dire que, si un caractère peut en être perfec- tionné, il est fort douteux qu'elle puisse jamais réparer une lacune de l'organisation psychique, telle que l'absence des sentiments altruistes.

Enfin, est-il vrai que cette sorte de religion, qui est à la portée du plus grand nombre, menace épouvantablement le criminel ? Non, car on lui a parlé en même temps de la miséricorde divine, et il croit qu'un acte de repentir, en tous temps et en tous lieux, sera une réparation suffisante pour une vie passée tout entière dans le vice. C'est ainsi qu'on peut s'expliquer le fait très souvent constaté de brigands et d'assassins très dévots de la Vierge et des Saints. Un cas très différent peut s'expliquer de la même manière : des dames très croyantes peuvent passer toute leur vie dans l'adultère, et, à l'église, pleurer agenouillées au pied de la croix. Car la luxure est un péché mortel, comme la haine et la colère, mais la bénédiction d'un prêtre peut également les absoudre tous.

Je m'attends à la réponse : — C'est que ces gens-là n'ont pas le vrai sentiment religieux; c'est que leur religion n'est que de la superstition !

Mais est-ce que la religion du plus grand nombre pourrait être autre chose ? Chez les gens vulgaires, dans toutes les religions, on trouve l'idée de l'anthropomorphisme de Dieu. C'est ainsi — comme on l'a très bien remarqué — « que l'homme doux et honnête adore un Dieu d'amour et de pardon ; et que l'homme pervers et immoral se forme un Dieu cruel et haineux » [1]. Et si le vrai sentiment religieux est chose tellement rare que bien peu d'esprits nobles peuvent y prétendre, sera-t-il hasardé de dire que ces mêmes esprits n'en auraient pas eu besoin pour ne pas commettre des crimes; que, même s'ils n'avaient pas été des croyants, ils auraient été tout de même des honnêtes gens ?

Malgré tout, il faut admettre que, *dans les mêmes limites où l'éducation peut être agissante*, la religion en est un auxiliaire, parce qu'elle peut développer de bons germes et raffermir des caractères faibles. Un gouvernement éclairé devrait donc favoriser cette force moralisante, ou au moins ne pas y mettre des entraves. Du reste, ce qu'il peut faire n'est pas grand'chose. Dans un pays sceptique tous ses efforts seraient inutiles, et, au sein d'une nation animée de la foi, on se passe de son approbation. On a vu des religions d'État déchoir et expirer;

1. E. FERRI, *Le sentiment religieux chez les meurtriers*, dans l'*Archivio di Psichiatria, Scienze penali*, etc., vol. III, page 276-282, Turin, Fr. Bocca, éd. 1884.

le christianisme envahir irrésistiblement l'Empire romain, de même que le boudhisme l'Asie orientale. De nos temps un gouvernement n'a que la religion qu'il trouve dans la nation.

De même qu'au sein d'une famille tous les enseignements seront nuls sur le cœur des enfants si leurs parents ne leur montrent à tous moments leur entière soumission à ces mêmes préceptes, l'Etat ne pourra moraliser que par *l'exemple*, et le meilleur exemple qu'il peut donner c'est la *justice* la plus sévère, la plus impartiale, la plus facile à obtenir.

CHAPITRE III

INFLUENCES ÉCONOMIQUES

Passons maintenant à la seconde question : celle qui a rapport aux causes de délits existant dans le milieu ambiant, sans lesquels les délinquants appelés *fortuits*, qui sont sans doute les plus nombreux, n'existeraient pas.

La suppression de ces causes rendrait donc inutile toute cette partie de la science qui regarde le traitement de ces délinquants, et la criminologie comme la pénologie n'auraient à s'occuper que des criminels instinctifs.

Mais le milieu ambiant peut-il être aussi complètement transformé par l'œuvre du législateur ?

La réponse affirmative est donnée, de la façon la plus nette, par les socialistes ; d'une manière conditionnée, par une partie des sociologues.

I

LA MISÈRE.

On le sait, le socialisme n'est pas représenté par une seule école, mais par plusieurs écoles, qui professent différentes doctrines, et manifestent des tendances diverses. Mais elles s'accordent à croire que le phénomène du crime prend sa source principale dans l'inégalité économique.

Pour quelques-uns de ces écrivains le crime n'est autre chose qu'une réaction contre l'injustice sociale. La répartition inégale des biens condamne une partie de la population à la misère, et, en la privant d'éducation, la réduit à l'ignorance. L'*iniquité économique* sanctionnée par les lois, est un *véritable crime*, qui provoque tous les autres, si même il ne les justifie pas [1].

---

1. Ces idées du socialisme européen trouvent leur pendant dans celles d'une secte chinoise du xi° siècle, sous la dynastie de Tsong. Cette secte soutenait que « la société repose sur la loi, et que *la loi est l'injustice et la ruse*, sur la propriété, et *la propriété est l'arbitre et la concussion* ». (*Revue des Deux-Mondes*, 15 février 1850, p. 923).

Le programme de Bakounine, celui des nihilistes russes et de la *Main noire* en Espagne poussent à la guerre contre toutes les institutions sociales. « La société est constituée d'une façon absurde et *criminelle*... Toute propriété acquise par le travail des autres est *illégitime*. Les riches doivent être mis *au ban du droit des gens*..... Tous les moyens pour les combattre sont bons et nécessaires, sans exclure le *fer*, le *feu* et même *la calomnie*. » — *Programme de la Main noire*. — LAVELEYE, *Le socialisme contemporain*, p. 275. Paris, 1883. Voir aussi le beau travail de A. ZORLI, *Emancipazione economica delle classi operaie*. Bologne, 1881.

La Société est donc la première coupable : c'est elle qui rend possible les malfaiteurs, en créant des malheureux qui n'ont pas trouvé place au banquet de la vie, et qui ont été repoussés des salles resplendissantes et des appartements dorés, pour être plongés dans la solitude morne, et dans les ténèbres des rues fangeuses.

A la vérité, de nos jours les écrivains socialistes les plus sérieux n'en arrivent pas à de pareilles conclusions. Pourtant, ils rejettent *presque toujours* le crime sur une organisation artificielle et vicieuse de la Société, organisation qui, une fois modifiée, ou pour mieux dire radicalement innovée, réduirait à une proportion minime le chiffre des délits, et, par l'œuvre lente de l'évolution, le ferait entièrement disparaître.

En attendant, ils ne peuvent s'empêcher de voir dans le délinquant, un membre d'une classe opprimée, laquelle se révolte par son moyen ; souvent même, ils n'épargnent pas la dérision la plus amère à ceux qui, dans cette classe, baissent la tête, et supportent leur destinée.

« Assurément, — dit l'auteur d'une brillante brochure qui traite cet argument, — même dans les couches les plus abjectes il y a des *martyrs*, types de résignation, chrétiennement idiote, incapables d'offense, bénissant la macque qui les broie. Nous comprenons qu'ils soient l'idéal de la bourgeoisie, qui les exploite, mais leur exemple ne nous édifie point. Ainsi, l'ouvrier qui, se vendant pour un salaire dérisoire, fait tomber le salaire de tous les autres, est traître à son espèce, et justifie la réaction qui le frappe. Quand le privilège domine, toute rébellion est un fait *humain*, qui doit être étudié avec des sentiments *humains* ; et *quand même elle prenne la forme odieuse du crime*, elle concourt, *comme symptôme utile*, à poser des questions radicales, etc. [1].

Je remarquerai en passant, qu'il ne doit pas être facile, pour celui qui présente la criminalité sous cet aspect, d'expliquer le fait par lequel l'ouvrier et le paysan sont exposés à des agressions criminelles de tout genre. Étrange révolte contre le privilège, laquelle s'en prend à la fois aux tyrans et aux victimes, et qui s'attaque aussi bien aux opulents odieux qu'aux compagnons de malheur.

Nous allons toutefois examiner la question suivante : si « l'iniquité économique », condition sociale par laquelle les citoyens sont divisés en propriétaires et en prolétaires, est la cause principale, ou au moins une des causes les plus importantes de la criminalité.

Le sens dans lequel j'emploie ce mot « délit » est déjà connu du lecteur ; il reste à nous entendre sur la signification de l'autre mot « prolétariat » auquel on attribue, par une triste nécessité de sa condition, le plus grand nombre de délits.

Le prolétaire est l'individu privé de biens immobiliers, et qui n'a d'autre moyen de subsistance que son travail manuel *rétribué par un salaire*, ordinairement quotidien, dont la mesure est restreinte à *la valeur des objets* qui, dans une certaine société et dans un certain temps, représentent le *strict nécessaire*. Tout capital produit par l'épargne, fait passer le prolétaire de sa condition à celle du propriétaire [2].

Or, on ne saurait nier que le prolétaire, plus que tout

---

1. F. Turati, *Il Delitto e la Questione sociale.* Milan, 1883.
2. Telle est la définition donnée par Block, *Dictionnaire de la politique.*

autre individu, peut être exposé à la faim, si le salaire, qui
est son unique moyen d'existence, vient à lui manquer,
même pour un jour.

Il peut se faire alors qu'il commette un vol pour procurer du pain, soit à lui-même, soit à sa famille. C'est le cas
de « Jean Valjean », dans les « Misérables ». Je ne dirai
point, avec un écrivain français, que ce n'est point là une
figure du monde réel, parce qu'il « n'existe pas en France
une ville comme Faverolles, où un brave ouvrier, connu
par son activité, par son dévouement à une veuve et à des
orphelins, n'aurait pas trouvé quelque secours en cas de
besoin urgent [1] ».

Je crois, au contraire, que ce cas peut se présenter,
mais, sans doute, il est fort rare. Le comte Tolstoï,
ayant visité un grand nombre de logements très pauvres
à Moscou, ne trouva qu'une seule femme malade qui disait
n'avoir pas mangé depuis deux jours. Il s'aperçut qu'il n'y
avait presque personne qui exigeât des secours immédiats.
« Ainsi que parmi nous — dit-il — il y avait là des gens
plus ou moins bons, plus ou moins mauvais, plus ou moins
heureux, plus ou moins malheureux. C'étaient des individus tels que leur malheur ne dépendait pas des circonstances extérieures, *parce qu'il était en eux-mêmes*, de
telle sorte qu'on ne pourrait y porter secours par le don
d'un papier quelconque [2]. »

Dans l'état de civilisation où nous sommes, à part les
moments de crises, presque tous les hommes de bonne volonté trouvent du travail, et s'ils ont le malheur de n'en

---

1. A. FRANCK, *Philosophie du droit pénal*, p. 147. Paris, 1880.
2. TOLSTOI, *Que faire ?* Paris, 1887.

pas trouver, presque toujours, dans leur entourage immédiat, quelque main bienfaisante leur sera tendue. D'un
autre côté, un homme mourant de faim, *sans qu'il y ait
de sa faute*, est-il un malfaiteur s'il vole un morceau de
pain, qui est à peine suffisant pour soutenir ses forces?
Assurément, d'après nos idées, il ne saurait être question
dans ce cas de « délit naturel », et même d'après la législation actuelle, on pourrait admettre la « force irrésistible ».

Sans doute la pauvreté absolue existe, mais comme la
cause en est presque toujours le manque de courage et
d'activité, elle est accompagnée par une sorte d'apathie
qui « ne demande autre chose que la conservation de l'existence animale [1] ». Ce qu'il s'ensuit, c'est d'ordinaire la
mendicité, non pas le crime, car ce dernier exige toujours
un certain effort, dont les gens épuisés par les souffrances
sont tout à fait incapables.

L'immense majorité de la classe ouvrière n'en est pas à
un dénûment pareil; ce n'est pas de l'aiguillon de la faim
qu'elle souffre, mais plutôt de l'envie, produite par la vue
des richesses d'autrui qui fait paraître plus douloureuse
encore l'indigence personnelle.

Mais ce n'est pas seulement le prolétaire qui éprouve un
pareil sentiment. Les besoins sont relatifs aux désirs, et
ceux-ci à la condition spéciale de l'individu. Celui qui tra-
vaille pour un salaire, se sent pauvre par rapport à son
maître; le petit propriétaire par rapport au grand propriétaire; le simple employé par rapport à son chef de
bureau. A mesure que l'on monte les degrés de l'échelle

1. Eug. Beret, *De la misère des classes laborieuses*. Bruxelles, 1842.

sociale, la splendeur de la richesse de celui qui se trouve occuper une place un peu supérieure à un autre, fait pâlir celle de ce dernier. Celui qui possède un million de capital porte envie à celui qui a un million de revenu ; il pourra éprouver une cupidité semblable à celle qui s'empare du simple cultivateur par rapport au métayer.

Or, de même que cette cupidité peut pousser le paysan à voler du bois, elle peut pousser le métayer à tromper son propriétaire, le comptable à falsifier ses registres, le riche commerçant à faire une banqueroute frauduleuse, et le propriétaire encore, à produire le faux testament d'un millionnaire.

Le sentiment de la cupidité existe dans tous les hommes à un degré plus ou moins grand. Mais, pour que ce sentiment puisse entraîner au crime, il faut que l'individu se trouve non pas *dans une condition économique spéciale*, *mais dans une condition psychique toute particulière*, dans laquelle il y ait absence ou diminution de l'*instinct de probité*, et en même temps, insouciance de la bonne réputation, que l'on désire souvent de garder intacte, soit par amour-propre, soit par intérêt, ce qui fait que plusieurs personnes, tout en n'ayant pas un instinct inné de probité, savent résister aux tentations criminelles.

Or, de pareilles conditions psychiques spéciales subsisteraient évidemment dans l'individu quand même la misère serait complètement supprimée ; et le facteur social du crime reparaîtrait sous d'autres formes ; le voleur oisif d'aujourd'hui, deviendrait l'ouvrier désœuvré du lendemain. On pourrait seulement présumer la disparition des délits que la cupidité amène, quand le délinquant ne verrait plus *aucun profit* à les consommer. — Mais, cette présomption ne pourrait jamais avoir lieu, en supposant qu'on veuille instituer un nouvel ordre économique quelconque, soit par une répartition mathématiquement égale de la richesse publique, d'après les communistes, ou par une répartition fondée sur le travail et le mérite, d'après les socialistes.

Toute loi créée par l'homme peut être éludée par l'homme. — Il faut être bien naïf pour croire qu'on ne trouverait plus moyen de se procurer un avantage quelconque, au détriment d'autrui, et sous une forme différente que celle de l'argent, dans les phalanstères de Fourier, ou dans les établissements agricoles et industriels de Cabet. Je ne parle pas même des associations ouvrières de Marx et de Lassalle. Le socialisme contemporain, qui ayant pris la place d'un communisme démodé, admet qu'un individu puisse gagner plus qu'un autre, reconnaît par là l'impossibilité d'établir l'égalité économique, et remplace ce principe par celui de la juste rétribution du travail. Eh bien! l'inégalité économique rendra possible l'activité déshonnête à côté de l'activité honnête; la soif du gain suffit pour que l'excitation au crime reste la même. Quand même on subsistuerait à l'argent les *bons de travail*, par lesquels tout ouvrier pourra, en compensation de l'œuvre qu'il aura prêtée, prendre dans les magasins publics ce à quoi il a droit, est-ce que pour cela, la race des fainéants et des désœuvrés aura cessé d'exister? Et ceux-ci se trouvant dans l'impossibilité de se procurer ces bons par eux-mêmes, ne tenteront-ils pas de s'en emparer par supercherie ou par violence? En établissant le principe que chacun ne peut consommer qu'en rapport de ce qu'il produit, ne saura-t-on pas trouver mille moyens frauduleux pour vivre aux dépens du travail d'autrui ? N'y aura-t-il pas toujours des mécontents et des déclassés?

Ces considérations peuvent nous faire raisonnablement penser que la suppression de la misère ne ferait point cesser les crimes ou délits qui ont leur source dans la cupidité.

Mais, au moins cette suppression n'en ferait-elle point diminuer le nombre? C'est là une autre question sur laquelle les sociologues sont indécis. Presque tous affirment que la misère peut être le mobile du crime. « Je doute, dit Ferri, qu'*une fois que la propriété individuelle sera abolie*, les vols puissent cesser *entièrement*.... Certes, cette institution venant à être supprimée, la *plupart* des délits qui s'y rapportent, disparaîtraient, mais pas tous [1]. »

Je vais exposer à ce propos une opinion, qui découle logiquement des idées que je viens d'ébaucher, et qui me paraît, outre cela, confirmée par les faits.

Le prolétariat est une condition sociale, tout comme les conditions qui lui sont supérieures. Le *défaut absolu de capital*, qui en est le caractère (sans tenir compte des cas *exceptionnels de défaut du nécessaire*, c'est-à-dire logement, alimentation appropriée au climat, chauffage dans les pays froids), est une condition économiqne permanente, qui n'a *rien d'anormal* pour ceux qui y sont habitués. Elle constitue un état de gêne seulement pour ceux qui ont des désirs ou des besoins qu'ils ne peuvent pas satisfaire par leur salaire journalier. Mais *une semblable*

---

1. Ferri, *Socialismo e criminalità.*

gêne économique peut exister, par une raison analogue,
même dans la classe des capitalistes, si l'on remplace
le mot *salaire* par celui de *revenu.* Rien ne nous dit que
cette disproportion entre les désirs et la possibilité de les
satisfaire, soit plus grande dans la classe la plus humble.
Si les gens riches — dit Tolstoï — mangent et boivent
bien « cela ne les empêche pas d'être les mêmes malheureux. Eux aussi ils sont mécontents de leur position,
regrettent le passé et désirent ce qu'ils n'ont pas. *Cette
position meilleure qu'ils ont en vue est la même que
celle après laquelle soupirent les habitants de la maison
Rijanoff* (le logement des mendiants), c'est-à-dire une
situation dans laquelle ils pourraient moins travailler et
profiter davantage du travail d'autrui »[1]. Il semble même
qu'en franchissant l'abîme qui sépare les prolétaires des
propriétaires, les désirs croissent chez ceux-ci dans une
plus grande proportion, selon leur richesse, à cause des
occasions plus fréquentes qu'ils ont de connaître et d'apprécier les raffinements du luxe et du *comfort* et de s'a-
percevoir de ce qui leur manque pour jouir plus largement de la vie.

Or, si la gêne économique, entendue ainsi dans un sens
relatif, n'est pas proportionnellement plus grande dans la
plus basse classe, il n'y a aucune raison pour que celle-ci,
plutôt que l'autre, subisse par cette manière d'être, une
impulsion qui la pousse au crime.

Il est bien vrai pourtant, que le vol, qui est la manière
la plus grossière d'attenter à la propriété, est répandu sur
une grande échelle, parmi les classes les plus infimes de

---

1. Tolstoï, *Que faire ?* Paris, 1887.

la société ; mais il est contre-balancé par les faux, par les banqueroutes, par les concussions des classes supérieures. Et ces méfaits ne sont qu'autant de *variétés d'un même délit naturel,* ce ne sont que des formes différentes appropriées aux différentes conditions sociales, dans lesquelles la passion de la cupidité poussée à un même degré, se manifeste également, ce ne sont que des effets du défaut d'une retenue morale de même nature. Le langage commun, qui rend la conscience publique beaucoup mieux que l'argot légal, accroche une épithète unique à tous les délinquants de cette espèce, et appelle tout aussi bien *voleur* le malheureux qui vole une montre, que le caissier qui s'échappe avec l'argent du Gouvernement ; aussi bien le commerçant qui a fait une banqueroute frauduleuse, que le maire, le conseiller général, le magistrat ou le ministre, qui vend la justice ou les faveurs de l'État. Si les malheureux qui dérobent n'étaient pas des pauvres, ce seraient des commerçants banqueroutiers, des officiers publics infidèles, des notaires ou des avocats faussaires.

Et voilà comment le plus bel argument des socialistes, qui, bornant leurs observations au *vol* et le trouvant plus répandu dans les classes pauvres, croient que les agressions contre la propriété cesseraient avec la suppression de la misère[1], voilà comment, disons-nous, cet argument tombe de soi-même. Au lieu du prolétariat, ils devraient nous parler du *malaise économique.* Or, celui-ci est le

---

1. V. par exemple TURATI, *Il Delitto e la Questione sociale.* Milan, 1883, p. 92. « La connexion des méfaits contre la propriété avec les inégalités sociales, est établie d'une façon *tellement incontestable* par l'excédent presque exclusif des classes infimes dans le nombre des voleurs, que même les sociologues de la bourgeoisie n'osent pas la contester. »

résultat non pas de la distribution inégale des biens naturels, mais plutôt de la disproportion exceptionnelle qui existe entre les désirs et les moyens de les satisfaire ; et on le retrouve dans toutes les différentes couches sociales.

Alors, tant que l'activité déshonnête pourra être utile, c'est-à-dire tant qu'elle apportera un gain, le délit ne cessera d'exister chez les hommes immoraux, dont la race se trouve mêlée à toutes les classes dans des proportions à peu près égales, du moment qu'il s'agit de cette immoralité, non pas superficielle, mais fondamentale, qui rend possible le délit.

Quels sont cependant les faits que nous pouvons mettre en avant pour prouver la vérité de cette assertion ?

Il serait possible d'en faire une démonstration complète si nous avions une statistique du prolétariat par rapport à la criminalité. Alors peut-être l'éloquence des chiffres nous dispenserait de faire de longs discours pour prouver l'erreur de cette idée si répandue, à savoir que la misère est une des causes principales du crime.

Mais, pour notre malheur, ces éléments nous font défaut, et pour les obtenir approximativement, il ne nous reste qu'à procéder par induction.

Par exemple, en ne voulant nous occuper pour le moment que de cette partie de la criminalité dont la cupidité peut être le mobile direct, nous pouvons faire une comparaison entre le nombre des délits qui sont, généralement, commis par la plus basse classe, et ceux qui, plus vraisemblablement, sont dus aux classes moins malheureuses.

A cet effet, je rapporterai ici quelques données tirées des statistiques italiennes de 1880.

Parmi les crimes sur lesquels les Chambres d'accusation eurent à prononcer, cette année-là, on trouve 123 vols à main armée ou extorsions avec homicide, 919 vols avec violence, 195 attentats du même genre, 11,616 vols qualifiés, et 700 tentatives de vols, enfin 971 recèlements d'objets volés ; soit en totalité 14,524 crimes, que l'on peut supposer *pour la plupart*, comme ayant été commis par des *prolétaires*, quoique les extorsions comprises dans ces chiffres doivent souvent être attribués à la camorre et au chantage, qui sont pratiqués par des sectes non point dirigées par des indigents, mais par des personnes qui ont des moyens de subsistance suffisants, indépendamment de leurs bénéfices déshonnêtes.

En face de ces crimes nous mettrons 230 soustractions, corruptions et concussions d'officiers publics, 507 falsifications de monnaies, de titres, d'obligations de l'État, de cachets, de timbres, etc., 642 faux en actes publics, en écritures commerciales ou privées, 154 banqueroutes, 470 fraudes relatives au commerce, aux manufactures, aux arts, 10 délits relatifs aux subsistances militaires, et aux enchères publiques ; total 2,011 crimes dont plusieurs par leur nature, d'autres par les difficultés qu'a dû présenter leur exécution, *ne sauraient être attribués généralement à des indigents.*

Mais tous les délits de cette dernière série ne sont que l'effet de la cupidité, précisément comme ces agressions les plus vulgaires, qui ont pour objet le bien d'autrui, et auxquelles on donne le nom de vol, de brigandage, d'extorsion. Ce sont donc là deux quantités homogènes, entre lesquelles on peut bien établir une comparaison.

D'un côté, 14,524 *délits de prolétaires* ; de l'autre,

2,011 *délits de propriétaires. Ainsi les premiers sont aux seconds à peu près comme 88 est à 12.*

Comment peut-on déterminer, maintenant, d'une manière approximative, la proportion des prolétaires dans toute la population de l'Italie ?

Le recensement de 1871 avait donné un chiffre de 2,276,633 propriétaires [1], mais on présumait que le chiffre réel était de beaucoup supérieur [2].

En effet, d'après les renseignements que j'ai pu me procurer du recensement de 1881, il semblerait que ceux qui se sont inscrits comme propriétaires dépassent le chiffre de trois millions ; si ce n'est qu'un grand nombre de ces propriétaires sont des gens fort pauvres. Dans le recensement de 1861, 1,027,451 figuraient comme agriculteurs, ou bien comme étant adonnés à la pêche, à l'agriculture et aux mines, et parmi ceux-ci il y a beaucoup de pauvres paysans qui n'ont pour tout bien que leur rustique cabane ou quelques arpents de terre, insuffisants pour leur subsistance. Aujourd'hui, on compte environ 250,000 individus inscrits comme propriétaires et qui payent moins de 5 livres de tribut annuel direct.

Le nombre de ceux qui souffrent d'une gêne un peu moins grande devrait donc réduire de beaucoup le nombre des 3 millions d'inscrits, mais je veux bien, pour plus ample démonstration, conserver ce chiffre comme étant opposé, non pas à la misère, mais au prolétariat dans le sens qui lui est attaché de classe *absolument* privée de capital. Et alors, en établissant la proportion avec toute la

1. Parmi ceux-ci, 672,312 n'ont déclaré d'autre état que celui de propriétaires, soit environ les 2 1/3 pour cent de la population de cette époque.
2. V. Introduction au volume regardant les professions, p. x.

population (qui, en 1881, était de 28,459,451 habitants),
nous aurons ce résultat, que les prolétaires sont aux propriétaires presque comme 90 est à 10.

En sorte que, tandis que sur 100 personnes, 90 seraient
des pauvres, sur 100 crimes causés par la cupidité, 88 devraient être attribués à des délinquants pauvres.

Ne peut-on pas conclure de là que même dans cette
espèce de criminalité, dont la raison est *directement*
économique, le prolétariat n'a pas une part supérieure
aux autres classes ?

Et ne voit-on pas alors, que la *misère* entre dans les
facteurs de la criminalité dans des proportions que l'on
peut dire *tout à fait identiques* à celles de la *gêne économique* des classes supérieures, gêne qui persistera toujours jusqu'à ce qu'il soit possible, non seulement d'attribuer à chacun des parts égales de biens naturels, mais
d'empêcher encore qu'un homme, par son travail, gagne
plus et un autre moins ?

Mais, s'il nous faudra nier maintenant que la gêne des
prolétaires joue un des premiers rôles dans la production
des délits contre la propriété, et même un rôle plus important que celui de la gêne économique des autres classes,
que dirons-nous donc de l'opinion de quelques socialistes,
qui attribuent à la misère même les délits contre les personnes, et, en général, toute la criminalité ?

Ici leur effort est plus visible. Ils commencent eux-
mêmes par dire que « dans les délits contre les personnes
l'influence de la mauvaise organisation sociale est moins
apparente » [1]. Mais cependant « l'influence subtile de la

1. TURATI, *ibid.*, p. 9t.

misère pénètre, à tort et à travers, dans tous les délits, pourvu qu'on ne s'arrête pas, comme les sociologues de la bourgeoisie, à en considérer seulement les relations immédiates et extérieures. » La misère marche presque toujours de pair avec le défaut d'éducation, d'où les « mauvais exemples, l'honnêteté méconnue, moins de solidité nerveuse, l'excitation aux passions les plus basses, l'impuissance de la réflexion, un déficit permanent à l'*avoir* des satisfactions vitales, d'où découlent des ferments criminels inconscients et secrets ».

J'ai parlé précédémment de l'influence que l'on peut attribuer à l'éducation sur la moralité, et j'ai mentionné l'opinion de plusieurs auteurs, qui croient que l'éducation est tout à fait impuissante sur les natures dégénérées, utile seulement pour les *natures moyennes*, c'est-à-dire celles qui ne sont ni bonnes ni mauvaises d'une manière marquée. J'ai ajouté que d'autres, plus confiants dans l'œuvre de l'éducation, croient qu'elle peut produire dans le caractère une nouvelle couche qui peut recouvrir la couche fondamentale héréditaire ou atavique. Et enfin, pour ceux qui souscrivent à cette dernière opinion, j'ai montré à quelles conditions et par quels moyens on peut espérer un tel effet. La condition c'est l'enfance, les moyens sont les exemples domestiques, ou bien l'insinuation d'une foi religieuse qui impose une morale irréprochable.

Or, tant que la majorité de la population aura comme base de caractère les instincts moraux dont j'ai parlé plus haut, ces instincts seront transmis par hérédité et développés dans toutes les classes, pauvres ou riches, instruites ou ignorantes, par l'éducation de la famille.

Il ne s'agit point ici de cette délicatesse qui est le patrimoine moral d'un petit nombre, non plus que de vertus et de sentiments nobles et généreux ; il s'agit seulement d'une qualité *négative*, à savoir la répugnance pour un nombre déterminé d'actions, dont l'*immoralité est universellement reconnue dans la haute comme dans la basse classe* de la population.

S'il est vrai que ces instincts moraux ont été le résultat évolutif des innombrables expériences d'utilité faites par les générations précédentes, de semblables expériences, quand il s'agit d'homicides, de vols et d'autres délits analogues, se sont accomplies *aussi bien dans les classes les plus élevées que dans les plus humbles*. L'instinct de la pitié, celui d'une probité, même très grossière, se sont produits *aussi dans la populace infime ;* on y trouvera comme dans les couches sociales supérieures, *la même répugnance* pour le sang et pour les agressions violentes ou insidieuses. L'évolution qui s'est poursuivie à la surface, et a produit les sentiments les plus délicats, se trouve arrêtée vers le fond, ou bien avance-t-elle d'un mouvement beaucoup plus lent ; la moralité se borne à quelques aversions, à un petit nombre de sentiments, mais ceux-ci s'y rencontrent dans une égale mesure, dans une égale proportion ; les individus privés de cette moralité rudimentaire y sont également rares et anormaux. Sans aucun doute, la misère est un obstacle pour la bonne éducation, et le défaut d'éducation empêche que la moralité se développe, mais la misère n'entraîne pas avec elle l'absence complète et partielle de certains sentiments altruistes, tels que la pitié et la probité *élémentaire*.

J'ai déjà prouvé la vérité de cette assertion, précisément sur le terrain où elle est le plus combattue, c'est-à-dire pour ce qui a rapport à l'instinct de la probité.

Maintenant, par d'autres chiffres, je vais prouver que la criminalité en général ne se retrouve pas dans de plus grandes proportions parmi les plus basses classes de la société, et que par conséquent c'est à tort qu'on en rejette la faute sur la misère et sur le manque d'éducation de ces dernières classes.

La statistique pénale qui a été dressée en Italie, pour l'année 1880, nous apprend que les tribunaux correction-nels ont jugé 17,293 *propriétaires*, et 98,224 individus ne possédant rien [1], ce qui veut dire que les premiers sont à ceux-ci, comme 17 1/2 est à 100, et représentent plus du sixième du nombre total des imputés. Donc, tandis que les propriétaires ne représenteraient que le 10 0/0 ou le 11 0/0 de la population (en calculant largement comme on a vu plus haut), ils représenteraient environ le 16 0/0 du total de la criminalité correctionnelle !

Les chiffres donnés par les Cours d'assises sont un peu inférieurs au quantum ci-dessus, puisque le nombre des propriétaires n'y entre que pour 10 0/0 environ, soit 943 propriétaires, et 8131 non propriétaires. Mais il est bon de remarquer que, là, ces chiffres se rapportent seulement aux propriétaires d'*immeubles ;* et puis, non pas à ceux qui ont été *jugés,* mais à ceux qui sont *condam-nés.* Ce chiffre inférieur de propriétaires condamnés par des juges appartenant à la bourgeoisie, a, selon ma ma-nière de voir, une signification *bien différente.* Il ne fait

1. Il y a en outre un troisième chiffre, qui regarde les prévenus dont on ignore l'état de fortune, mais ce chiffre pouvant être réparti également entre les deux autres catégories, je n'ai pas voulu en tenir compte. — *Sta-tistique* citée. — Tab. VII.

que confirmer toujours davantage la remarque déjà faite bien souvent, qu'un jury se laisse trop facilement séduire par l'éloquence d'un défenseur qu'un accusé riche peut choisir parmi les meilleurs avocats, — ou, ce qui est plus honteux, par l'appât de l'or de l'accusé [1].

Si maintenant nous voulons évaluer les effets de cette mauvaise éducation, qui accompagne presque toujours la pauvreté, nous pourrons fournir d'innombrables preuves de l'indépendance dans laquelle le phénomène criminel se trouve par rapport à la condition sociale, et à la culture individuelle. Nous choisirons quelques-unes de ces preuves.

En classant, d'après leurs professions, ceux qui sont prévenus de délits correctionnels, nous trouverons que la catégorie la plus misérable et la plus ignorante, en Italie, celle des agriculteurs, donne le 25,39 0/0, tandis que les classes plus instruites, celles des commerçants, des industriels, de ceux qui exercent une profession, des artistes, des étudiants, des militaires et des employés, donnent le 13,58 0/0 [2]. Il n'est pas nécessaire de consulter les statistiques générales pour dire que, relativement à leur nombre proportionnel, ces dernières classes se laissent plus facilement entrainer au crime que la première.

Leur proportion est même plus grande parmi ceux qui ont été condamnés par les Assises, puisqu'elle atteint le 15,58 0/0, et il est à remarquer qu'ici les commerçants et les industriels seulement entrent en raison du 11,62 0/0 [3].

Pour pouvoir évaluer d'après une base certaine l'in-

1. *Le métier de juré* existe malheureusement. Il y a des endroits où on l'exerce presque publiquement. Quelques jurés ont même un tarif connu.
2. *Statistique pénale citée*, p. XXXVI.
3. *Ibid.*, p. LXVII.

fluence que peut exercer la culture *individuelle*, il faut prendre les chiffres des illettrés. Ceux-ci, selon le recensement de 1881, sont à la population tout entière, dans le rapport de 67,25 0/0. Or, la proportion des illettrés jugés en 1880 par les Tribunaux correctionnels, en diffère peu, puisqu'elle est de 68,09 0/0. Et, parmi les condamnés aux assises, elle est inférieure, à savoir de 66,72 0/0. D'où il faut déduire que la simple instruction alphabétique en Italie n'atteste pas jusqu'à présent, une influence décisive, nuisible ni favorable. Des observations semblables ont été faites en France.

Mais il n'en est pas de même si nous examinons la proportion des délits fournis par les classes plus instruites.

Parmi ceux qui exercent des *professions libérales*, nous avons en Italie, un condamné sur chaque 345 individus, tandis que parmi les *paysans*, il s'en trouve un sur 428 [1].

La différence proportionnelle est donc très sensible, mais dans d'autres pays, elle est encore bien plus grande.

En Prusse, par exemple, les professions libérales occupent les 2,2 0/0 de la population et donnent le 4,0 0/0 de délinquants [2]. En France, les commerçants et ceux qui exercent une profession libérale dépassent de beaucoup la classe agricole et manufacturière dans la perpétration des délits les plus graves, excepté pour les vols qualifiés. En 1879, la classe agricole a donné pour les meurtres et les assassinats, une proportion de 49 0/0, tandis qu'elle forme le 53 0/0 de la population ; pendant que la classe **de**

1. Lombroso, *L'homme criminel*, 2° édition italienne, p. 287.
2. *Ibid.*, p. 289.

ceux qui exercent des professions libérales, qui forme le
4 0/0 de la même population, a donné un contingent de
7 0/0 [1]. Il est étrange que M. d'Haussonville se laisse porter
à croire à l'influence moralisante de la haute culture par
le nombre exigu des accusés qui l'ont reçue [2]. Il a tout-à-
fait oublié de dresser une proportion entre ce petit nombre
d'accusés et le petit nombre de gens possédant la haute
culture pris dans la population tout entière !

Il faut donc constater une activité criminelle inférieure,
en général, et une activité moindre, même dans les crimes
les plus graves, précisément de la part de ces gens qui sont
à la fois les plus pauvres et les plus ignorants. En effet,
cette classe agricole comprend en France, outre les petits
propriétaires, plus d'un million de fermiers et de cultiva-
teurs et plus de deux millions de journaliers, d'hommes
de peine, et de garçons de fermes [3]. Il va sans dire que
les femmes et les enfants ne sont pas compris dans ces
chiffres.

Il est reconnu comment partout, mais en France plus
particulièrement qu'ailleurs, il y a un contraste entre la
pauvreté et l'ignorance des paysans, et la culture, ainsi
que l'aisance relative des ouvriers des villes.

Que devront dire, donc, ceux qui croient à l'influence
bienfaisante de l'alphabet, et du bien-être économique,
en observant la proportion de 23 0/0 pour la classe manufacturière, et de 32 0/0 pour celle des arts et métiers

---

1. FERRI, *Socialismo e criminalità*, p. 80.
2. Voir *Revue des Deux-Mondes*, 1er avril 1887. « *Le combat contre le
vice*. »
3. Notices sur la *Statistique française*, contenues dans le volume des
Professions, travaux sur le recensement en Italie, de l'année 1871.

comparée au 13,9 0/0 qui est le contingent des agriculteurs accusés sur 100,000 habitants?

Mais il y a encore d'autres faits qui viendraient confirmer notre démonstration.

D'un côté, de l'année 1853 à l'année 1871, les salaires
des ouvriers augmentèrent en France de 45 0/0 ; — la
consommation du blé, évaluée en 1821 à 1 hectol. 53 en
moyenne par tête est montée à 2 h. 11 en 1872 ; — la consommation de la viande, qui était de 20 kilog. 8 en 1829,
a été de 25 k. 1 en 1862. — D'un autre côté, le nombre des
élèves qui était, aux écoles élémentaires, de 57 p. 1,000 en
1832, est monté à 122 p. 1,000 en 1877 [1].

Eh bien! quel a été, par rapport à une augmentation
de prospérité et de culture aussi surprenante, le progrès
de la moralité publique ?

« Pour ce qui est de la totalité des affaires jugées
comme crimes et *délits*, nous pouvons conclure, qu'en
prenant les chiffres tels qu'ils sont, l'augmentation est
DE PLUS DU TRIPLE A PARTIR DE 1826, JUSQU'A 1878 ; mais
que, de toute façon, *même en faisant une part très
large aux innovations législatives, la* CRIMINALITÉ TOTALE
A AUGMENTÉ DEPUIS 1826-27 JUSQU'A 1877-78 DANS LA PRO-
PORTION DE 100 A 254 [2].

Faut-il attribuer ce phénomène à la prospérité, à la
culture intellectuelle ? Il est sans doute dangereux de conclure du *post hoc* au *propter hoc*. Mais, si ces chiffres ne

---

1. E. FERRI, *Statistique de la criminalité en France de 1826 à 1878*.
Rome, 1882.

2. E. FERRI, même ouvr., p. 20. L'augmentation des attentats à la
pudeur sur des enfants, qui de 100 en 1825, est montée à 579, en 1874, est
surtout remarquable.

sont pas suffisants pour prouver que l'augmentation des délits est due à l'accroissement de la richesse, à la diffusion de l'instruction, ils prouvent, du moins, assurément, que la misère et l'ignorance ne sont pas les causes originelles de la criminalité.

Mais, ici, on peut aisément prévoir une objection.

Si la criminalité n'est point causée par la condition économique du prolétariat, comment pourra-t-on se rendre compte des statistiques d'après lesquelles un rapport constant existe entre le chiffre des vols d'un côté, et l'abondance des récoltes et le prix des denrées alimentaires de l'autre côté ?

Cette loi statistique est bien connue, et a été confirmée avec une merveilleuse exactitude. En Bavière, par exemple, il a été remarqué qu'à chaque augmentation de *six kreutzer* sur le prix des céréales, on avait un vol de plus, sur une population de 100,000 habitants, et, par contre, quand le prix diminuait d'autant, on avait un vol de moins.

Il ne faut pas oublier cependant un phénomène qui se produit toujours en même temps que le premier, à savoir que le nombre des délits contre les personnes correspond, *en sens inverse*, à celui des délits contre la propriété ; c'est-à-dire qu'en Bavière, les attentats contre les personnes se sont accrus pendant la baisse des prix et *vice-versâ* [1].

Pareillement, il a été remarqué en Prusse qu'en 1862, le prix de plusieurs denrées alimentaires étant très élevé,

---

1. MAYR, *La Statistique et la vie sociale*, p. 556-557, 2ᵉ édition italienne, Turin, 1886.

les délits contre la propriété donnèrent une proportion de 44,38, et ceux contre les personnes de 15,8 ; quand leur prix tomba, les premiers descendirent à 41, et les autres montèrent à 18.

Et si la hausse ou la baisse des prix ne se borne pas à une seule année ; mais si ce mouvement persiste pendant une longue période, il arrive généralement qu'une forme de criminalité suit la même marche ascendante, tandis que l'autre forme qui lui correspond, dans un sens opposé, diminue.

L'impulsion, la cause occasionnelle, le but du vol manquent-ils, il n'y aura pas de vol ; mais le fonds d'immoralité sociale ne sera pas modifié pour cela ; au lieu de se manifester sous une forme d'activité malfaisante, il en prendra une autre fort différente ; la nourriture et la boisson abondante rendront l'individu plus susceptible d'excitation ; or, le plus grand nombre d'attentats aux personnes dépend d'excitations passionnelles, qui, dans ces conditions, produiront des effets beaucoup plus graves. L'ouvrier ayant fait bonne chère et voyant son existence matérielle assurée pour le lendemain, recherchera tout de suite les amusements, les fêtes, les amours : autant d'occasions de querelles, de rixes et de vengeances.

Ainsi l'accroissement du bien-être social, constaté en France par l'augmentation des salaires et la consommation plus grande du blé, du vin et des liqueurs alcooliques [1] a donné pour résultat une diminution dans les délits contre la propriété, qui, sur la totalité des crimes

1. La consommation du vin a doublé de 1829 à 1869 ; celle de l'alcool a plus que triplé, de 1829 à 1872.

a été d'un cinquième (de 1836 à 1869); tandis que dans la même période, les crimes consommés plus particulièrement contre les personnes se sont accrus de plus d'un tiers [1].

Tout cela prouve que les oscillations dans l'équilibre économique, toujours instable de sa nature, ne sont pas une vraie cause de la criminalité, mais seulement de la *forme* sous laquelle celle-ci se manifeste.

Elles ne produisent certainement pas dans le corps social un effet analogue à celui de la trichine ou du bactère, qui introduit accidentellement dans un organisme sain, le corrompt et le détruit. Mais on peut plutôt les comparer au vent froid ou à l'habitation humide, qui accélère la manifestation de la phtisie héréditaire; à un effort ou à une émotion, qui amène prématurément la rupture de l'artère. En l'absence de pareilles circonstances, l'individu, après quelques années, serait tout de même mort de phtisie ou d'anévrisme.

C'est ainsi que les circonstances qui rendent la vie facile ou difficile, ne font que déterminer, *à un moment donné, sous une certaine forme, d'une manière spéciale*, la manifestation de cette immoralité, qui, tôt ou tard, aurait toujours fini par se révéler au dehors d'une façon criminelle.

Les variations du milieu ambiant, et les fluctuations économiques, qui en dépendent souvent, produisent par rapport à la criminalité, un phénomène semblable à celui de la marée dans l'Océan. Car celui-ci ne grossit point ni ne diminue la quantité de ses eaux; ce sont ces dernières

1. FERRI, *Op. cit.*, p. 39 et 40.

qui s'avancent et se retirent alternativement. De même, il n'est point à dire que par l'effet de ces fluctuations, surtout de celles qui se présentent à des époques fixes comme les saisons, l'activité criminelle s'accroît ou diminue.

On a déjà remarqué depuis longtemps que le *maximum* d'été et le *minimum* d'hiver des délits contre les personnes, coïncident avec le *minimum* et avec le *maximum* respectif des délits contre la propriété (QUETELET).

L'activité des délinquants, excitée par des besoins présents, s'attache de préférence à un seul objet et néglige les autres. C'est par là que l'on peut expliquer le rapport constant entre l'accroissement d'une certaine espèce de délits, et la décroissance d'une autre.

En vérité, si bien souvent l'immoralité se borne à l'absence d'un seul des instincts moraux élémentaires, il n'est pas rare non plus que l'on trouve, *chez un même individu, l'improbité réunie à l'inhumanité.*

La statistique des récidives en fournit la meilleure preuve; puisqu'elle montre comment les formes les plus variées du crime reviennent alternativement, en rendant vaines toutes les théories juridiques, qui veulent que la loi pénale ne considère que la *récidive spéciale.*

Le passage d'une partie de la criminalité d'une espèce à une autre, à cause du changement des saisons, de l'abondance des récoltes ou de la disette, aussi bien que de la mesure des prix qui en découlent, est toujours constant.

Et l'on a également bien observé des effets semblables dans les variations thermométriques *annuelles*, comme dans la persistance de l'augmentation et de la diminution des prix pendant une suite d'années.

En effet, l'accroissement des homicides, des viols, et des blessures s'est prolongé en France pendant cinq années consécutives où la prospérité, prouvée par les prix extrêmement bas de la viande, du blé et du vin, a été générale [1].

Tous les faits concourent donc à détruire l'illusion des socialistes. De plus grandes facilités de vivre, une plus grande aisance des classes inférieures, ne font point diminuer la somme totale de la criminalité. — Bien au contraire, avec l'amélioration des salaires, avec la diffusion de l'instruction, on a eu, dans ce dernier demi-siècle, une augmentation dans différents genres de délits fort graves.

« Il est curieux de voir ainsi — dit un écrivain français, — la cupidité grandir avec la richesse, et parallèlement, de voir, au fur et à mesure des progrès de la vie urbaine, des relations sexuelles plus libres et plus multipliées, les passions sexuelles redoubler, comme l'atteste la progression énorme des délits contre les mœurs. Rien de plus propre que ces constatations statistiques, entre autres, à illustrer cette vérité, qu'un besoin est surexcité par ses propres satisfactions [1]. »

De ce que nous avons dit jusqu'ici, on peut tirer les deux conclusions suivantes :

1° L'ordre économique actuel, c'est-à-dire la manière dont la richesse est répartie, n'est pas une des causes de la criminalité en général ;

2° Les fluctuations qui ont lieu habituellement dans l'ordre économique peuvent amener l'augmentation d'une

---

1. De 1848 à 1852. V. FERRI, *Socialismo e criminalità*, p. 77.
2. G. TARDE, *La Statistique criminelle du dernier demi-siècle* (*Revue philosophique*, janvier 1883).

forme de criminalité, qui est compensée par la diminution d'une autre forme. Ce sont donc des causes possibles
de criminalité *spécifique*.

Il resterait à examiner les troubles *anormaux* produits par la famine, les inondations, les crises commerciales, les guerres et les révolutions. Ces événements, qui
changent totalement les conditions habituelles de la vie,
sembleraient être les véritables causes occasionnelles de
la criminalité ; puisqu'ils produisent la manifestation du
phénomène criminel, qui autrement, dans des conditions
normales, ne se serait peut-être pas présenté ; car, il n'y
avait pas, dans le milieu ambiant, des impulsions suffisantes pour déterminer l'individu immoral à commettre
une action anti-sociale.

De prime abord, l'expérience confirme cette idée, puisqu'elle nous met sous les yeux l'accroissement immédiat
des vols à main armée, des meurtres, des fraudes, qui
suivent presque toujours ces perturbations imprévues.

Et cependant, si l'on voulait étudier la chose de plus
près, il est bien probable que l'on changerait d'avis. Les
statistiques offrent dans ces cas, l'augmentation de la criminalité *la plus grave*, on n'en saurait douter. Mais, peut-
être, ici-même, n'y a-t-il qu'inversion de forme.

Je pense que ni la famine, ni une inondation n'ont pour
effet nécessaire de faire surgir les criminels, mais seulement que ces événements font un voleur de grand chemin du filou et du vagabond. C'est ainsi que peut-être
encore une révolution ou une guerre ne font que transformer des voleurs en brigands.

Il s'agirait alors uniquement de criminalité spécifique,
— augmentation d'un côté, diminution de l'autre, —

quoique la gravité des délits en augmentation rende la compensation peu sensible.

C'est là, du reste, une simple opinion que je n'ai pas les moyens de démontrer par la statistique.

Une crise sociale, politique ou économique peut être, sans doute, une cause occasionnelle de crime, parce que la lutte pour l'existence devient plus vive sous tous les aspects ; pourtant il y a tout lieu de supposer que le défaut d'instincts moraux (condition *sine qua non* du crime), trouverait toujours, à un moment donné, dans les circonstances particulières de la vie, telle ou telle impulsion qui déterminerait la manifestation du phénomène criminel.

II

LE PROGRÈS ET LA CIVILISATION.

Nous venons de discuter la thèse des socialistes, et nos conclusions sont totalement opposées aux leurs : la misère, dans le sens du manque de capital, ou d'épargnes, ou pour parler avec plus d'exactitude, la condition économique du prolétariat, nous a paru tout à fait sans influence sur la criminalité.

On peut supposer cependant qu'il n'est pas venu à l'esprit de nos lecteurs de vérifier si une thèse différente, et presque opposée, ne serait pas plus vraisemblable : à savoir, si l'augmentation du bien-être, du travail, des affaires, du mouvement d'une société civilisée, n'entraîne pas une

augmentation proportionnelle des chiffres de la criminalité. C'est pourtant une théorie qui a des partisans, celle
de la *proportion entre l'activité malfaisante* (crime) *et
l'activité honnête* (commerce, industrie, affaires de tous
genres).

Elle est fondée sur le principe que, lorsque cette dernière s'accroît, elle donne nécessairement une impulsion à
l'autre, de sorte que l'augmentation de la criminalité ne
serait qu'apparente, si elle était *exactement proportionnelle* au progrès de l'activité honnête.

En partant de ce principe, M. Poletti en est venu à chan-
ter les louanges de la civilisation, tout en déclarant que
c'est bien à elle qu'est due l'augmentation de la criminalité constatée presque partout en Europe, en France
depuis 1826, en Italie depuis 1865 [1]. Cette singulière conclusion est pourtant logique. Du moment que, selon lui, un
nombre plus grand de crimes, s'il est proportionnel au
plus grand nombre des affaires, n'a aucune importance, et
signifie, en réalité que la criminalité est stationnaire, il
s'ensuit de là que, *si le chiffre des crimes a augmenté
dans une proportion inférieure, il y a eu réellement
diminution.* On pourrait donc constater dans une période
le double des crimes de la période précédente, tout en étant
forcé de déclarer que la criminalité a baissé.

Ces idées ne sont pas tout à fait nouvelles ; elles ont été
déjà soutenues et combattues depuis plusieurs années sous
une forme un peu différente.

« La civilisation — écrivait Lucas en 1828, — n'étant
que le progrès de la liberté, augmente l'abus de la liberté,

---

1. Voir chapitre suivant.

précisément parce qu'elle étend l'usage de celle-ci... Au lieu d'opposer l'un à l'autre, il faut donc placer dans la balance, à côté de l'abus même, le bon usage de la liberté pour avoir une idée exacte de sa moralité. Établissons la règle, que pour apprécier la moralité de la civilisation, *on doit juger de l'extension de l'abus comparativement à l'usage.* » Et ce principe une fois posé, il ne se plaignait pas trop du plus grand nombre de certains genres de délits que la France offrait par rapport à l'Espagne « parce que, — disait-il, — faut-il peut-être honorer les peuples ignorants et pauvres, en vue du petit nombre de faits nuisibles, qui dépend, chez eux, du défaut d'occasion de nuire, et qui n'est autre chose qu'une innocence pareille à celle des animaux ; tandis que le plus grand nombre d'actions semblables, chez les peuples civilisés, n'est que la conséquence d'un plus grand développement de la liberté humaine ? »

Romagnosi répondait en niant énergiquement que la civilisation qui pouvait produire un accroissement de crimes et délits fût une civilisation réelle. Sa façon de concevoir la civilisation était trop élevée, trop compréhensive pour qu'il pût admettre une pareille idée. Pour lui la civilisation n'était autre chose que la morale, l'éducation, le respect, l'activité; elle ne consistait guère « à avoir dans un pays, des chambres plus commodes, des vêtements plus élégants, des cabarets en plus grand nombre, des industries en tous genres et ainsi de suite... Le perfectionnement moral, économique et politique constitue la civilisation, à proprement parler. Or, pour en venir aux causes des crimes et délits, à quoi se réduit donc la proposition que ceux-ci augmentent avec le progrès de celle-là ? Pour ceux qui comprennent la force des mots, autant vaudrait dire que les péchés augmentent avec le progrès de la sainteté ; que les infirmités se multiplient avec le développement régulier d'un corps en parfaite santé ; que c'est en voulant rendre les hommes laborieux, dociles et sociables, que le nombre s'accroît des fainéants, de ceux qui sont portés au mal et à attenter à la paix d'autrui » [1].

De nos jours, cette réponse serait sans doute insuffisante, parce qu'on ne discute plus en termes généraux, on n'affirme pas que la civilisation, prise dans un sens tellement élevé, pourrait entraîner un accroissement de la criminalité. On ne parle que du progrès économique, qui pourrait être indépendant de la moralité des individus ; et l'on avance des chiffres de statistiques, d'où ressort le rapport entre l'accroissement de la criminalité, et l'expansion du commerce, la multiplication des industries, le développement de la richesse publique. L'on tâche alors de découvrir un rapport constant entre la première progression et la deuxième.

Voici les arguments de M. Poletti :

Les statistiques françaises démontrent que, de 1826 à 1878, il y a eu augmentation des délits dans la proportion de 100 à 254. Ce n'est là qu'une augmentation *numérique*, non pas *proportionnelle*, de la criminalité. Pour déterminer cette dernière, il faut rapporter cette somme augmentée des énergies criminelles aux autres énergies qui, *sous l'impulsion des mêmes facteurs*, ont au contraire concouru à garantir avec plus d'efficacité la conservation

1. ROMAGNOSI, *Observations statistiques sur le compte-rendu général de l'administration de la justice criminelle en France pendant l'année 1827.*

sociale, et à en accroître prodigieusement la puissance opérative. L'activité criminelle n'est que le *résidu* des actions sociales obtenu par un procédé d'élimination de toutes les actions justes, à savoir de l'*activité productive, conservatrice, morale et juridique.* Il est impossible de déterminer, même approximativement, la somme illimitée de ces dernières; cependant, on peut en déterminer les *effets* les plus certains et les plus importants.

Ainsi donc, l'auteur compare l'accroissement de l'activité criminelle en France, dans la période de 1826 à 1878, à l'accroissement de l'activité productive et conservatrice. Il trouve : 1° que, dans la même période, les *importations* de la France se sont accrues en raison de 100 à 700 ; et les *exportations* presque dans la même mesure ; — 2° que, toujours dans le même laps de temps, le bilan de l'Etat, qui indique sa puissance financière, a cru dans le rapport de 109 à 300 ; — 3° que les *transmissions héréditaires* de meubles et d'immeubles, représentées, en 1826, par 1346 millions. avaient déjà, dès l'année 1869, atteint le chiffre de 3646 millions ; — 4° que la valeur des *transmissions immobilières entre vifs* avait doublé ; — 5° que les institutions de bienfaisance purent, de 1833 à 1876, disposer largement de secours dans une mesure *quatre fois plus grande*, tandis que les capitaux de la société de secours mutuels avaient *quintuplé ;* — 6° que la moyenne de la production annuelle du blé, de 60 millions d'hectolitres en 1825-1829, est montée de 1874 à 1878 à 104 millions ; — 7° que les salaires ont eu une augmentation de près de la moitié (45 0/0) dans la période de 1853 à 1871 ; — 8° que la consommation du blé, évaluée à raison de 1 hect. 53 par habitant en 1821, a atteint 2 hect. 11 en 1872, et que la consomma-

tion des boissons alcooliques a presque doublé de 1831 à
1876; — 9° que, tandis que, de 1841 à 1878 la criminalité
quantitative s'est accrue dans le rapport de 100 à 200, la
sûreté sociale est restée presque la même, à en juger par
la force publique qui a été jugée nécessaire pour la garantir, puisqu'il n'y a eu ici qu'une augmentation dans le
rapport de 100 à 135.

Ces données, — ajoute l'auteur, — nous fournissent une
preuve irréfragable que, pendant la période de 1826 à
1878, il y a eu, dans l'activité sociale de la France, un
développement prodigieux, que l'on peut considérer
comme *triplé*. En effet, le produit des impôts (augmentés
de 100 à 300), en est l'expression synthétique la plus sûre.
Quant aux énergies *destructives* ou *criminelles*, leur augmentation n'a pas eu lieu dans la même proportion, mais
dans une proportion un peu *moindre* (100 à 254). — En
sorte qu'il n'y a pas eu *augmentation* dans la criminalité
française, mais une *diminution positive*.

Pour ce qui est de l'Italie, la proportion des condamnés
pour crimes, de 1863 à 1879, se serait accrue de 70 0/0.
Par contre, le mouvement commercial en Italie s'est
accru, de 1862 à 1879, dans la proportion de 100 à 149
pour l'importation et de 100 à 183 pour l'exportation; —
la puissance contribuable de la nation, de 617 millions en
1866, a atteint en 1879, la somme de 1228 millions, tandis
que les bilans des communes ont doublé, et ceux des provinces ont quadruplé; — les institutions de bienfaisance
ont augmenté leur patrimoine de 38 millions dans la période 1863-75; le capital des caisses d'épargne est monté
de 188 millions en 1863 à un milliard environ en 1881, et
déjà, il avait quadruplé dès 1879.

En sorte que, en dépit de la laborieuse transformation du pays qui s'est accomplie dans ces dernières vingt années, transformation dans laquelle beaucoup de circonstances exceptionnelles auraient dû contribuer au développement de la criminalité, on pourrait dire, quant à celle-ci, que l'augmentation n'a pas été proportionnelle. M. Poletti croit voir dans ces exemples la confirmation de sa loi relative au développement de l'activité délictueuse par rapport à l'activité honnête, *proportion qui est stable, tant que les causes qui produisent l'une et l'autre, sont permanentes.* Cette durée forme ce que l'auteur appelle « *période criminelle* » pendant laquelle, dit-il, les variations de la criminalité sont peu sensibles, et ne dépassent pas un dixième en plus ou en moins de la moyenne des délits commis dans le même laps de temps, tandis que d'une période à l'autre, par l'effet de l'expansion de l'activité honnête, la criminalité proportionnelle tend à une *diminution* lente et *progressive* [1].

C'est ce qui doit nécessairement se produire selon lui, car le développement des facultés intellectuelles et de l'activité économique, ainsi que le perfectionnement social multiplient les aptitudes de résistance au crime. Du reste, cela est prouvé par le nombre toujours croissant des malheureux qui, à cause de leur mauvaise alimentation, deviennent, dans la Haute-Italie, la proie de la *pellagre,* des émigrants et des suicides, qui préfèrent leur infirmité, l'exil ou la mort, plutôt que de risquer d'améliorer les tristes conditions de leur existence par des attentats criminels.

1. POLETTI, *Il sentimento nella scienza del dritto penale*, cap. 8°, Udine, 1882.

Cette théorie est très ingénieuse et a une apparence de vérité séduisante pour ceux qui se font un plaisir de rechercher des arguments propres à justifier l'optimisme qui forme le fonds de leur caractère. « Elle consiste en somme, dit M. Tarde, à évaluer la criminalité comme on apprécie la sécurité d'un mode de locomotion et à procéder, pour décider si la criminalité des Français notamment a augmenté ou diminué depuis cinquante ans, comme on procède, pour juger si la sécurité des voyageurs en chemin de fer aujourd'hui est inférieure ou supérieure à celle des voyages en diligences, vers 1830. De même qu'ici on ne résout pas le problème en comparant simplement les chiffres des voyageurs tués ou blessés aux deux époques, mais en disant qu'il y en a eu un de tué ou de blessé à telle date ou à telle autre sur tant de milliers de voyageurs ou de millions de kilomètres parcourus, pareillement on doit, pour répondre à l'autre question, dire qu'il y avait, par exemple en 1830, un abus de confiance poursuivi annuellement sur tel nombre de transactions ou d'affaires susceptibles d'en provoquer, et qu'il y en a un, de nos jours, sur tel autre nombre de transactions ou d'affaires semblables. Pourquoi ne pas aujouter que, par suite des communications plus fréquentes, des entraînements plus dangereux de la vie urbaine en progrès, l'augmentation énorme du chiffre des adultères constatés n'a rien de surprenant, et révèle un vrai raffermissement de la vertu féminine [1] ? »

En examinant bien attentivement les arguments de M. Poletti, on remarquera que tout son raisonnement

1. G. TARDE, *La criminalité comparée*, p. 73. Paris, F. Alcan, Ed. 1886.

dépend d'une idée très arbitraire, c'est-à-dire que, chaque nombre d'*actions honnêtes* doit être en rapport avec *un nombre proportionnel de délits* ; et que cette proportion doit être constante, sauf dans les moments de transformations et de crises sociales. Il a énoncé lui-même cette loi en disant : « Du moment qu'une société demeure dans des conditions égales et invariables, le *rapport* des actes délictueux restera tel qu'il est... Le rapport de la criminalité se règlera, dans tous les cas *proportionnellement* à la somme des activités sociales. »

Mais, dans quel pays ira-t-on chercher cette proportion ? Est-ce bien en France, où le développement économique est beaucoup plus grand que celui de l'Italie et de l'Espagne, et où la criminalité est tellement inférieure ? — ou bien en Angleterre, où la criminalité est toujours décroissante, malgré l'accroissement extraordinaire de la population et des affaires de tout genre ? — ou encore un autre pays de l'Europe, mais lequel ?

Est-ce que peut-être ce rapport proportionnel varie selon les différentes nations et d'après les conditions sociales de chacune d'elles ? — Mais alors il sera impossible d'établir une comparaison quelconque de nation à nation, et il n'y aura plus moyen de prouver la vérité et la constance de la loi découverte par Poletti.

D'autre part, il est impossible de comparer la *valeur sociale* d'un crime ou délit avec celui d'un fait *moral* économique.

« Il est assez inexact — remarque M. E. Ferri, — de confronter et de réduire les accroissements d'activités aussi dissemblables, avec les chiffres seulement du percentage et de la statistique ; — et qui peut assurer que le commerce en se sextuplant, représente trois fois le redoublement des délits? Je fais mes réserves et je crois que l'accroissement du 10 0/0 dans les délits vaut beaucoup plus, au point de vue social, que l'accroissement du 30 0/0 dans l'exportation du coton et des animaux [1]. »

« En fait et en droit, d'ailleurs, — dit M. Tarde, — rien de plus erroné que le calcul précédent. — En fait, pour les abus de confiance qui ont sextuplé, pour les délits contre les mœurs, qui ont septuplé, etc., il n'est pas vrai que les affaires, ou les rencontres à l'occasion desquelles ils se produisent soient devenues six fois, sept fois plus nombreuses. En droit, pour l'ensemble des crimes et délits, il me semble d'abord que l'on fait une confusion. On a beau dire et démontrer, pour continuer ma comparaison, que les chemins de fer sont le moins périlleux des moyens de transport, ou que le gaz est le plus inoffensif des éclairages, il n'en est pas moins vrai qu'un Français de 1826 risquait moins de mourir d'accident de voyage, ou d'être victime d'un incendie qu'un Français de nos jours. Il y a un demi-siècle, on comptait par an quinze morts accidentelles sur 100,000 habitants, maintenant trente-six. C'est l'effet des découvertes qui constituent la civilisation de notre siècle. Cependant la vie moyenne en somme n'a pas diminuée de durée ; je sais même qu'on la croit généralement en voie de prolongation; mais les statisticiens sérieux *ont soufflé sur cette illusion*, pour employer leurs propres termes. Tout ce qu'on sait c'est qu'on a maintenant moins de chance qu'autrefois de mourir dans son lit, mais autant

---

1. Ferri, *Socialismo, psicologia e statistica nel diritto criminale*, dans l'*Archivio di Psichiatria, Science penali*, etc. Vol. IV, 2e livraison.

de chances de mourir tard. Les inventions civilisatrices ont donc apporté leur remède à leurs maux, et on peut en dire autant de leur effet, de ces convoitises, de ces besoins, qu'elles ont créés ou surexcités et d'où naît le crime, en même temps que le travail. Mais, si compensé qu'il soit, un mal est un mal, nullement amoindri en soi par le bien qui l'accompagne. Si l'un peut à la rigueur être séparé de l'autre, cela est clair ; et, s'ils sont indissolubles à jamais, hypothèse désespérante, cela est encore plus clair. Il m'importe peu que la sécurité des voyages, que la moralité des affaires aient augmenté quand la sécurité, quand la moralité des hommes, voyageurs ou autres, commerçants ou autres, a diminué (ou *paraît* avoir diminué) de moitié ou des trois quarts. Pour une masse égale d'affaires, il n'y a pas plus de délits, soit, j'admets même qu'il y en a moins ; mais court-on, oui ou non, plus de risques aujourd'hui d'être trompé, escroqué ou volé par un Français qu'on en courait il y a cinquante ans ? Voilà ce qui nous importe au plus haut degré et non une abstraction ou une métaphore. N'est-ce pas un mal certain, indéniable, qu'une classe ou une catégorie de citoyens, si active ou si affairée qu'elle soit devenue, celle des industriels ou des femmes mariées par exemple, fournisse un contingent triple, sextuple, à la justice criminelle du pays. N'est-ce pas un mal aussi que, depuis quarante ans, le nombre des faillites ait doublé, quoique le développement commercial ait plus que doublé ? Ce mal était du reste si peu inévitable, malgré le principe purement arbitraire d'où part M. Poletti, qu'un mal moindre, celui des procès de commerce a diminué depuis 1861, malgré l'essor croissant des affaires. C'est ainsi que, grâce à la civilisation également, les occasions de guerre, les excitations belliqueuses n'ont jamais été si nombreuses ni si fortes que dans la période la plus pacifique de notre siècle, de 1830 à 1848. Quant aux procès civils, ils se produisent régulièrement en nombre égal, chose remarquable, malgré la complication des intérêts, la multiplication des contrats et des conventions, le morcellement de la propriété. Cependant, qu'y aurait-il eu de plus acceptable, *à priori*, que de regarder l'accroissement des procès civils ou commerciaux comme un signe constant et nécessaire de prospérité, d'activité civile et commerciale? [1] »

Oui, sans doute, le crime est une activité, il représente une somme d'énergies qui se montrent à côté des autres. L'escroc et le faussaire vivent parmi les commerçants honnêtes, mais pourquoi leur nombre devrait-il se multiplier si ces derniers s'enrichissent plus facilement? Est-ce que ce ne serait pas précisément l'opposé qui devrait avoir lieu? Le plus vaste champ ouvert à l'activité honnête et le succès que celle-ci a obtenu, ne seraient-ils pas peut-être des motifs suffisants pour engager à y prendre part un plus grand nombre de personnes, dont plusieurs, sans cette circonstance, n'auraient sans doute pas su trouver à gagner leur vie, autrement que par des expédients illicites ?

Mais, lorsqu'on remarque l'accroissement de la criminalité, en dépit du progrès économique d'un pays, et cependant avec une marche plus lente que celui-ci, n'est-on pas tenté de conclure que l'augmentation des crimes et délits serait encore plus grande sans l'expansion de l'activité

1. TARDE, *op. cit.*, p. 74 et suivantes.

honnête? Cette conclusion, alors, serait diamétralement
opposée à celle de Poletti.

Loin de pouvoir supposer qu'une civilisation plus
avancée, puisse contribuer à l'accroissement de la criminalité, il faudrait convenir au contraire qu'elle s'oppose à cet
accroissement, au point d'en diminuer le développement
habituel. Le courant honnête, devenu plus rapide et plus
large, se grossirait encore des eaux, qui, en d'autres cas,
se seraient déversées dans le torrent bourbeux.

Quoi qu'il en soit, on ne saurait mettre en doute, que
les délits se sont accrus en France, en Italie, en Prusse
et ailleurs (comme nous le verrons plus tard), *non point
seulement d'une manière absolue*, mais encore dans *une
proportion plus grande que celle de la population*. De
152 inculpés de délits correctionnels sur 100,000 habitants,
on en est arrivé, en France, à 474. Voilà la seule proportion qu'il importe de connaître, *celle des délits par rapport
au nombre des habitants*. Que la population soit plus
ou moins active et riche, cela ne saurait servir à déterminer l'accroissement ou la diminution de la criminalité.
Il faudra dire que celle-ci augmente d'*une manière absolue*, quand, au lieu de 10 délits, on en a 50. — Et il faudra dire encore qu'elle croît même *proportionnellement*,
quand son accroissement dépasse celui de la population.
Le rapport des oscillations ou du courant d'augmentation
et de décroissance, avec les différentes activités sociales,
peut seulement témoigner de l'influence que l'une ou
l'autre de ces activités exerce sur des formes *spéciales* de
criminalité, mais il ne pourra jamais faire que le chiffre
total des crimes et délits soit déclaré en diminution, tandis
qu'il y a eu, en réalité, augmentation.

Il est faux d'ailleurs, que, lorsque l'on voit s'augmenter une activité quelconque, l'abus de cette activité s'augmente de même, et que les fautes deviennent plus nombreuses. Voilà comme M. Tarde s'exprime à ce sujet : « On pouvait penser, dit M. Block, dans sa *Statistique de la France comparée avec les divers pays de l'Europe*, que la multiplication du nombre des lettres (par suite de l'abaissement du tarif de 1848), augmenterait le nombre de celles que la poste serait hors d'état de remettre au destinataire, c'est-à-dire qui tomberaient au rebut. Il n'en a pas été ainsi. » Suit un tableau d'où il résulte que, de 1847 à 1867, non seulement le nombre proportionnel, mais le nombre absolu des lettres au rebut, a diminué d'un cinquième environ, quoique en 1867, il y eût 342 millions de lettres mises à la poste, et en 1847, 125 millions seulement ; et l'augmentation d'une part et la diminution de l'autre, ont été graduelles. Et l'on ne supposera pas que les facteurs de la poste sont devenus plus intelligents, ou plus honnêtes, ou les gens plus attentifs. A honnêteté, à intelligence et attention égales, les fautes ont décru pendant que l'activité allait croissant. Autre exemple encore plus typique, fourni également par les postes. De 1860 à 1867, le nombre des lettres chargées est devenu deux fois et demi plus fort, et le nombre de celles de ces lettres qui ont disparu annuellement (c'est-à-dire probablement qui ont été soustraites) s'est abaissé par degré de 41 à 11 ; et je suppose toujours que la probité des agents est restée la même. Si l'on se place au point de vue de M. Poletti, c'est l'inverse qu'on aurait dû prédire *à priori*. Mais, en réfléchissant on verra que cela s'explique très bien. Qu'on me passe une image triviale. Il en est d'une société, toujours plus ou moins portée à transgresser ses propres lois, comme d'un cheval un peu faible sur ses jambes de devant, c'est-à-dire porté aux chutes. Le mieux est, dans ce cas, pour l'empêcher de tomber, ou rendre ses faux-pas et ses chutes plus rares, de le lancer rapidement aux descentes. Plus vite il va, moins il bronche ; les cochers le savent bien, et les conducteurs de trains aussi. Il est bon d'aller à toute vapeur sur une voie mauvaise. « Voulez-vous de même tenir en équilibre sur un doigt, une tige verticale portée à chuter? Faites-la osciller régulièrement et très vite. Ce sont là des exemples entre mille d'*équilibre mobile* d'autant plus stable que la vitesse est plus grande. Pareillement, pour diminuer le chiffre des délits d'une nation, *en supposant que son penchant au mal demeure égal*, stimulez sa production, sa civilisation, son activité régulière. D'où je suis en droit de conclure que dans le cas, — et c'est malheureusement le nôtre, — où, malgré le progrès de sa civilisation, le nombre, je ne dis pas relatif, mais même absolu, de ses délits augmente, la force de ses penchants délictueux a augmenté plus considérablement encore... »

« Pour en finir avec M. Poletti, sa manière de voir n'est pas sans analogie avec celle des psycho-physiciens. Il cherche une loi de la délictuosité ; bon gré mal gré, il lui en faut une. Combien il regrette de ne pas pouvoir adhérer à cette école de statisticiens née de Quételet, dit-il, qui croit apercevoir « dans l'allure de la délictuosité une constance égale à celle des phénomènes naturels! » C'est avec les chiffres contraires qu'il imagine quelque chose de comparable au fameux *logarithme des sensations*, j'allais dire le logarithme de la criminalité. Il rapproche et superpose

ingénieusement deux séries entre lesquelles il établit un rapport constant, affirme-t-il, quoique sans cesse décroissant
(n'est-ce pas contradictoire?) à **savoir, l'une,** celle des
actes producteurs et juridiques, en train de croître très
vite en tout pays civilisé, du moins à notre époque, et
l'autre, celle des actes destructeurs et délictueux, qui croît
parallèlement, mais moins vite, non seulement en France,
mais en Italie... N'est-ce pas ainsi que, d'après la psychophysique, à une *excitation* lumineuse double, triple,
quadruple, correspond une *sensation* lumineuse bien moins
rapidement croissante? Le progrès de la civilisation serait
donc, au pied de la lettre, l'excitation de la criminalité.
S'il en était ainsi, il y aurait de quoi le maudire[1]. »

Eh ! non, gardons-nous de le maudire. Seulement, ne lui
demandons pas des choses impossibles. La civilisation ne
crée pas le criminel, mais elle n'a pas non plus le pouvoir
de le détruire ; celui-ci existait avant elle ; n'a-t-il pas
Caïn pour ancêtre ? Il ne fait que profiter de la civilisation
pour changer la forme extérieure du crime. Lorsqu'on in-
vente les chemins de fer, il ne peut pas en arrêter les voi-
tures, comme il faisait auparavant avec les diligences, en
plein bois ; au lieu de cela, il voyage avec elles, en première
classe, déguisé en monsieur, et il assassine le voyageur en-
dormi près de lui et sans défiance.

Si la criminalité s'est accrue dans une large mesure et
dans une proportion bien supérieure à l'augmentation de
la population, la faute n'en est pas à la civilisation, pas
plus qu'à la répartition inégale de la richesse. Les causes
en sont ailleurs, et nous allons essayer de les découvrir.

---

1. TARDE, *op. cit.*, p. 79 et suivantes.

CHAPITRE IV

INFLUENCE DES LOIS

I

Le passage à l'influence que l'Etat peut avoir sur la marche de la criminalité est aisé. Mais le problème est très complexe, et il faut commencer par distinguer l'action de celles parmi les lois dont le but *direct* est la prévention ou la répression du crime, de l'action *indirecte* que peuvent avoir d'autres lois sociales dont le but est différent.

Commençons par les dernières. L'Etat ne pourrait-il pas agir sur la criminalité, en faisant disparaître certains faits d'ordre social, certaines institutions, certaines conditions modifiables de la vie de tout un peuple ou d'une seule classe de la société et qui sont reconnues comme les causes occasionnelles les plus fréquentes d'un grand nombre de délits? — Car, si l'*imperfection morale* du criminel est toujours la *condition nécessaire* du crime, les *circonstances extérieures* sont très souvent *les causes qui en déterminent la manifestation*. Une partie de ces causes extérieures dépendent du milieu physique, qu'il n'est pas au pouvoir de l'homme de modifier. Tout le monde comprend l'impuissance du législateur en présence de certaines conditions climatologiques et météorologiques. Mais, il suffit au contraire, qu'un fait ne soit pas d'ordre physique; et qu'il soit d'ordre social, pour qu'on s'imagine aussitôt que le législateur peut le supprimer s'il le veut. » Qu'on vienne à changer l'ordre établi, — disait Quételet, — et bientôt l'on verra changer aussi les faits qui s'étaient reproduits avec tant de constance... C'est ici que le législateur peut remplir une noble mission ; c'est *en modifiant le milieu dans lequel nous vivons*, qu'il peut améliorer la condition de son semblable. *Laissez-moi respirer un air plus pur, modifiez le milieu* dans lequel je suis forcé de vivre, et vous me donnerez une nouvelle existence. De même, ma constitution morale peut être forte, sans qu'il me soit cependant possible de résister aux causes délétères dont *vous m'entourez*..... *Vos institutions* tolèrent ou même favorisent une foule de *pièges* et de *dangers*, et vous me frappez si je succombe imprudemment? Ne vaudrait-il pas mieux chercher à *combler les précipices* sur les bords desquels je suis forcé de marcher, ou du moins ne faudrait-il pas tâcher d'éclairer ma route? [1] »

M. Lacassagne a fait un appel à peu près semblable : « Au fatalisme immobilisant, qui découle inévitablement de la théorie anthropologique, s'oppose l'initiative sociale. Si le milieu social est tout, et s'il est assez défectueux pour favoriser l'essor des natures vicieuses ou criminelles,

---

1. QUÉTELET, *Physique sociale*, liv. IV.

c'est *sur ce milieu et ces conditions de fonctionnement que doivent se porter les réformes* [1]. »

Tout cela est fort beau, sans doute, mais comme on y sent l'idée fausse de la toute-puissance de l'État ! Comme on y est loin de la pensée que la société n'est qu'un organisme naturel semblable à tous les autres, qu'il se développe lentement et graduellement et que la volonté du législateur n'a qu'une portée minime sur ce développement ?

Mais, a-t-on du moins abordé le côté pratique de la question ? Car, enfin on ne saurait guère repousser l'idée que si le crime n'est qu'un symptôme, et si la cause en est reconnue, une bonne thérapie sociale ne doive se porter, avant tout, sur cette cause, lorsqu'elle est modifiable.

Romagnosi, un des plus grands penseurs italiens, a, le premier, précisé l'action gouvernementale dans l'ordre *économique,* dans l'ordre *moral,* et dans l'ordre *politique* afin de réparer au défaut de *subsistances,* et à ceux d'*éducation,* de *vigilance* et de *justice,* qui sont les causes sociales les plus fréquentes et les plus constantes de la criminalité [2]. Mais, cette action de l'Etat ne doit être, selon lui, que presque toujours *négative.* Ce qu'il veut, c'est que l'on ne mette pas d'entraves aux affaires, au commerce, qu'on détruise les privilèges, les monopoles, qu'on laisse se développer l'industrie, qu'on ne crée pas d'obstacles à l'activité individuelle, qu'on n'assujettisse pas le travail libre à aucune mesure de surveillance. Tout cela peut s'obtenir par une bonne législation sociale et

1. *Actes du 1er Congrès d'Anthropologie criminelle,* discours de M. le prof. LACASSAGNE, p. 167.

2 ROMAGNOSI, *Genesi del diritto penale,* § 1021 et suivant jusqu'à 1155.

économique, et par une sage administration de la justice.

La *seule action positive* que Romagnosi demande à l'Etat, ce sont *des lois sévères et inexorables contre l'oisiveté, et une surveillance active et continuelle des classes dangereuses de la société*. L'oisiveté est pour lui un *vrai délit social*, mais, pour la rendre inexcusable, il faut donner du travail à quiconque en demande. « Il est donc nécessaire que l'autorité publique donne de l'ouvrage payé, ou bien qu'elle indique des moyens sûrs et pratiques pour en obtenir » (§ 1098).

Romagnosi, avec un optimisme que l'expérience a toujours démenti, croit que le nombre de ceux qui demanderaient du travail serait *peu important et diminuerait tous les jours* (§ 1102). La dépense, selon lui, serait donc peu de chose ; — mais, se hâte-t-il d'ajouter, — quand même elle devrait être *forte*, l'Etat devrait la supporter, en considérant qu'elle est aussi obligatoire que le maintien des armées. « En effet, si les armées nous défendent des ennemis extérieurs et éloignés, qui nous attaquent ouvertement, les établissements dont nous parlons (ceux de travail public) nous défendent des ennemis intérieurs, qui sont là tout près de nous, et nous attaquent en cachette, en nous tenant toujours dans une pénible anxiété. »

Ce dernier principe, énergiquement combattu par Malthus et par beaucoup d'autres économistes, et qui, selon le premier, est en opposition manifeste avec les maximes de l'offre et de la demande, n'a pas encore été résolu en théorie, peut-être comme pense Fouillée [1], à cause des exagé-

---

1. Fouillée. *La Philanthropie scientifique.* — *Revue des Deux-Mondes*, 15 septembre 1882.

rations contraires des socialistes, des économistes et des darwinistes.

« Certainement, dit-il, l'Etat ne peut s'engager d'une manière générale et vague, à donner des places ou du travail à tous ceux qui en demandent, même au médecin sans malades, à l'avocat sans causes, au poète sans lecteur ; il ne peut se faire non plus quincaillier, marchand de modes, fabricant de meubles, décorateur d'appartements. Il ne peut en un mot se substituer à l'individu, ni créer artificiellement pour lui des emplois, ni faire continuer artificiellement la production de tels ou tels objets déterminés au moment même où le chômage révèle que cette production avait été excessive et devait s'arrêter [1].

» D'un autre côté, il ne devrait accorder son secours aux individus valides que sous des conditions déterminées, entre autres, surtout, celle de renoncer au mariage pour ne pas accroître le nombre des indigents. »

Ces questions sont très graves et elles nous entraîneraient trop loin. A part la question du travail donné par l'État, on ne peut qu'approuver les idées de Romagnosi. Mais on a dernièrement tâché de spécifier davantage des cas de prévention des crimes de la part de l'État, en supprimant ou en rendant moins fréquents certains faits sociaux qui en sont d'ordinaire les causes occasionnelles.

Le législateur devrait examiner si parmi les institutions, les usages et les préjugés du peuple, il y en a qui sont des occasions de criminalité ; et, les ayant découverts, il devrait par des lois spéciales, les détruire, ou du moins faire

---

1. A. FOUILLÉE, *La propriété sociale et la démocratie*, p. 134, Paris, 1884, libr. Hachette.

en sorte qu'il en dérive un mal moins grand. « Il devrait, dans l'ordre législatif, économique, politique, civil, administratif et pénal, depuis les plus grandes, jusqu'aux plus petites institutions, avoir toujours pour but de donner à l'organisme social un ajustement tel que l'activité humaine puisse en être continuellement dirigée vers la voie opposée à celle du crime ; et cela, en ouvrant les portes aux énergies individuelles, en entravant celles-ci le moins possible, et *en diminuant les tentations et les occasions de commettre des crimes* [1]. »

A ces moyens de prévention indirecte, M. E. Ferri donne le nom de *substitutifs de la peine*. « Autant vaudrait dire, — remarque M. Tarde, — *substitutifs du crime*. » Ni l'un ni l'autre mot n'est peut-être exact.

Il peut paraître étrange de voir un équivalent du crime dans une action gouvernementale qui, *entre autres effets*, pourrait avoir celui d'en empêcher la manifestation ; — encore plus, d'y voir un équivalent de la peine, qui ne paraît qu'après le délit. Mais, sans nous arrêter à une question de mots, examinons la valeur des propositions pratiques qui nous viennent de M. Ferri.

Il recommande la *liberté d'échange* qui, en évitant la hausse anormale du prix des denrées alimentaires, prévient bien des troubles criminels : l'abolition des *monopoles* qui fait disparaître non seulement la contrebande, mais encore plusieurs autres espèces de délits ; l'*abolition de certains impôts* qui sont une cause continuelle d'agitation ; — il réclame (comme Despine et Lombroso), *des*

1. E. FERRI, *Nuovi orizzonti del diritto e della procedura penale*, p. 376. Bologne, 1884.

laxes sur la fabrication et sur la vente de l'alcool, dont l'abus est une des causes de l'appauvrissement, de maladies et de crimes dans la classe ouvrière ; — la *substitution de l'or et de l'argent* aux billets de banque, dont la fausseté est moins reconnaissable, afin de diminuer la criminalité relative ; — la *construction de maisons ouvrières à bon marché* ; — les *institutions de prévoyance et de secours* pour les invalides ; — les *caisses d'épargne*, etc., qui, améliorant la condition des pauvres, font diminuer les délits contre la propriété ; — la *construction de rues larges dans les villes, l'amélioration de l'éclairage nocturne*, qui rendent plus difficiles les vols et autres attentats ; — *l'enseignement des idées de Malthus,* qui feraient diminuer les infanticides et les avortements volontaires ; — de *meilleures lois civiles*, sur la succession, le mariage, la reconnaissance des enfants naturels, la recherche de la paternité, l'obligation de dédommagements pour les promesses de mariage, le divorce, excellents antidotes du concubinage, de l'infanticide, de l'adultère, de la bigamie, de l'uxoricide, des attentats à la pudeur ; — *de meilleures lois commerciales*, sur la responsabilité des administrateurs d'une société, sur la procédure des faillites, sur les réhabilitations, etc., pour rendre plus rares les banqueroutes ; — la *surveillance des fabriques d'armes*, pour diminuer l'usage de ces engins de destruction ; — les *jurys d'honneur* contre le duel ; *l'abolition des pèlerinages ;* le *mariage des ecclésiastiques, la suppression des couvents, l'abolition de plusieurs fêtes, l'institution d'exercices hygiéniques*, les *bains publics*, les *théâtres*, les *asiles pour les enfants abandonnés*, la *défense des publications contraires aux mœurs*, et des *procès célèbres*, la *défense*

aux jeunes gens d'entrer dans les salles des tribunaux,
et d'autres mesures semblables, qui peuvent agir sur la moralité publique en général, et plus spécialement, contre
certains délits de différents genres.

Il est bien loin de ma pensée de disconvenir de l'immense utilité d'une législation bien entendue sur la criminalité ; mais, il faut avant tout se garder de l'utopie que le
législateur puisse transformer de telle sorte le milieu que
les tentations ou les occasions de délit disparaissent.
M. Ferri, d'ailleurs, reconnaît lui-même qu'une grande
partie de la criminalité dépend de bien autres causes que
celles que nous venons d'énoncer, et que, partant, les
mesures qu'il propose ne sauraient qu'y faire.

Ensuite, si le législateur a le devoir de se préoccuper de
l'effet que les lois peuvent produire sur la criminalité, *il ne
peut pas négliger d'autres intérêts qui ne sont pas moins
importants*. Il ne peut pas absolument sacrifier tout au but
unique de supprimer les tentations pour ceux qui ont des
penchants criminels.

Après cette considération d'ordre général, il faut distinguer, parmi les propositions de M. Ferri, celles qui ont un
but éducatif ou d'économie sociale, ou qui seraient des
améliorations des lois existantes, de celles qui tendent directement à supprimer les occasions de certains délits. Les
premières sont un effet naturel et constant de la civilisation, et on peut en espérer une moralisation graduelle du
peuple ; partant, une diminution des mauvais penchants et
des vices.

Quant aux autres, elles ne sauraient avoir qu'une action limitée sur quelques spécialités criminelles. M. Ferri
propose de supprimer quelques défenses (impôts, mono-

poles, etc.) et d'en créer d'autres (fêtes, débits de boissons, etc.)

Or, que l'abolition d'une défense fasse cesser les méfaits
qui découlent *directement* de la violation de cette défense,
cela est évident. Si vous supprimez les barrières de la
douane, il n'y aura plus de contrebandes. Mais, au contraire, chaque prohibition nouvelle aura certainement ses
transgresseurs, et il y aura par conséquent de nouveaux
genres de délits, qui n'existaient pas auparavant.

En outre, toutes ces défenses que l'on peut supprimer
ou remettre en vigueur *à la volonté* du législateur ne
regardent pas *directement le délit naturel*, dont j'ai donné
précédemment la définition, et qui forme seul l'objet de
nos présentes études. La contrebande, ni toute autre transgression à des réglements spéciaux, le délit *purement*
politique, ni même tout fait qui ne blesse pas les sentiments
altruistes, dont j'ai parlé dans les premiers chapitres,
n'ont rien à faire avec le délit naturel.

Les nouvelles prohibitions, ou la suppression des anciennes, ne peuvent avoir qu'une influence *indirecte* sur
les délits naturels.

Le cabaret, par exemple, ne produit pas l'homicide,
mais il invite à se réunir les buveurs et les joueurs, parmi
lesquels il peut surgir une querelle, qui peut se changer
en rixe, au cours de laquelle un homicide peut avoir lieu.
On pourrait dire la même chose, à peu près, de ce qui,
pour les classes supérieures, est l'équivalent du cabaret :
les cafés et les *clubs*. Au milieu de ceux-ci mêmes peuvent
naître des antipathies et des haines et, par suite, des injures et des duels.

D'autres usages ou des institutions, qui sont des condi-

tions *sine qua non* d'un délit spécial, sont des faits sociaux
permanents. Si l'argent n'existait pas, il n'y aurait pas
de faux-monnayeurs. Si le mariage n'existait pas, il n'y
aurait pas de bigamie. On peut en dire autant de toutes
les autres institutions d'ordre économique, politique,
familier, religieux, qui sont essentielles pour la vie d'une
société.

Il est donc tout à fait inutile de porter la question dans
ce domaine. D'ailleurs, il ne s'agirait, selon M. Ferri, que
d'écarter les causes *les plus fréquentes* de délits venant de
certaines habitudes, ordinairement dangereuses, et que l'on
peut interdire ou borner avec un avantage général. Il dit
même, avec Ellero, à propos de certaines institutions libérales, qu'on doit « voir d'abord, si ce n'est pas un mal
bien moindre de supporter ces institutions avec leurs inconvénients, que de perdre tout le bien qu'elles peuvent
apporter ; et surtout ne pas oublier que le droit est inséparable de la société, et que le délit, qui est précisément
la violation du droit, est inséparable de celui-ci. L'abus de
la liberté humaine existera toujours ; il s'agit seulement de
la réduire aux moindres proportions possibles. »

On pourrait cependant se servir d'arguments fort semblables à l'égard de certaines propositions du même auteur, touchant l'ordre économique, politique et domestique.

Le libre échange, pense-t-il, prévient beaucoup de dé-
sordres criminels, tandis que le monopole de certaines
industries en produit d'autres. Cela est vrai, mais qui est-
ce qui pourrait conseiller à un État, pour cette seule
considération, d'abolir les droits d'importation ou de
renoncer à des monopoles utiles ?

La prohibition du mariage pour les militaires est souvent

une cause de liaisons illicites, de séductions et d'abandons. Mais est-ce qu'un gouvernement pourrait renoncer aux avantages incalculables d'une armée composée de célibataires ?

D'un autre côté, quand même on changerait en beaucoup de matières la loi ou l'usage, serait-on bien sûr ensuite que la décroissance d'une criminalité spéciale ne serait pas compensée par l'accroissement d'une autre ?

Quand vous aurez enlevé aux gens du peuple les divertissements des fêtes, n'aurez-vous pas augmenté leur isolement et diminué par là leur sociabilité ? Ne se ressentiront-ils pas plus vivement de leurs fatigues, qui n'auront pas été interrompues par une heure de joie sans soucis ? Et leur caractère devenu plus sombre, plus triste, peut-être plus haineux, n'offrira-t-il pas un nouveau danger de crime ?

Par l'autorisation du divorce aurez-vous peut-être aboli la jalousie ? Mais celle de l'époux, chassé de chez lui, et resté sans famille, ne sera-t-elle pas plus terrible encore ?

Enfin, de semblables mesures amèneraient-elles immanquablement le résultat qu'on en attend, si l'on songe à la résistance presque invincible de l'usage invétéré ?

Lombroso et d'autres, pour combattre l'alcoolisme, ont invoqué le fisc, en proposant des taxes très élevées sur les boissons alcooliques. Mais la France nous a donné l'exemple de l'inefficacité de ces mesures. Dans ce pays, comme Ferri lui-même le remarque, les impôts sur les alcools ont été redoublés d'un coup, rien que par les lois de 1871 et de 1872, et cependant on a vu la consommation des boissons alcooliques croître de jour en jour. C'est pourquoi cet auteur conclut en manifestant l'espérance que, comme il est arrivé de l'ivrognerie dans les classes supérieures, de même, cette « plaie terrible de l'alcoolisme, que l'on ne peut guérir tout d'un coup, » deviendra, *par les progrès de la civilisation*, moins fréquente dans les plus basses classes.

Un moyen de prévenir directement le mal qu'il produit, serait de fermer et de prohiber absolument les débits de boissons spiritueuses, moyen déjà proposé par Despine. Mais, c'est en vain que l'on espérera une pareille réforme en Europe [1]. Il serait plus aisé d'employer une mesure moins radicale, comme la *restriction graduelle* des débits, buvettes et cabarets, pour en arriver, dans un temps déterminé, à un nombre fixe de patentes, comme *maximum*, pour chaque commune.

La Hollande en a donné tout récemment un exemple. Bien que l'impôt y eût été porté, en quelques années, de 22 florins à 57 florins par hectolitre, l'augmentation continuelle de la consommation de l'eau-de-vie préoccupait sérieusement le pays. D'une consommation de 224,285 hectol. en 1854, on était arrivé en 1881, à 328,000 hectol., c'est-à-dire qu'au lieu de 7[l] 08 par habitant, on avait 9[l] 81. Le gouvernement prit l'initiative de porter remède à ce vice, qui « produisait non-seulement la ruine morale et physique de beaucoup d'individus, mais menaçait même la vie de famille, l'ordre et la sûreté publique » ; car il sem-

---

1. Je dis en Europe, car dans plusieurs contrées de l'Amérique on a eu l'énergie de *prohiber absolument la vente de toute boisson alcoolique*. Dans l'Etat du Maine, cette mesure fit diminuer sensiblement, en quelques années, la misère, la mendicité et les délits. Douze autres Etats de l'Union se hâtèrent de suivre l'exemple du Maine. — DESPINE, *De la folie*, etc., édit. citée, page 104.

blait « étrange que tandis que l'on donnait à l'État la mission de prendre soin de l'éducation publique, à l'aide des
écoles, de la prospérité publique en favorisant le commerce, de la sûreté publique au moyen des prisons, d'un
autre côté on lui refusât le droit de mettre obstacle à un
des plus terribles ennemis de l'éducation, de la prospérité
et de la sûreté publique [1] ».

Conformément à ces idées, un projet de loi fut présenté,
voté par les Chambres et promulgué le 28 juin 1882, —
qui établissait *un chiffre maximum pour les patentes
à accorder* pour *chaque commune, moyennant une taxe*,
et les dispositions étaient prises pour que, dans le terme
de vingt ans, la loi pût avoir sa pleine exécution ! Des
peines étaient portées contre les ivrognes et tous ceux qui
exciteraient à l'ivrognerie. Au bout de six mois, cette loi
commença à produire ses bons effets. De 45,000 débits qui
existaient en 1879, le nombre descendait à 32,983, et la
recette des taxes sur l'eau-de-vie diminuait de 100,000 florins tandis que la consommation de la bière et du sucre
augmentaient.

La Hollande nous a donc prouvé qu'un gouvernement
ferme et prudent peut coopérer à atténuer un vice tellement répandu qu'un député a pu dire : qu'il fallait « laisser
déguster tranquillement à un ouvrier ses deux petits
verres d'eau-de-vie (*schnapps*) par jour [2] ».

Pourquoi ne pas suivre cet exemple-là où le vice est le
plus récent, et par conséquent, plus facile à extirper ? En

1. Rapport du Ministre MODDERMANN. — V. *Zeitschrift für die gesammte
Strafrechtswissenschaft*. — 3ᵉ B. — 4ᵉ tt. Das niederländische Gesetz von
28 Juin 1882, von Prof. DRUCKER in Groningen.

2. *Zeitschrift*, etc., broch. citée p. 580.

Italie, par exemple, l'accroissement des buvettes, cabarets et tavernes est rapide. Pour en donner un exemple, ces dernières s'accrurent, à Milan, de 1872 à 1877, du chiffre de 848 [1]. Dans les provinces romaines et méridionales, où la consommation des boissons spiritueuses n'est pas grande, le vin produit à la santé un mal sans doute bien moins grand, mais bien supérieur par rapport à la sûreté sociale, à cause de l'excitabilité extraordinaire de la population. Nul doute qu'on ne doive rejeter sur lui beaucoup de crimes sanglants, et la preuve en est donnée par le fait que, dans la province de Naples, après la liberté absolue donnée aux cabarets en 1876, et qui en augmenta considérablement le nombre, les blessures et les coups volontaires s'accrurent, de 1,577, en 1877, à 2,191 en 1878 et à 3,349, dans l'année 1879 [2].

Ce serait donc une mesure très sage que de borner le nombre des patentes à un maximum pour chaque localité, avec une forte taxe et des dispositions transitoires semblables à celles de la Hollande, dans le but de restreindre graduellement le nombre des débits existants.

Pour en revenir maintenant à la théorie de Ferri, remarquons que plusieurs autres mesures parmi celles indiquées par lui, sont hors de la sphère d'action de l'Etat, tels que : *l'expulsion du sein des sociétés ouvrières des membres adonnés à l'ivrognerie, la diffusion de divertissements hygiéniques à bas prix, les sociétés de tempérance un peu moins arcadiques, l'abolition de payer les ouvriers*

---

1. Dans la même période, les bouteilles de spiritueux et de liqueurs qui furent importées en Italie, s'accrurent de 17,876 à 27,883. — *Arch. di psich. scienze penali*, etc., vol. IV, 2º dispense, p. 273, Turin, 1883.

2. TURIELLO, *Governo e governati*, ch. III, p. 368, Bologne, 1883.

*en une seule fois, à la veille du dimanche, les maisons
ouvrières à bon marché, les sociétés coopératives de secours mutuels, les banques populaires, les comités de
bienfaisance, l'exercice de la médecine de la part des
femmes, la diffusion et l'application des idées de Malthus. »*

Or, il est clair que, dans toutes ces choses-là, si l'influence du gouvernement n'est pas entièrement nulle, du
moins est-elle très bornée. Il n'est donc point ici question
de réformes législatives, mais tout dépend du progrès naturel de la civilisation, du développement de la prévoyance,
et de l'épargne, enfin, de l'initiative privée.

Dire que par « ces moyens » la criminalité décroîtrait,
c'est exactement comme si l'on disait qu'une société mieux
élevée au travail et aux idées d'ordre et de prévoyance,
produit moins de délits, ce dont personne ne saurait
douter.

Lors même que dans quelques-unes de ces questions
(certainement non point dans l'application de la *réserve
malthusienne*), le Gouvernement pourrait prendre quelque
ingérence, il serait très douteux de voir ses efforts couron-
nés de succès. Et, d'ailleurs, cette intervention ne saurait
être conseillée par une saine politique.

Que reste-t-il donc à l'œuvre législative et administra-
tive? Les mesures législatives pour prévenir le délit ne
peuvent se rapporter généralement *qu'à une bonne police,
à une bonne administration de la justice, et à développer
indirectement l'éducation morale publique*, laquelle s'oppose à l'accroissement de certaines habitudes vicieuses, qui
sont ordinairement la cause de crimes et de délits. Elles ne
peuvent agir directement sur ces habitudes que dans quel-

ques cas particuliers, comme pour le port des armes, les débits de liqueurs, les cabarets, les jeux de hasard, etc. Hors ces cas, on ne saurait conseiller à l'État une intervention trop grande ni trop assidue dans l'exercice des droits individuels, ce qui, tout en ayant le but de prévenir la plus grande quantité possible de crimes, se traduirait en une violation insupportable de la liberté, et serait la cause de nouvelles révoltes.

Donc : des écoles dirigées par des maîtres intelligents et moraux, l'institution d'asiles d'éducation, d'établissements agricoles pour les enfants pauvres ou abandonnés ; défense de publications ou de spectacles obscènes ; défense aux jeunes gens de fréquenter les salles des cours criminelles ; restriction de la liberté des hôtelleries ; l'oisiveté interdite ; surveillance des personnes suspectes ; de bonnes lois civiles ; une procédure prompte et peu coûteuse.

Voilà les seuls moyens *indirects* de prévention contre les crimes et délits, qui soient dans les facultés d'un gouvernement.

III

Mais après avoir fait leur part à ces moyens indirects de prévention, il faut passer aux *peines*, dont quelques sociologues, M. Ferri entre autres, croient le pouvoir de *prévention* fort limité, pendant que d'autres leur attribuent la plus grande influence. De part et d'autre, on a des exemples historiques sous la main : d'un côté, des châtiments féroces qui n'ont pas pu empêcher la répétition fréquente de certains méfaits ; d'un autre côté, des répressions sanglantes qui ont presque fait disparaître quelques espèces de crimes.

Je crois que la question pourrait être résolue, si l'on se souvenait ici des *différentes classes de criminels*. On s'apercevrait alors que les *grands criminels*, dénués de tout sens moral et qui sont capables d'assassinat ou de vol, indifféremment, ne sauraient faire grand cas des châtiments dont la loi les menace ; ils sont trop imprévoyants, trop abrutis, trop peu sensibles pour pouvoir apprécier la honte de la prison, ou la souffrance plutôt morale que physique de la liberté perdue. La peine de mort a tout au plus le pouvoir d'effrayer quelques-uns d'entre eux ; mais du moment qu'ils la voient appliquée trop rarement, ils commencent à ne plus la craindre [1].

Quant à la classe des criminels impulsifs, qu'ils soient tels par tempérament et névroses, ou par l'excitation des boissons alcooliques, on s'est trop hâté de déclarer que les menaces de châtiments sont tout à fait inutiles pour eux. L'effet des menaces est sensible même sur les aliénés, comme les médecins nous l'assurent. Quoique la réflexion soit abolie, il peut se produire chez les criminels impulsifs un contre-mouvement, non moins irréfléchi, qui dépend de l'idée vague d'un mal qui les menace s'ils se laissent aller à leur passion. Seulement les peines qui peuvent faire un effet sur leur imagination ne sont pas, à coup sûr, les

1. Dans la séance du 10 mars 1865 de la Chambre des Députés en Italie, l'hon. Conforti raconta l'histoire d'un complot de vol avec assassinat qui fut déjoué par la terreur de deux exécutions capitales ayant eu lieu le jour même qui avait été fixé pour le crime.

soi-disant châtiments de nos législateurs modernes. Il faudrait que le mal fût très grave et qu'il fût immédiat pour
qu'on en obtienne quelque chose de ces individus. Si l'on
était sûr qu'en frappant un homme de la main, cette main
se détacherait immédiatement et tomberait à terre, il est
vraisemblable que bien des mouvements qu'on croit irrésistibles ne le seraient plus ; peut-être bien que le mot
« soufflet » disparaîtrait à peu près du langage ordinaire
et qu'il ne serait plus qu'un archaïsme.

Qu'on ne réponde pas à cela que les châtiments atroces
du moyen-âge n'étaient pas plus utiles que les présents.
D'abord, les statistiques nous manquent pour pouvoir établir un parallèle ; et puis l'incertitude de la peine était
bien plus grande alors, à cause des moyens infinis d'y
échapper, — tels qu'immunités, protection de grands sei-
gneurs, — et du fonctionnement peu régulier de la police
et de la justice.

Quant aux malfaiteurs de profession, la question doit
être envisagée à un point de vue différent ; ces gens calculent assez exactement les chances d'échapper à la peine,
et ils la bravent assez hardiment, parce qu'il faut bien
risquer quelque chose dans ce métier comme dans tous les
autres ; et il y en a de bien plus dangereux qui ne manquent pourtant pas de travailleurs. Il faut convenir pourtant que l'offre est d'autant plus grande que les risques
sont moindres et les bénéfices plus sûrs. Mais nous reviendrons tout à l'heure sur ce sujet.

Pour ces malfaiteurs, les lois pénales ne sauraient
donc avoir qu'un effet de *prévention* très limité ; leur
but principal ne peut être que l'*élimination* ; de quelque
manière qu'elles s'y prennent, elles ne pourraient faire

manquer totalement l'ouvrage ni décourager tout à fait les
ouvriers ; pour qu'elles soient vraiment agissantes, il faut
qu'elles en diminuent le nombre en supprimant ceux qui
tombent au pouvoir de la justice.

D'un autre côté, il y a la criminalité *endémique*, celle
qui est due principalement à des préjugés sociaux, à des
habitudes anciennes ou nouvelles d'une classe sociale, à
des traditions populaires. C'est ici précisément que la rigueur des châtiments peut produire d'heureux effets, dans
le but de la prévention. La Corse en a offert un exemple
récent, par la décroissance rapide des meurtres. En 1854
deux lois y furent promulguées, l'une pour défendre
absolument le port d'armes, l'autre contre les recéleurs de
bandits. Quinze années de ces mesures exceptionnelles y
produisirent les plus heureux effets. Le désarmement de
la population entière avait porté surtout un coup qu'on
croyait décisif aux traditions sanguinaires. Malheureusement ces lois ayant été abolies en 1868, la criminalité re-
commence à s'accroître. Les magistrats ont fait ressortir
dans leurs discours « l'infériorité de la situation actuelle
comparée à celle de la Corse *pendant les quinze années où
elle a subi la bienfaisante injure d'être placée en dehors
du droit commun* »[1]. A Naples, les coups de rasoir dont
des amants malheureux ou trahis défigurent le visage des
jeunes filles, qui ne veulent pas ou n'ont plus voulu d'eux,
avaient presque cessé en 1844, à la suite d'une loi spéciale,
qui menaçait les coupables de treize ans de galères. Ils
ont recommencé après le code de 1859, qui a établi des
peines beaucoup moins fortes à la suite de l'institution des

1. A. BOURNET, *La Criminalité en Corse.* Lyon, 1887.

Cours d'assises. Le nombre en est tel qu'on a été obligé de les soustraire au jury et de les faire juger par les tribunaux correctionnels, afin de ne pas centupler les débats criminels, et aussi, pour que la condamnation soit moins incertaine. Mais cela a produit d'autres inconvénients : la liberté provisoire, d'abord, qui, selon la procédure italienne, est due à presque tous les inculpés de *délits*, pendant l'instruction, et jusqu'à ce que la procédure soit close par un **arrêt** de la Cour de cassation (les inculpés ne manquant jamais de se pourvoir à cette Cour), — ce qui diminue de beaucoup l'effet terrorisant de la justice ; — ensuite, l'application de simples peines correctionnelles au lieu de peines afflictives. Tout cela a eu l'air d'une demi-impunité, et voilà que le coup de rasoir est tellement à la mode qu'il y a des villages aux environs de Naples, où pas une seule jeune fille, à moins que sa laideur ne la sauvegarde, n'a chance d'y échapper, si elle ne se résigne à épouser le premier venu qui lui en fait la proposition.

La même chose est arrivée pour les coups de révolver, qu'on échange dans les rues ou dans les cabarets de cette ville. On a été forcé, par leur fréquence incroyable, de les soustraire au jury ; ainsi donc, de ne pas les considérer comme des tentatives de meurtre, quoique le plus souvent, de malheureux passants en soient les victimes. On les châtie par quelques mois de prison, ceux qui se servent du révolver avec tant de facilité, quelquefois par une simple amende, et pas un seul jour ne se passe sans que les journaux ne racontent deux ou trois de ces histoires.

Dans ces cas et dans d'autres semblables, il faut attribuer le mal principalement à la légèreté du châtiment. Car, *il ne s'agit pas ici de malfaiteurs d'habitude*, qui

le bravent quel qu'il soit, parce que c'est un risque inhérent à leur métier. Il s'agit d'hommes, qui, tout en étant
dépourvus de certains sentiments altruistes, *ne deviennent
criminels que dans une situation donnée,* pour laquelle
ils trouvent un usage barbare qui ne leur répugne pas, et
que, partant, ils s'empressent de suivre. Mais, quoique
leurs instincts les poussent à cette solution, ils pourraient
tout aussi bien y renoncer, si elle leur présentait trop
de *désavantages.* Or un désavantage très grand serait une
peine inévitable et très grave qui troublerait à jamais
leur existence, qui renverserait tous leurs projets d'avenir,
qui enfin les réduirait à une condition de vie inférieure.
C'est ce que ne feront jamais quelques années de prison
correctionnelle, surtout si on peut compter avec les
chances d'un deuxième jugement en appel et d'un arrêt
favorable de la haute Cour, et avec la liberté provisoire
en attendant, qui laisserait d'ailleurs toujours aux condamnés le choix d'un exil volontaire.

On comprend aisément que la sévérité de la loi n'est pas
sans influence en pareil cas. Même chose serait à dire
pour grand nombre de délits d'un autre genre, ceux, par
exemple, qu'on ne peut commettre que dans une *position
particulière,* par exemple une *fonction publique.* Une
malversation, une concussion d'un employé du gouvernement, un faux commis par un notaire, la corruption d'un
juge, peuvent être la conséquence d'un calcul : d'un côté,
la perte d'un emploi, de l'autre côté, une forte somme à
gagner. Or, la balance pourra peser plus facilement du
côté de l'honneur et de la probité, si on ajoute à la
perte de l'emploi l'impossibilité de jouir de la somme ga-
gnée.

Par des exemples de ce genre, qu'on pourrait multiplier, on voit qu'il ne faut pas se hâter de refuser à la peine toute action de prévention générale ou indirecte, mais qu'il faut distinguer un genre de délinquants sur lesquels ce pouvoir peut être généralement exercé par elle, d'une autre classe qui ne peuvent le ressentir que plus faiblement.

L'absence de moralité, ou même les instincts criminels, étant répandus bien plus largement qu'on ne pense, il faut faire en sorte que le délit soit désavantageux, et que la conduite honnête soit le parti favorable. L'adoucissement des peines peut donc être une vraie source de criminalité.

Quand on pense que dans la première moitié de ce siècle, la haute criminalité avait été réduite à des chiffres peu alarmants dans les pays civilisés de l'Europe, et que dans la seconde moitié elle a fait des pas de géant, on ne saurait se défendre de penser que la première de ces deux époques avait été précédée par des siècles où la peine capitale avait été prodiguée sur une vaste échelle. Et que précisément ces cinquante ans qui ont précédé notre époque, ont assisté à la transformation du système et à l'adoucissement progressif de la pénalité, que l'on poursuit encore aujourd'hui sans relâche et qui a été proclamé par les juristes comme un grand progrès civil. Voyons les faits :

En France, de 1828 à 1884, les assassinats se sont accrus de 197 à 234, les infanticides de 102 à 194, les attentats à la pudeur contre les enfants de 136 à 791, les délits de droit commun (c'est-à-dire exception faite pour ceux qui sont prévus par des lois spéciales) de 41,000 environ

à 163,000 environ, les coups et les blessures de 8,000 à
18,000, les vols de 9,000 à 33,000, les escroqueries de
1,171 à 6,371, les délits contre les mœurs de 497 à 3,397,
le vagabondage de 3,000 à 16,000 environ, et presque tous
ces chiffres se sont encore augmentés en 1884, de sorte
que le mouvement est loin de s'arrêter. Et pendant ce
temps la population qui, en 1826, était de 31 millions
ne s'est augmentée que de 7 millions, puisqu'elle était
de 38 millions en 1884. Il est donc évident que l'augmentation de la criminalité n'a pas été proportionnelle
à la population, mais qu'elle a été immensément plus
forte.

Or, c'est précisément dans cette période de plus d'un
demi-siècle que beaucoup de peines ont été adoucies, que
l'indulgence des jurés est devenue de plus en plus grande,
que les circonstances atténuantes ont été prodiguées, que
les nouveaux enseignements des criminalistes ont appris
aux juges qu'ils ne devaient pas se placer au point de vue
social, qu'ils devaient se préoccuper surtout de l'amendement du coupable, qu'ils devaient considérer toutes les
circonstances qui avaient pu diminuer sa responsabilité
morale, et frapper enfin, mais doucement, presque pater-
nellement.

C'est ainsi que petit à petit, on en est venu à donner
aux peines l'air de ces corrections disciplinaires qu'on inflige dans les collèges aux enfants désobéissants ; et même
elles sont beaucoup moins dures que ces dernières, car les
règlements de nos prisons ne permettent de se servir ni
du jeûne, ni de l'obscurité.

Enfin, la disparition presque totale de la peine de mort
pour la haute criminalité a eu un effet réflexe sur toute

la criminalité inférieure. Le simple fait que cette peine existe et que de temps en temps elle est appliquée, est un frein pour tous les hommes ayant des penchants criminels, car ils ne peuvent connaître exactement les limites dans lesquelles on l'applique. Tout ce qu'ils savent c'est que *l'Etat a le pouvoir de tuer certains criminels*. Seront-ils de ce nombre ? Ils ne peuvent être sûrs du contraire. Ils se font ainsi une idée beaucoup plus sérieuse de la force de la loi [1]. On peut même dire de la peine de mort, qu'*elle effraie plus fortement ceux qu'elle ne menace* pas *directement*, c'est-à-dire les criminels *inférieurs*, les moins imprévoyants, les moins abrutis, les moins insusceptibles de dominer leurs passions.

Un député italien, avocat de sa profession, déclara dans un discours à la Chambre, que plusieurs fois des prévenus de blessures lui avaient avoué qu'ils auraient tué leur ennemi, s'ils n'avaient craint la potence [2].

Je citerai un fait dont j'ai presque été témoin. Dans une petite ville du midi de l'Italie, trois condamnations à mort venaient d'être prononcées par la Cour d'assises, à de brefs délais. Quelques jours après la dernière, un homme, ayant vu passer son ennemi devant sa maison, a été pris d'un accès de fureur, s'est emparé d'un fusil, a visé, mais tout à coup on l'a vu déposer son arme sans faire partir le coup et on l'a entendu s'écrier : « C'est que la Cour vient de rétablir la peine de mort ! » — Or cet homme s'il avait tiré, n'aurait été punissable, d'après les

1. Voir Turiello, *Governo e Governati*, ch. iii, Bologne, 1884, Ed. Zanichelli.

2. *Séance du 8 mars 1865*, discours de M. Chiaves.

lois italiennes, que des travaux forcés, car il s'agissait de
meurtre et non d'assassinat. Mais en se souvenant des
condamnations à mort si récentes, dans son trouble, il n'a
pas pu faire cette distinction. C'est ce qui a sauvé une
vie humaine ! Est-ce que la crainte qu'il avait de la loi
aurait été la même, s'il avait su que même pour les plus
grands méfaits; *l'État ne peut jamais punir* que par la
prison ou par la maison de force ?

D'ailleurs, en Italie de même qu'en France, on a fait
l'expérience de l'adoucissement des peines. Dans l'ancien
royaume de Naples où les lois étaient beaucoup plus sévères, où il n'y avait point de jury, ni de circonstances
atténuantes non déterminées par la loi même, où, enfin,
on appliquait assez fréquemment la peine de mort, la criminalité était bien moins forte qu'aujourd'hui ; elle s'est
accrue immensément depuis que le *progrès* a changé tout
cela. En effet, en 1832, il y avait eu 169 assassinats, et 205
en 1833. En 1880, leur nombre s'est accru à 375. Les parricides, entre autres, ont plus que triplé, car de 5 ils se
sont accrus à 18. Les meurtres, *y compris* les involontaires, étaient 669 en 1832 et 696 en 1833. Ils sont arrivés
à 1061 en 1880, *non compris* les involontaires. Or en 1833,
les *condamnations à mort* avaient été 95, dont plusieurs
avaient été exécutées, — en 1880, avec un nombre plus
que double d'assassinats il n'y en a eu que 40, *dont pas
une n'a été exécutée* [1] !

Qu'on juge d'après ces chiffres, du relâchement général
de la répression. Les circonstances atténuantes qu'on ac-

1. Il n'y a pas de proportion entre cet accroissement de crimes et celui
de la population. Celle-ci était, en effet, d'environ 6 millions en 1833 et elle
dépassait de peu 7 millions en 1880.

corde dans la proportion de 80 pour cent, ont permis de punir par des peines temporaires, souvent correction- nelles, des meurtriers et même des assassins. En 1876, dans toute l'Italie, pour 51 assassinats et pour 8 vols avec assassinat on n'a infligé que des peines correctionnelles !

Croira-t-on que l'accroissement rapide des crimes de sang dans le midi de l'Italie soit tout à fait indépendant d'un pareil relâchement de la justice ? Pour ma part je ne puis le croire, d'autant plus qu'il ne s'agit pas d'un phé- nomène isolé.

Dans toute l'Italie il y a eu accroissement général de la criminalité depuis 1863, c'est-à-dire depuis qu'on a com- mencé à s'apercevoir de l'adoucissement de la pénalité.

En 1863 il y a eu jugement en Cour d'assises pour 12 parricides ; 22 en 1869 ; 34 en 1870 ; 39 en 1880. Meurtres de la femme par son mari ou *vice versa:* 15 en 1869 ; 38 en 1870 ; 92 en 1880. Infanticides : 44 en 1863 ; 52 en 1869 ; 51 en 1870 ; 82 en 1880. Assassinats : 285 en 1863 ; 419 en 1869 ; 450 en 1870 ; 705 en 1880.

Depuis 1860 jusqu'à 1870 le chiffre des crimes punis- sables par la mort s'est accru de 22 pour 100 ; celui des crimes punissables par les travaux forcés à perpétuité, de 64 pour 100.

La statistique des prisons nous montre un accroisse- ment graduel, depuis 1862 jusqu'à 1880. Pour en donner un exemple, en 1863, les condamnés à l'emprisonnement étaient 10,424 hommes et 778 femmes. En 1880 ils étaient 18.928 hommes et 1,435 femmes. Les condamnés au bagne étaient 9,300 en 1862 ; en 1882 ils étaient 17,715. Les con- damnés à la maison de force se sont accrus dans la même période, de 5,893 hommes et 344 femmes à 13,524 hommes et 1,229 femmes. Enfin, les condamnés à la peine dite *Casa di custodia* (prison pour les délinquants jeunes ou faibles d'esprit), de 390 en 1862, sont arrivés au nombre de 990 en 1882. Le chiffre *total* des *condamnés* à des *peines criminelles*, qui était de 15,037 en 1862, est monté à 32,538 en 1832, c'est-à-dire qu'il a doublé dans l'espace de vingt ans.

Enfin, le chiffre des *condamnés à perpétuité* qui, en 1870, était de 2,945, est arrivé, en 1883, à 5,363, ce qui signifie que dans l'espace de treize ans seulement il a presque doublé.

Depuis 1881 on croyait avoir remarqué une tendance à la diminution. Mais on s'est aperçu malheureusement qu'il ne s'agissait que de légères oscillations, et que l'arrêt dans la marche progressive de la haute criminalité est bien loin encore de se déclarer.

On peut faire si l'on veut le tour de l'Europe ; on remarquera presque partout un accroissement, pas si frappant peut-être que celui de la France et de l'Italie, mais toujours très sensible, très supérieur surtout à l'accroissement de la population.

En Belgique, par exemple, l'accroissement de la criminalité est manifeste de 1850 à 1875 ; d'une moyenne de 20,428 condamnés dans la première période, on passe, dans la dernière, à celle de 25,072. De 1832 à 1839, on a eu comme moyenne annuelle, 557 accusés de crimes ; 1,218 de 1840 à 1849 ; 2,576 de 1850 à 1855 ; 2,771 de 1856 à 1860 ; 2,813 de 1861 à 1867 ; — la moyenne des individus jugés pour délits a été de 23,564 dans la première période, et de 37,462 dans la seconde. La progression a continué dans les années 1868-75, pendant lesquelles l'accroissement de la haute criminalité a même été plus sensible, puisqu'elle a excédé de beaucoup celui de la population [1].

L'accroissement des homicides, qui de 1841 à 1868 ont varié de 40 à 70 par an, est surtout digne de remarque ; tandis que de 1868 à 1875, leur nombre s'est toujours maintenu au-dessus du dernier chiffre, en se rapprochant de 100, et même en dépassant ce chiffre.

En Prusse, le nombre des détenus dans le courant de l'année 1878-79, comparé avec la moyenne des huit années précédentes (1871-78-79), s'est accru en raison de 13,3 pour 100. De 1854 à 1878, il y a eu une augmentation très sensible dans les homicides, les infanticides, les blessures. Pour en donner une idée, les meurtres, qui, en 1854, étaient 242, sont arrivés, par un accroissement progressif, à 518 en 1880. En somme, les attentats contre la vie en 1854, donnaient une instruction sur 34,508 habitants ; ils donnaient en 1878, une instruction sur 26,756 habitants. (*W. Slarke, Verbrechen und Verbrecher in Preussen*).

Nous avons parlé plus haut (v. p. 133) de l'accroissement de la récidive dans plusieurs pays d'Europe. Ajoutons qu'en Autriche elle est en augmentation continuelle (soit de 42 pour 100 en 1871 et de 45 pour 100 en 1880), et particulièrement celle des jeunes gens au-dessous de vingt ans.

Dans la Carinthie, de 1859 à 1881, il y a eu une progression constante, qui a porté les crimes et délits de 1,186 à 2,326 (*V. Rivista penale*, vol. XVI, 3e et 4e fascic.).

---

1. Rapports sur la statistique pénale belge cités par Beltrani-Scalia, *La rif. penit.* — V. aussi AGUGLIA, *L'impotenza della repressione penale*, 1884.

En Espagne, la récidive masculine, qui dans la période de 1859 à 1862 était de 10 pour 100, est montée, dans la période de 1879-81, à 24 pour 100. De 1875 à 1880, en outre, la somme totale des affaires criminelles, s'est augmentée de plus du tiers, savoir 94,574 dans la première période, et 146,277 dans la seconde. De 1868 à 1874 on a eu 159 condamnations à mort, et 50 exécutions ; de 1875 à 1881 les premières furent 213 et les exécutions 125. Cela prouve un accroissement dans les méfaits les plus atroces. Il n'y a que l'Angleterre où la criminalité présente un mouvement inverse, constaté depuis plusieurs années. Par une décroissance constante, le nombre moyen des détenus qui était par jour de 20,833 en 1878, est descendu jusqu'à 15,375 en 1886 [1]. Or, l'Angleterre est précisément le pays où les théories pénales modernes ont eu le moins d'influence, où la peine de mort est appliquée fréquemment et les autres peines sont sévères.

On aurait tort, sans doute, d'attribuer l'accroissement, presque général, de la haute criminalité en Europe, uniquement à l'impression moins forte de nos pénalités modernes. Il faut y reconnaître sans doute, l'effet de plusieurs causes sociales et législatives. Et quant aux peines, *ce n'est pas seulement leur pouvoir de prévention qui a diminué, c'est aussi leur pouvoir d'élimination* qui est devenu presque nul, du moment qu'il est reçu maintenant que la peine typique ne doit être que temporaire, et que même des peines criminelles peuvent être infligées pour un temps très court, trois ou cinq ans par exemple, presque jamais plus de douze ou quinze ans. C'est ce qui

1. *Rivista di Discipline carcerarie*, fasc. 5, 6, p. 343, Roma, 1887.

permet la récidive des malfaiteurs les plus endurcis ; c'est ce qui rend possible dans nos sociétés civilisées le spectacle du meurtrier récidiviste pour la deuxième ou la troisième fois, du voleur et de l'escroc de profession, gens qui ne cesseront leurs agressions que lorsqu'ils *ne pourront* plus les répéter parce qu'un *obstacle matériel* les en empêchera ; gens qu'il est ridicule de délivrer de la prison après l'expiation de leur soi-disante peine.

Un écrivain français concluait son tableau de la criminalité par ces graves paroles :

« La criminalité se localise en devenant une carrière... *Le malheur est que le métier de malfaiteur soit devenu bon,* qu'il prospère, comme le prouve l'accroissement numérique des délits et des prévenus, même abstraction faite des récidivistes et des récidives... A quoi cela tient-il, en général, qu'un métier quelconque soit en voie de prospérité ? D'abord, à ce qu'il rapporte davantage ; puis, à ce qu'il coûte moins ; enfin, et surtout, à ce que l'aptitude à l'exercer et la nécessité de l'exercer sont devenues plus fréquentes. Or, *toutes ces circonstances se sont réunies pour favoriser l'industrie particulière qui consiste à spolier tous les autres...* Les profits se sont accrus et les risques ont diminué, au point que *dans nos pays civils la profession de voleur à la tire, de vagabond, de faussaire, de banqueroutier frauduleux, etc., sinon d'assassin, est une des moins dangereuses et des plus fructueuses qu'un paresseux puisse adopter* » [1].

Les choses ne se passent pas différemment en Italie.

---

1. G. TARDE, *La Statistique criminelle du dernier siècle.* (*Revue philosophique*, janvier 1883).

Les bénéfices sont élevés. Dans une seule année la somme des dommages pécuniaires est montée à 14 millions de francs; et il faut noter que les dommages causés par les banqueroutes ne sont pas compris dans ce chiffre. Ces 14 millions ne se rapportent qu'à des fraudes, à des vols simples, et à des vols de grand chemin, etc. Cette somme est donc passée aux mains des voleurs, des escrocs, des assassins, et n'a été restituée qu'en très petite partie. Dans les jugements de cour d'assises touchant des crimes contre la propriété, les jurés ont admis l'existence de 6 millions 124 mille francs de dommages, en attestant la culpabilité de 4,290 accusés, ce qui donnerait une moyenne d'environ 1,400 francs dérobés par chaque voleur[1]. Si l'on réfléchit que le 60 0/0 environ des auteurs de vols restent inconnus ou bien sont acquittés faute de preuves suffisantes, on verra que le métier est réellement supérieur à presque tous les autres, notamment si l'on tient compte de l'impossibilité pour un ouvrier honnête d'obtenir en une fois une somme qui dépasse le salaire d'une semaine.

Les probabilités d'impunité sont tellement nombreuses que celui qui n'aurait pas d'autre motif pour s'abstenir du délit, ne peut vraiment pas s'en laisser détourner par la pensée de la justice. Le nombre des coupables qui échappent à la justice, ajouté à celui qui est resté inconnu dès l'origine, à l'autre pour lequel les charges relevées n'ont pas été jugées suffisantes, et enfin au chiffre de ceux qui furent acquittés dans le jugement, peut être évalué en Italie à 55 p. 100 environ[2].

1. *Statistica penale del Regno d'Italia*, 1880.
2. Les juges d'instruction rendent ordonnance de non-lieu pour insuf-

Donc le délinquant, et en particulier le filou, le voleur, l'escroc, le faussaire, puisque ces méfaits donnent le contingent le plus nombreux d'auteurs inconnus, a plus de cinq probabilités sur dix de n'être point châtié, quand même le délit aura été découvert et que la dénonciation en aura été faite, ce qui dans les vols, escrocs, abus de confiance, etc., n'arrive pas une fois sur dix [1].

Le risque de la découverte du crime est éloigné, celui de la condamnation tout autant, celui de l'expiation de la peine encore plus.

A la suite du premier jugement, pour ceux qui sont condamnés par les assises, il y a espoir de cassation et par conséquent, de l'acquittement dans un nouveau jugement ; enfin, l'espérance de la grâce, qui réduit ou modère la peine ; et pour les condamnés des tribunaux correctionnels, il y a l'appel, qui suspend la sentence, et laisse en liberté provisoire celui qui s'y trouve. Et, après la confirmation en appel, le condamné peut se pourvoir en cassation, et jouir ainsi de sa liberté quelquefois même pendant un ou deux ans après le premier jugement.

Enfin, quand les choses tournent mal, s'il demeure dans

fisance de charges dans la proportion de 30,91 0/0 des prévenus. Or, pour ce qui est des crimes, il faut ajouter à ce percentage le 7,37 des chambres d'accusation, et le 24,43 0/0 des accusations non admises par les jurés. Calculer, en outre, sur le 10 0/0 de cassations, le 24 0/0 d'acquittements dans le jugement de renvoi. Quant aux prévenus en matière correctionnelle, il faut ajouter au 30,91 0/0 le 14,19 d'acquittés en première instance, et le 18,05 en appel ; enfin, sur la totalité des procédures annulées en cassation, calculer un percentage identique d'acquittements dans le nouveau jugement.

1. MINZLOFF (*Caractères des classes délinquantes*, dans le *Messager jur.* de Moscou, 10e disp., 1881), évalue à 82 0/0 le nombre total des délinquants qui restent impunis.

une grande ville, où il est peu ou point connu et nullement surveillé par la police, il pourra s'emparer du nom d'un honnête homme, moyennant l'extrait d'un acte de naissance qui ne lui coûtera que le prix du papier timbré[1], et sous l'égide de ce nom sans tache, il vivra tranquille aussi longtemps que bon lui semble.

Il faut donc dire que l'on n'entre pas en prison, sans beaucoup de bonne volonté[2].

Mais la bonne volonté ne manque pas à plusieurs, et d'un autre côté, les récidivistes dans certaines espèces de délits et ceux qui sont sous la surveillance de la police, ne sont pas admis à la liberté provisoire. C'est ce qui fait que les prisons correctionnelles sont peuplées.

Mais pour ces gens sans aveu, récidivistes, surveillés de police, qu'importent trois mois ou six mois d'emprisonnement ?

La chanson sicilienne est bien connue :

> Celui qui dit du mal de la Vicaria[3]
> Il faudrait lui déchiqueter le visage !
> Celui qui dit que la prison punit
> Comme il se trompe, pauvre diable[4] !

1. Voir à ce sujet, BERTILLON, *Question des récidivistes*, dans la *Revue politique et littéraire*, Paris, 28 avril 1883.

2. TURIELLO en citant l'affaire du prêtre de Mattia, lequel jouit de la liberté provisoire tant que l'affaire fut considérée comme correctionnelle, et prit la fuite aussitôt qu'elle devint criminelle, dit : « Il prouva ainsi que les moyens manquent dans notre procédure actuelle, de prendre les malfaiteurs riches et puissants, sauf peut-être dans quelques cas de flagrants délits. » *Governo e Governati*, ch. III, p. 338, en note.

3. Prisons de Palerme.

4.
> *Cu dici male di la Vicaria*
> *Cci furrissi la faccia feddi-feddi*
> *Cu dici cà la carcere castia*
> *Comu v'ingannati, puvireddi !*

Et cette autre :

« C'est ici seulement que tu trouves tes frères et tes amis,
de l'argent, bonne chère, et une paix joyeuse ; au dehors tu
es toujours au milieu de tes ennemis, si tu ne peux pas travailler, tu meurs de faim[1]. »

Supposons que dans le pays des fables un roi austère
défende tout commerce amoureux, toute *flirtation* auprès
des femmes mariées ; et que le châtiment dont le coupable
est menacé soit la défense de sortir pendant quelques
semaines du *club*, un hôtel magnifique avec jardin et ter-
rasse, où ce monsieur trouvera ses meilleurs amis, ses
compagnons de table et de jeu, qui, loin de le blâmer pour
ce qu'il a fait, seraient bien aises au contraire d'en
faire autant ! Dans cet entourage sympathique il est sûr
qu'on se moquera bien de la loi absurde et de la peine
infligée. Qui est-ce qui ne sera pas pris d'un fou rire en
songeant que l'on pourrait prétendre qu'à la suite d'un
semblable châtiment, cet individu ne recommencera pas
sa vie ordinaire et ne fera plus ces mêmes choses pour
lesquelles il a été puni ?

Or, le cas est précisément le même pour les hôtes habituels des prisons. Ils sont là avec leurs amis, avec leurs
camarades ; ils ont le logement et la nourriture gratis ; ils
lient de nouvelles connaissances, qui pourront leur être
utiles pour l'avenir. Pourraient-ils désirer mieux ? Chez
eux ils ne mangent, ni ne dorment pas mieux que cela !

---

1.   *Qua sol trovi i fratelli e qua gli amici,*
            Danari, ben mangiare e allegra pace ;
            Fuori sei sempre in mezzo ai tuoi nemici ;
            Se non puoi lavorar muori di fame !

LOMBROSO, *L'Uomo delinquente*, p. 218, Turin, 1878.

Il en est de même pour les bagnes. Les vieux malfaiteurs, après une vie agitée et laborieuse, ne cachent point
combien ils sont satisfaits d'avoir enfin mérité un abri si
commode.

Quant aux épouvantables travaux des galériens, trop
souvent l'objet de la commisération des romanciers sen-
timentals, qui n'ont jamais visité un bagne, il est bon
que l'on sache que la plupart, en Italie du moins, sont
occupés à tricoter ! Que l'on compare la dureté de ce
travail avec celle des ouvriers dans les usines ou des
paysans sous les rayons brûlants du soleil, et que l'on
dise ensuite si la parole « travaux forcés » n'est pas une
amère ironie [1] !

Mais supposons encore que les délinquants souffrent de
la privation de leur liberté ou bien de l'isolement de la
cellule [2] ; supposons même que la peine représente pour
eux un mal véritable. Ils la subiront avec résignation,
avec une tranquillité philosophique, avec le regret de
s'être laissés prendre et le projet d'éviter dans une seconde *opération* les erreurs de la première.

1. « Sans doute la vie des maisons de force *comme vie matérielle* est supérieure à celle que *la plupart des condamnés* sont habitués à mener en
liberté. » BELTRANI-SCALIA, *Ouvr. cit.*, p. 294.

2. Jusqu'à présent il n'y a, en Italie, que les villes de Milan, Turin,
Cagliari et Pérouse qui aient des prisons cellulaires. Toutes les autres sont
construites d'après l'ancien système des chambres communes, et dans
beaucoup il n'y a aucune séparation entre les prévenus et les condamnés.
Parmi ces derniers, un grand nombre attendent pendant plusieurs années
d'être envoyés dans telle ou telle maison de force, mais bien souvent le
terme arrive avant qu'ils aient expié leur peine.

En France, en 1887, il n'existait que 14 prisons départementales construites ou adaptées en vue du régime cellulaire, et 7 en voie de construction. Les premières ont, en tout, 600 cellules. Le 31 décembre 1884, il y
avait en France 25,231 détenus, dont 10,087 étaient désœuvrés (D'HAUSSON-
VILLE, dans la *Revue des Deux-Mondes*, 1er janvier 1888, p. 135).

Mais qui pourra penser sérieusement à se transformer pour cela en honnête homme ? Qui est-ce donc qui abandonne son propre métier à cause de ses inconvénients déjà bien connus ? Est-ce qu'il n'y a pas des métiers honnêtes, recherchés même, qui presque certainement abîment la santé pour toujours ? — n'y en a-t-il pas d'autres continuellement exposés à des catastrophes ? Et tandis que l'on défie souvent la mort dans beaucoup de fonctions publiques, peut-on espérer que les malfaiteurs renoncent à leurs bénéfices par la terreur d'un court emprisonnement ?

D'un côté donc, le risque peu éloigné, de l'autre le mal peu sensible, et partant peu craint : — que l'on juge si la menace de la prison peut être un frein pour celui qui n'en a pas d'autres, pour celui qui a déjà perdu sa réputation d'honnêteté, si nécessaire dans toutes les classes, à la vie sociale, pour celui qui a été déclaré publiquement coupable d'un crime honteux !

C'est la terreur du mot « voleur » qui peut contenir les tendances rapaces. Mais quand ce mot a été jeté à la figure d'un homme, avec un châtiment à sa suite, tout, le plus souvent, tout est fini. La prison ne crée peut-être pas la récidive, comme on l'a dit, mais évidemment, elle ne saurait y mettre obstacle.

Il s'ensuit que l'*adoucissement des peines dans la durée est une erreur*, parce qu'une plus courte ségrégation pour les délinquants habituels, se traduit en un plus grand nombre de délits. On en a fait l'expérience, en Italie après l'amnistie de 1878 qui réduisait de six mois toutes les peines, et pardonnait celles d'une durée inférieure. La recrudescence de la criminalité fut alors très sensible dans toute l'Italie, comme on le voit par la statistique de l'année suivante.

Et il est reconnu que l'accroissement universel de la récidive est dû au courant de modération qui domine partout. La criminalité étant concentrée, en grande partie, dans une seule classe de personnes, son accroissement ou sa décroissance dépendra, pour une part proportionnelle, de la possibilité ou de l'impossibilité que ces personnes auront de commettre des crimes.

Il est douteux d'ailleurs, si la menace des peines les plus graves du système pénitentiaire peut retenir en quelque sorte les malfaiteurs les plus endurcis. Dans la Suède, par exemple, le Roi a l'usage de faire grâce aux condamnés à perpétuité, quand pendant dix ans, ils se sont bien comportés dans la maison de force, et pourvu qu'une personne digne de confiance leur ait offert du travail. Un condamné à vie d'excellente conduite et qui trouve un honnête protecteur ! Qui est-ce qui, de prime abord, pourrait dans ce cas-là douter de l'amendement ? Outre cela, la grâce est toujours accompagnée de la condition, que si celui qui a été libéré, commet un nouveau délit *il reprendra les travaux forcés à perpétuité.*

Donc à la présomption de l'amendement on ajoute la menace d'une peine très grave. Et pourtant malgré « cette épée de Damoclès toujours suspendue sur la tête des grâciés, les récidivistes dans cette classe sont très nombreux et, en 1868, ils atteignirent la proportion énorme de 75 p. 100, c'est-à-dire que sur 4 condamnés grâciés, 3 ont dû à cause de nouveaux méfaits, rentrer à la maison de force, pour y continuer leur peine [1] ».

1. D'Olivecrona, *Des causes de la récidive et des moyens d'en restreindre les effets,* p. 46 et 47. Stockholm, 1873.

Cet exemple me remet en mémoire une autre observation. D'après les statistiques des prisons de l'Italie, en 1880, parmi ceux qui ont été libérés des maisons de peine soit parce qu'ils ont fini d'expier leur condamnation soit parce qu'ils ont été grâciés, 2,181 avaient eu une *bonne conduite*, 583 *une conduite médiocre*, et 172 *une mauvaise conduite* [1].

Nous ne savons pas pendant combien de temps on a fait l'expérience de la bonne conduite, et chez nous le forçat libéré n'a pas un protecteur, comme en Suède. D'un autre côté, la bonne conduite de la prison consiste seulement dans l'*obéissance* et dans la *tranquillité*, et même ces qualités sont ordinairement *simulées* dans le but d'obtenir une réduction de la peine.

Mais encore si, avec une naïveté primitive, on supposait l'amendement des premiers 2,181 (dont les trois quarts seraient des récidivistes en Suède), qu'y aura-t-il à espérer des autres 583 qui ont eu une conduite médiocre, et des 172 de mauvaise conduite? Est-il besoin d'être prophète pour dire qu'ils seront tous récidivistes? Et faut-il s'étonner si, en Angleterre, en 1871, sur 37,884 prévenus récidivistes, le 38 p. 100 du total, il y en avait un bon nombre qui comptaient *plus de cinq récidives*, et un nombre assez rond qui *avaient dépassé la dixième*? Les premiers étaient, en effet, 10,982, et les autres 3,678 [2].

La France est bien près des mêmes conditions : « Les sept dixièmes des individus en état de récidive légale, dit

1. *Annali di statistica*, 1880; *Prigioni*, planche III, F.
2. LOMBROSO, *L'Uomo delinquente*, p. 143, 2° éd., Turin.

M. Cazot, n'ayant vu prononcer contre eux que des peines de moins d'un an d'emprisonnement, le nombre des prévenus récidivistes qui ont été condamnés *deux fois* dans l'année s'est élevé de 6,851 en 1878, à 7,556 en 1879, et celui des prévenus condamnés trois fois au moins, de 2,045 à 2,237. » Le crime quand on l'excite, grandit. Or, la prison, *surtout celle de courte durée*, est une excitation au crime [1]... Les peines brèves permettent cette chose monstrueuse, que l'on plaisante la loi, qu'on la nargue, qu'on badine avec la justice. Pour les pupilles déjà endurcis dans le crime, qu'est-ce qu'une détention de quelques semaines ? Un accident heureux qui leur assure le logement, le vivre et les vêtements. Un temps de repos dans leur vie d'aventure. Mieux que cela. L'été ils se font arrêter dans le nord et l'hiver dans le midi, « tout comme ces gens du monde qui passent le mois d'août à Trouville et le mois de décembre à Nice ». ...A Paris les vagabonds se font arrêter de préférence le mercredi et le samedi parce que le jeudi et le dimanche le menu du dépôt comprend un plat de viande. « Et, alors, montrant du doigt une maison centrale, un ouvrier prononce cette parole grave : *Il y a là des malfaiteurs qui ne manquent de rien. Moi et ma famille nous sommes honnêtes et nous avons peine à vivre* [2]. »

Ducpétiaux remarquait que la récidive fournie par les maisons de force de la Belgique (1851-1860), montait à 70 p. 100, et ajoutait : « Cette proportion peut au premier

---

1. « La moitié des libérés commet de nouveaux crimes ou délits presque au sortir de la prison. » *Rapport du garde des sceaux — Journal officiel,* 13 mars 1883.

2. REINACH, *Les Récidivistes,* p. 126. Paris, 1882.

abord, paraître excessive. Selon nous, elle prouve surtout que ce sont les mêmes individus qui se livrent invariablement aux mêmes offenses, et que la criminalité *tend de plus en plus à se renfermer et à se concentrer dans un cercle défini*[1]. »

En effet, l'accroissement des récidives dans une proportion plus grande que celle de la criminalité tout entière, prouve que la classe des délinquants habituels se multiplie et prospère, tandis que le délit se retire lentement de tout le reste de la population, à mesure que la civilisation avance. Cette hypothèse s'appuie sur la considération que les pays les plus civilisés sont ceux où la récidive est plus grande, — précisément parce que la criminalité y est plus concentrée dans une certaine classe de personnes. La Suède, l'Angleterre, la Belgique et la France offrent plus de récidive que l'Autriche et que l'Italie ; l'Italie septentrionale en offre une supérieure à l'Italie méridionale. La classe des délinquants, par l'effet du progrès de la civilisation, se dessine chaque jour d'une façon plus marquée et toujours plus dissemblable de la population, au milieu de laquelle elle vit et à laquelle elle fait la guerre, une guerre dans laquelle, vainqueur ou vaincue, elle est toujours la spoliatrice, car, libre, elle vit de son butin ; prisonnière, elle vit en parasite.

Mais, cette concentration toujours plus marquée d'une armée d'ennemis communs, devrait rendre beaucoup plus facile la lutte contre le délit. L'organisme n'est pas affecté d'un mal répandu dans toutes ses parties ; les humeurs corrompues du corps ne se mêlent pas au sang ; mais elles

1. BELTRANI-SCALIA, *ouvrage cité*, p. 194.

viennent former une tumeur superficielle. Le médecin devrait en être content.

La France a deviné le remède et l'a résolûment appliqué par sa loi toute récente sur la rélégation perpétuelle des récidivistes. Les autres pays continuent à essayer leurs systèmes pénitentiaires perfectionnés, en répétant toujours les mêmes expériences, et toujours avec le même insuccès.

« Jeter par dessus bord ce qui vous gêne, c'est bien commode, mais cela peut mener loin ! » dit M. Tarde. Il est vrai, cela peut mener loin, mais c'est pour y mettre les limitations nécessaires que nous allons étudier, dans la troisième partie de cet ouvrage, la théorie de l'élimination.

TROISIÈME PARTIE

LA RÉPRESSION

CHAPITRE PREMIER

LA LOI D'ADAPTATION

I

> « J'ai donné le nom de sélection naturelle, ou de
> persistance du plus apte, à la conservation des diffé-
> rences et des variations individuelles favorables, et à
> l'élimination des variations nuisibles. »
> (DARWIN, *Origine des espèces*, IV⁰ chap.)

Nous avons précisé dès le commencement, le sens que
nous donnons au mot « crime » et nous avons déclaré qu'il
ne comprend qu'une partie seulement des actions immo-
rales et nuisibles qu'une société ne doit pas tolérer. Il y
a, d'abord, des attaques directes à la forme du gouvernement, ayant caractère uniquement politique ; il y a encore
d'autres révoltes qui restent en dehors de notre cadre de

la criminalité. (Voir 1ʳᵉ partie, chap. 1ᵉʳ.) C'est l'État qui les réprime tout aussi bien que les crimes proprement dits, mais sans les confondre avec ces derniers, et il se servira de l'effet terrorisant de châtiments plus ou moins graves, selon la nécessité, ayant principalement en vue l'exemple. Ensuite il y a d'autres actes immoraux qui attaquent certaines agrégations spéciales, c'est-à-dire qui violent les règles de conduite nécessaires à l'existence d'une association ayant un but déterminé, la religion, la politique, l'art, un exercice, une activité particulière ; dans ces cas, l'intervention de l'État n'est pas toujours nécessaire, parce qu'une réaction contre ces attaques se produit spontanément dans ces agrégations mêmes, et elle suffit pour y rétablir l'ordre. Un organisme quelconque réagit contre toute violation des lois qui en régissent le fonctionnement naturel ; toute association en fait de même.

L'analogie pourra maintenant nous servir pour déterminer la manière dont l'État, représentant de la société, devrait réagir contre le crime, d'après les lois naturelles. Le crime ou « délit naturel » est, selon la conception que j'ai essayé d'en donner, l'offense faite au sens moral de l'humanité dès qu'elle n'est plus l'esclave de l'instinct bestial ou des passions fougueuses et indomptables de la vie prédatrice, c'est-à-dire dès qu'elle est arrivée aux premières étapes de la civilisation.

En dehors de ce sens intime, profond, universel, se trouve un grand nombre de sentiments appartenant en propre à une certaine classe, à une certaine agrégation d'individus, sentiments qui répondent aux règles d'une morale élevée, plus relative, ou encore simplement à celles du cérémonial, de l'étiquette, de la bonne éducation.

Supposons maintenant qu'un homme, reçu dans une bonne maison, manifeste des vices d'éducation incompatibles avec les habitudes des personnes qui l'ont accueilli. Quelle sera la conduite naturelle de cette famille ? De ne pas l'inviter une seconde fois, de ne plus le recevoir, si, malgré cela, il se présentait de nouveau. Avec un peu plus d'éclat, le membre d'un *club* en sera expulsé, s'il oublie ses devoirs de gentilhomme. Un fonctionnaire public sera destitué s'il se montre indigne de la charge qui lui a été confiée. On peut dire, en général, que quand un homme a encouru par la violation des règles de conduite, qui y sont considérées comme *essentielles*, la réprobation de la classe, de l'ordre, ou de l'association à laquelle il appartient, la réaction se manifeste d'une manière identique, par l'expulsion. Qu'on veuille bien remarquer que je ne parle pas ici d'une violation quelconque, d'une faute quelconque contre laquelle l'association aura établi un châtiment comme sanction de la prohibition ; mais de l'offense faite à la *morale relative de l'agrégation,* au sentiment qui, chez les associés, est ou doit être supposé commun. La réaction consiste dans l'*exclusion du membre dont l'adaptation aux conditions du milieu ambiant s'est manifestée incomplète ou impossible.*

Il faut ajouter que, pour que cette manifestation soit complète, *un fait unique* peut suffire parfois, souvent même.

En effet, les circonstances particulières où l'individu s'est trouvé, sont la pierre de touche pour juger de son caractère. En dehors de ces circonstances, l'éducation et la moralité de la personne peuvent bien n'avoir aucune occasion de se montrer d'une manière assez sensible. Il suffit que l'on ait vu que *dans un seul cas* un individu ne se soit pas comporté comme il lui était imposé par un principe fondamental de convenance ou de morale pour en inférer qu'il place l'une ou l'autre bien au-dessous du plaisir ou du profit égoïstique.

Sans doute, il pourrait se faire qu'une seconde fois, dans un cas semblable, le même individu se soumette à la règle, mais à quoi lui servira cette possibilité, s'il a perdu la confiance que l'on avait en lui par la présomption d'une bonne éducation ou de l'honnêteté qui l'accompagnait, quand il n'y avait aucun motif d'en douter ?

Si, maintenant, à la place d'une offense faite aux sentiments d'un petit nombre, nous mettons une de ces offenses qui choquent le sens moral moyen de la société tout entière, nous trouverons que la réaction ne peut logiquement avoir lieu que d'une manière analogue, c'est-à-dire par *l'exclusion du cercle social*.

De même qu'une bonne maison a expulsé l'homme grossier, aussitôt qu'il s'est fait connaître par un geste ou par une parole ; — qu'une agrégation plus étendue a expulsé l'homme peu délicat ou peu scrupuleux ; la société entière rejettera loin d'elle l'homme délinquant, qui, par une seule action, a révélé son défaut d'adaptation.

Par ce moyen, le pouvoir social produira artificiellement une sélection analogue à celle qui se produit spontanément dans l'ordre biologique, par la mort des individus non assimilables aux conditions particulières du milieu ambiant où ils sont nés ou au sein duquel ils ont été transportés.

Cependant un premier doute surgit lorsqu'on songe au moyen de réaliser cette exclusion de la société. Tandis qu'il est très facile de mettre un individu hors d'un cercle déterminé de personnes, il n'en est pas aussi facile de concevoir le moyen de priver un homme de la vie sociale.

Dans le monde antique chaque pays ne se préoccupait que de sa propre existence. Il contraignait le coupable à s'expatrier, en le privant de tout moyen de vivre chez soi. L'alternative était donc : la mort ou l'exil [1].

Cette seconde forme, qui, d'ailleurs, ne saurait être mise en pratique à cause de la résistance réciproque des États, semblerait être aujourd'hui une réaction insuffisante. Les sentiments de pitié et de probité, qui s'arrêtaient d'abord à la famille, puis à la tribu et au peuple, embrassent aujourd'hui toute l'espèce humaine. — L'idée du crime n'est plus celle d'une offense aux sentiments *nationaux*, elle l'est aujourd'hui d'une violation des sentiments *humains*. La réaction, pour être suffisante, doit donc priver le coupable, non pas de sa patrie seulement, mais de la possibilité *de toute vie sociale*.

La mort des coupables et des rebelles, moyen ordinaire de vengeance ou de terrorisation, a été aussi employé comme le moyen le plus simple et le plus sûr d'élimination. On a trouvé comme équivalent à la peine de mort la *déportation*, qui n'est qu'une sorte d'exil, la seule possible dans les conditions de la civilisation actuelle, mais comme l'exil, incomplète par rapport à la privation de la vie sociale. Elle n'atteint ce but que dans le cas où le

---

1. Les deux peines, à Rome, de même qu'à Athènes, tendaient au même but : « Capitalia sunt ea quibus pœna *mors aut exilium est*, hoc est aquæ et ignis interdictio, *per has enim pœnas eximitur caput de civitate.* » D. Liber XLVIII, tit. 1er, *De pub. jud.* § 2. — Thonissen, *Droit pénal des Athéniens.*

condamné serait transporté dans un lieu tout à fait désert. Mais une solitude absolue est inconciliable avec la vie de l'homme. Les Robinsons finissent toujours par trouver des êtres humains. On ne saurait imaginer qu'il y ait dans l'Océanie, une île par où un navire ne pourrait jamais passer. Un autre équivalent est la *réclusion perpétuelle*, mais celle-ci laisse au délinquant la possibilité de la fuite et celle du pardon. *Il n'y a donc pas d'autre moyen absolu, complet d'élimination que la mort.*

Ici je n'entends point discuter la question de la peine capitale, mais la défendre seulement d'une critique qu'on pourrait faire à l'aide des mêmes principes que nous venons d'établir.

On peut remarquer : « Le crime révèle l'homme impropre à la vie sociale. Il faut donc le priver de la *société*, non pas de la vie *animale*. Donc, par la peine de mort, on excède dans la réaction. »

Cette objection aurait été juste pour Rousseau qui imaginait un état *naturel* de l'homme *différent de l'état social*. Mais aujourd'hui l'on ne saurait admettre d'autre état naturel en dehors de celui de la société, quel que soit le degré auquel celle-ci soit parvenue dans son évolution. Un homme ne peut être absolument privé de la vie sociale que par la mort ; transporté sur une plage entièrement déserte, dans les sables du Sahara ou au milieu des glaces polaires, s'il s'y trouve tout seul et isolé, il y périra infailliblement ; s'il y rencontre d'autres êtres humains, il jouira d'une vie sociale, quelque rudimentaire qu'elle soit. D'ailleurs, puisque le but de l'homme c'est la vie sociale, à quoi bon lui conserver l'existence physique, s'il ne doit jamais plus reprendre sa place dans la société ? L'*irrévo-*

cabilité, épouvantail par lequel on combat cette peine, est à mon avis, ce qui lui donne *le plus de valeur*. Car la réaction commence et finit en un même instant, sans laisser aucune porte ouverte à la fausse pitié.

Nous avons déjà dit plus haut pourquoi la peine de mort ne blesse qu'apparemment le sentiment de pitié ; nous avons montré que, s'il y a identité entre le *fait* du crime et celui de l'exécution, il n'en existe pas entre les *sentiments* provoqués par l'un et par l'autre. (Voir Iʳᵉ partie, ch. IIᵉ, II). Mais cela ne s'applique qu'à un petit nombre seulement de criminels, ceux qui sont tout à fait dénués de *ce même sentiment de pitié* qui est organique ou congénital chez l'homme normal des races supérieures de l'humanité ; de sorte que l'individu qui en est dépourvu représente une vraie monstruosité psychique, qui, partant, éloigne la sympathie d'où découle la pitié. Cet individu s'est placé en dehors de l'humanité en rompant, comme dirait le Dante, *lo vincolo d'amor che fa natura;* rien ne pourrait dorénavant le relier à la société, laquelle a donc le droit de s'en défaire.

Au contraire, le sens moral de l'humanité repousse la peine de mort appliquée à d'autres malfaiteurs, ceux qui ne nous paraissent pas inexplicables, ceux dont l'anomalie psychique n'est pas si grande, enfin ceux qui, tout en étant différents de nous, ne nous paraissent pas des monstruosités morales. Ce sont les criminels de la *deuxième* espèce, que nous avons distingués des *grands criminels instinctifs* (voir IIᵉ partie, ch. Iᵉʳ) c'est-à-dire, d'abord ceux qui sont caractérisés par une *mesure insuffisante du sentiment de pitié*, et qui, comme nous l'avons dit, « n'ayant pas une répugnance bien forte pour les actions

criminelles, peuvent en commettre sous l'empire des préjugés sociaux, politiques, religieux ; ou qui peuvent y être
poussés par un tempérament passionné ou par l'excitation
alcoolique » ; — ensuite, ceux qui sont *dénués de probité*,
sentiment plus récent, moins enraciné dans l'organisme,
dû non seulement à l'hérédité, mais en grande partie à la
tradition, aux exemples de la famille et du milieu ambiant ;
de sorte que ceux qui en sont dépourvus, même totalement, nous paraissent des produits du mal social, plutôt
que de la nature même, des misérables, plutôt que des
monstres ; quoique dans leurs instincts moraux il y ait
une lacune, ils ne cessent pas pourtant d'être nos semblables ; quoiqu'ils nous soient nuisibles, nous ne pouvons
nous résoudre à nous en débarrasser en les tuant.

L'expérience historique nous en offre un exemple fameux. Elle nous dit comment les lois de Dracon furent
abrogées aussitôt après son archontat, par son successeur,
par respect pour la conscience publique, que ces lois
blessaient encore plus que les méfaits. — De même, dans
des temps moins éloignés de nous, quoique la peine de
mort fût établie par la loi, elle a toujours soulevé l'indignation publique lorsqu'elle a été appliquée à certains
crimes, qui ne portaient qu'en partie atteinte au sens
moral.

Il est bien aisé d'expliquer cette révolte de la conscience
populaire.

L'homme est, par sa nature, un être sociable ; il fait
partie de la société, sans avoir contracté avec elle aucun
engagement. Il se trouve au milieu d'elle parce qu'il ne
peut se trouver ailleurs, et quoi qu'il fasse, il y a nécessité
qu'il y reste, sauf le cas d'une *anomalie*, qui, en lui en-

levant le caractère de la sociabilité, rendrait pour lui, exceptionnellement, l'adaptation *impossible*.

C'est pour cela que, dans la société humaine, l'absence des qualités *essentielles* pour la vie en commun change la nécessité de vie sociale dans la nécessité opposée, celle de la rupture de tout lien avec l'individu inassimilable. Et c'est précisément dans cette idée de la nécessité que celle du droit se résout. L'individu a droit à la vie sociale, parce qu'il en a nécessité, mais cette nécessité doit dépendre de celle de la société même. L'individu ne représente qu'une molécule de cette dernière [1]; par conséquent il ne peut faire valoir son droit, quand sa conservation mettrait en danger celle de l'organisme social.

Pourtant il n'est pas dit qu'une pareille nécessité existe dans chaque cas d'offense aux sentiments moraux de l'agrégation; elle existe seulement dans les cas où cette violation devient le symptôme d'une *anomalie psychique permanente* qui rend le délinquant *pour toujours insusceptible* de la vie sociale.

Or, une insusceptibilité de ce genre ne peut être affirmée que pour les criminels de la première espèce, ceux qui, — comme nous l'avons déjà dit, — sont capables de commettre des meurtres « pour des motifs exclusivement égoïstes, sans aucune influence de préjugés, sans aucune

1. C'est là la réponse qu'on peut adresser à M. D'ARAMBURO qui, dans son ouvrage : *La Nueva ciencia penal* (Madrid, 1887), remarque à propos de mes idées sur ce point, qu'on établit par là la raison du plus fort, la prévalence du nombre. Loin de là, car il ne s'agit ni de force ni de nombre; ce ne sont pas les autres parties qui étouffent la partie viciée; c'est l'organisme qui élimine les éléments corrompus; la chose est bien différente et cette différence se montre clairement aux intelligences non prévenues par les doctrines individualistes.

complicité du milieu social. » On ne saurait l'affirmer pour tous les autres criminels ; et c'est pour cette raison que la peine de mort ne peut être appliquée qu'aux premiers, pour qu'elle ne révolte pas la conscience sociale.

Quant aux autres, une adaptation est toujours possible, mais il s'agit de trouver le milieu dans lequel elle sera probable.

Il y a des sujets incompatibles avec tout milieu civilisé ; leurs instincts sauvages ne pouvant se soumettre aux règles de l'activité pacifique, ce qu'il leur faudrait, ce serait la vie des hordes errantes ou des tribus primitives. Pour en garantir la société, il n'y aurait donc que deux moyens : les enfermer pour toujours ou les expulser à jamais. Le premier serait beaucoup trop cruel en plusieurs cas ; c'est l'autre moyen qui est bien préférable lorsqu'une nation possède des colonies, des terres encore dépeuplées, où l'activité malfaisante ne serait d'aucune utilité, pendant que la conservation de l'existence serait à tous les instants l'aiguillon du travail, qui en est la condition absolue. Donc, c'est par la déportation qu'il faut éliminer les voleurs de profession, les vagabonds, et, en général, tous les malfaiteurs habituels. C'est dans des conditions d'existence tout à fait nouvelles que leur adaptation à la vie sociale deviendra possible. On peut en citer bien des exemples historiques [1].

Pour d'autres délinquants, ceux qui, tout en n'ayant pas de répugnance pour les actions cruelles, ne les commettent que sous l'influence du milieu social qui les entoure immédiatement, tels que les auteurs de crimes ayant carac-

1. V. REINACH, *Les récidivistes*. Paris, 1882.

tère *endémique*, il est évident que l'élimination ne doit pas être absolue, qu'elle doit être limitée par les conditions de temps et de lieu. La rélégation est toujours la forme préférable, parce que, tout en éloignant le sujet du milieu délétère, elle n'en détruit pas l'activité, elle ne le dégrade pas comme la prison.

Pour les jeunes délinquants qui peuvent être encore rendus à l'activité honnête, l'élimination doit toujours être relative. Les colonies agricoles de l'Europe septentrionale ont fait merveille. La France même en compte plusieurs expériences favorables [1].

Il y a enfin des cas où l'expulsion peut être limitée à la situation sociale du délinquant, comme l'interdiction perpétuelle de la profession ou du métier qu'il exerçait et dont il s'est rendu indigne, ou la privation des droits civils ou politiques dont il a abusé.

Voilà autant de modalités de l'élimination, qui sont non moins logiques que l'exclusion absolue du criminel de tout rapport social ; tout dépend de la possibilité plus ou moins grande d'adaptation au milieu, et des conditions qui rendent cette adaptation probable.

Or, en descendant toujours des faîtes de la criminalité, on arrive à une classe de délinquants, dont l'anomalie morale est difficile à caractériser. Quoiqu'ils aient commis un délit, un vrai délit naturel, et que, partant, ce sont des êtres inférieurs, on ne peut pas les déclarer dépourvus de sens moral. Quoique leur délit prouve l'insuffisance de l'un des sentiments altruistes, il a été dû principalement

1. Voir, pour la description de ces colonies, D'OLIVECRONA, *Des causes de la récidive*, p. 167-190. Stockolm, 1873.

à l'entraînement de circonstances vraiment exceptionnelles, ou à une situation qui ne se répètera probablement pas.

Supposons, par exemple, le cas d'un abus de confiance
de la part d'un homme ayant un métier honnête ou des
ressources suffisantes, et dont ni la conduite précédente,
ni les conditions d'existence ne semblent devoir l'entraîner
au crime. Sans doute on ne dira pas pour cela qu'il s'agit
d'un homme normal. Non, assurément, car rien de plus
inexact, à mon avis, que l'adage : « *L'occasion fait le
larron.* » Je pense que la formule vraie serait : « *L'occasion fait en sorte que le voleur puisse voler.* » Car une
condition *sine quâ non* de chaque attentat à la propriété
d'autrui, c'est toujours un défaut du sentiment inné de la
justice, ou plus précisément, de l'instinct de la probité.
Malgré cela, si l'occasion a été exceptionnelle, presque
unique, la société ne sera-t-elle pas considérablement
rassurée pour l'avenir ? Car, si l'individu dont il s'agit,
nonobstant son infériorité morale, n'a pas cédé aux occasions ordinaires, s'il ne s'est laissé entraîner que par
une occasion qui ne se répètera probablement pas, ne
faudra-t-il pas dire que, tout en n'étant pas honnête, cet
individu n'est pas un danger continuel pour la société ? Il
ne le sera pas surtout s'il s'aperçoit que son premier délit
n'a été pour lui d'aucune utilité ; qu'il lui a été, au contraire, très nuisible, parce que non seulement le bénéfice
qu'il en attendait a été tout à fait nul, mais qu'en outre,
il a dû supporter une perte de son propre argent.

C'est ce qu'on peut réaliser en forçant le coupable à
réparer le dommage matériel et moral causé par son délit, soit en lui faisant payer une somme d'argent, soit

en l'obligeant à travailler au profit de la partie lésée.

Même chose serait à dire du vol non qualifié, de la banqueroute, de la fraude, du dégât volontaire à la propriété, de la dévastation, de l'incendie de bois, de foin, de récoltes, des coups et blessures en rixes, de la diffamation et des injures, des légers outrages à la pudeur, etc., lorsque le coupable se trouve dans des conditions semblables à celle de l'auteur d'abus de confiance dont nous venons de parler, c'est-à-dire que ni sa conduite précédente ou actuelle, ni ses conditions d'existence semblent devoir faire prévoir une rechute dans le délit. Du moment que le mal est réparable, et que le coupable le répare, l'élimination serait excessive et cruelle. Voilà donc qu'il paraît une nouvelle forme de la répression sociale, la *réparation*, et elle sera suffisante en plusieurs cas, pourvu qu'elle soit pleine et entière, à savoir que l'évaluation du mal à réparer ne soit pas limitée au dommage matériel, mais qu'on tienne compte des *souffrances*, des *anxiétés*, des *ennuis même* supportés par la partie lésée. En outre, comme il n'y a pas que cette dernière d'offensée, mais que la société tout entière souffre moralement du délit, et en est matériellement endommagée par les impôts dont l'État doit surcharger la population afin de payer les agents de sûreté publique et les juges, — il faut que la réparation ne s'arrête pas au dédommagement du plaignant, mais qu'une amende soit payée à l'Etat. C'est à ces conditions qu'en p'usieurs cas l'élimination pourra être fort avantageusement remplacée par la réparation, pourvu que le dédommagement soit exigé par des moyens bien autrement énergiques que ceux de la procédure actuelle, de sorte que le coupable, s'il est solvable, ne puisse s'y soustraire, et s'il est insolvable ou qu'il simule l'insolvabilité, il soit obligé à travailler au bénéfice de l'offensé.

Une théorie qui est l'exagération de celle-ci a été ébauchée par Herbert Spencer. Ce grand philosophe a proposé de faire dépendre la durée de la peine du temps que le coupable mettra à réparer le dommage produit par le délit, pourvu qu'une personne honorable le prenne sous sa protection en promettant de le rendre à l'autorité aussitôt qu'il le voit se détourner du droit chemin. C'est ainsi — Spencer le croit — qu'on aurait une sorte de *régulateur automatique :* les coupables des crimes les plus détestables ne trouveraient jamais de garants ; leur réclusion serait donc perpétuelle ; les récidivistes en trouveraient fort difficilement ; quant aux auteurs de délits légers ou excusables, le mal réparé, ils seraient exempts de peine, par la garantie que leur bonne réputation leur procurerait aisément [1].

Le défaut de cette théorie est, à mon avis, l'oubli des principes généraux de la philosophie même dont Spencer est le représentant. S'il avait songé à appliquer à la criminalité les lois de l'adaptation et de la sélection, il aurait compris la nécessité de distinguer les classes des criminels d'après leurs caractères psychologiques, afin de déterminer les cas dans lesquels l'adaptation est possible, et ceux dans lesquels il faut renoncer à tout espoir d'adaptation, et il ne reste à la société qu'à se défaire des éléments nuisibles. C'est alors qu'il aurait vu, dans plusieurs cas, la nécessité d'une *élimination absolue* de tout

---

1. SPENCER, *Morale de la prison* dans les *Essais de morale, de science et de politique.*

milieu social; dans d'autres cas, celle de l'*élimination relative*; cette nécessité pouvant être prévue par la criminologie il ne serait pas nécessaire qu'elle soit démontrée par l'absence de personnes honorables qui viennent offrir au coupable leur garantie personnelle. Spencer pense que les coupables des crimes *les plus odieux* ne trouveraient jamais de garants. Mais il ne nous dit pas d'après quel critérium on peut distinguer ces crimes. Il y a toujours des minorités indulgentes, il y a des endroits où chaque criminel trouverait des garants. On connaît, d'ailleurs, que l'amitié est toujours toute prête à pardonner même les fautes les plus graves. Et, là où l'amitié ne saurait arriver, c'est l'argent qui y parviendrait. Il est vrai que les garants devraient être des personnes *honorables*. Mais où est-ce que l'honorabilité commence et où est-ce qu'elle finit ? Il n'y a pas de doute pour moi que, dans la pratique des affaires, toute personne exerçant un métier quelconque et n'ayant pas eu affaire à la justice pénale serait bientôt considérée comme une personne honorable. Spencer — il est vrai — réserve à la société le droit de refuser en certains cas la garantie. « Il n'y a pas de caution équivalant au dommage d'un assassinat ; donc pour ce crime et *pour les autres également atroces*, la société aurait raison de refuser quelque garant qui s'offrit, mais ce cas est peu vraisemblable. » — Mais quels sont-ils ces crimes ? Cela suppose une distinction dans la criminalité que l'auteur n'a pas faite, ou qui du moins n'a pas été son point de départ. Est-ce que, par exemple, le viol d'un enfant, la mutilation, ou toute autre sorte de blessure commise avec guet-apens ou préméditation, le vol à main armée, etc., seraient des cas compris

parmi les autres crimes odieux ? — Mais ne faudrait-il pas
y comprendre alors bien d'autres méfaits, qui révèlent
également la profonde et incurable immoralité de l'agent ?
C'est dire, en un mot, qu'il faut distinguer, avant tout, une
classe de criminels, dont l'adaptation à la vie sociale est
sinon impossible, du moins fort peu probable ; de sorte que
la société n'a pas le devoir de les garder sous observation,
mais elle a le droit, et même le devoir, de les éliminer le
plus promptement possible.

II.

Les idées que nous venons d'exprimer sur la réaction
sociale contre le crime, se trouvent, au fond, dans la conscience de chaque peuple civilisé. Quoique apparemment le
but de la peine soit la vengeance sociale, c'est-à-dire le
désir de faire souffrir au criminel un mal à peu près égal
à celui dont il a été l'auteur, il est facile de s'apercevoir
que ce que la société désire réellement, c'est d'abord d'exclure de son sein les criminels ; ensuite de faire réparer,
autant que possible, le mal causé par le délit.

Les sentiments vindicatifs individuels ont été sans doute
l'origine de toute pénalité : la loi du talion est là pour le
prouver ; aujourd'hui, quoique ces sentiments subsistent
encore, ils ont été bien tempérés ; la morale de l'Evangile
n'y a pas peu contribué sans doute ; mais ce qui, surtout,
les a réduits à une très petite mesure, c'est l'habitude acquise, depuis un grand nombre de générations, de voir le

coupable puni par le pouvoir social. C'est pourquoi de tels sentiments reparaissent avec toute leur férocité, dans ces pays où les lois ne sont pas assez sévères, ni la justice assez forte ; ils éclatent surtout dans les dernières couches sociales dont les sentiments n'ont pas encore été modifiés par le lent travail des siècles, et qui sont restées en arrière en fait de progrès moral.

L'idée de l'équivalent du mal s'est ennoblie chez quelque peuple ancien, et dans quelque théorie moderne par celle de l'*expiation*. On a cru que le mal causé par le délit ne peut être réparé *dans le cœur même du délinquant*, que par une douleur soufferte par lui. La douleur seule peut purifier le méchant ; elle est la conséquence nécessaire du péché. Par la douleur on seconde le repentir de ceux qui éprouvent le *remords*, on fait naître ce sentiment chez ceux qui ne l'avaient point. Telle est la conception de la peine telle qu'on peut la retrouver parmi les anciens Sémites et les Indiens, conception qui a prévalu dans le droit ecclésiastique, et dans tout le moyen-âge, et qui, dans la philosophie de Platon et de Kant, a eu sa plus haute expression scientifique.

Cette doctrine ne peut subsister de nos jours parce qu'elle est fondée sur une hypothèse démentie par l'observation. En effet, il est reconnu que chez les criminels la faculté du repentir et du remords est presque nulle ; et que, dans tous les cas, on ne pourra pas la faire naître à l'aide d'une douleur physique.

Le délit peut être commis seulement par celui qui ne marche pas à l'unisson des autres, soit parce que le sens moral a *toujours* fait défaut chez lui, soit parce que ce sentiment *a manqué dans une circonstance particulière*.

Il n'y a pas d'autre hypothèse possible. Il est évident que si la morale commune avait eu quelque empire sur lui, il n'*aurait pas pu être délinquant*. Il s'agit donc dans tous les cas *d'une anomalie permanente ou transitoire*. L'idée de l'expiation morale au moyen de la peine, c'est-à-dire d'une *douleur* que le délinquant doit subir, suppose que celui-ci, *pensant* et *sentant*, comme la généralité des hommes, a, *en dépit de cela*, voulu commettre le crime pour satisfaire ses passions. Mais, comment n'est-il pas possible de voir l'antinomie contenue dans cette phrase? Si la passion a prévalu sur le devoir, cela veut dire simplement que le sentiment du devoir n'était pas assez fort pour prévaloir sur la passion ; — celui qui succombe dans une lutte est le plus faible ; donc la moralité du coupable était sans énergie, du moins était-elle inférieure à la moralité commune. C'est pourquoi *il ne sentait pas et ne pensait pas* comme un homme normal. On peut essayer de réparer au défaut ou à la faiblesse d'un sentiment, soit par l'éducation, soit quand cela paraît impossible, en mettant obstacle aux actions qu'il détermine. Mais, on ne saurait concevoir que la douleur sociale causée par le délit, soit moralement compensée et neutralisée par une douleur à laquelle le délinquant se soumet de lui-même, et que le mal puisse être réparé par un nouveau mal.

On dit encore aujourd'hui, dans le langage ordinaire, que le sang lave le sang. Mais, c'est là une idée qui se résume dans le sentiment de la vengeance, qui est tout autre chose que la conception mystique de l'expiation morale. Celle-ci dérive du fait du remords qui se produit dans une conscience non dépravée, c'est-à-dire encore accessible aux sentiments moraux, qui, après avoir été latents pendant une certaine période, se font jour de nouveau et donnent lieu au repentir. Cela suffit pour produire un chagrin, une douleur véritable, qui dure souvent pendant toute la vie d'un homme et en attriste tous les instants. — Mais l'idée qu'une souffrance physique puisse faire naître ces sentiments est aussi étrange que cette croyance qu'avaient les Indiens que les ablutions pouvaient laver les souillures de l'âme, et que l'idée par laquelle l'église du moyen-âge prétendait que le feu purifiait de l'hérésie.

Sans doute la peine à laquelle on soumet le coupable amène quelquefois le repentir, *parce que son crime a été la cause de la douleur qu'il souffre*. Mais, entre cette espèce de repentir et le remords d'avoir *fait du mal à autrui*, la distance est incommensurable. Or, l'expiation morale ne peut être fondée que sur ce dernier sentiment, qui peut se manifester sans aucune douleur physique, ou bien en même temps que celle-ci, mais par un simple hasard.

Si l'on insiste tant soit peu sur l'idée de l'expiation, on verra combien il est difficile de la dégager complètement de l'idée de la *vengeance du crime*, et que le fondement de celle-ci est le désir de *faire souffrir celui qui a été cause d'une douleur*.

On ne saurait nier cependant, que même chez les peuples les plus civilisés, la pénalité ne semble être l'expression de la vengeance sociale, c'est-à-dire du désir de réparer le mal par le mal. Sans doute, les malfaiteurs sont l'objet de la haine universelle, et il faut bien qu'ils le soient, car les conditions organiques qui expliquent l'anomalie d'où dérive le crime, ne peuvent être des connaissances

populaires ; elles ne sont étudiées que par des savants et
des spécialistes. D'ailleurs, même chez ces derniers, si
la connaissance des causes fait disparaître la haine, un
autre sentiment, qui l'égale à peu près, ne pourra ne
pas persister, je veux dire la répugnance pour des êtres
si dissemblables de nous et si malfaisants. Mais que ce soit
de la haine ou simplement de la répugnance, l'effet en
sera toujours le même, c'est-à-dire le désir de se voir délivré de la possibilité de contacts et de rapports avec de
tels individus. Pourvu qu'ils disparaissent, cela suffit ; un
peuple civilisé n'admet plus de tourments qui ne soient
pas nécessaires ; un supplice comme celui de Damien ne
serait plus possible aujourd'hui, et même au siècle dernier, il indigna profondément la population de Paris.
Toute l'Amérique, il est vrai; a de nos jours fait des vœux
pour le supplice de Guiteau, l'assassin du vertueux président Garfield ; mais ce qu'elle désirait ce n'était pas
sans doute, de voir souffrir le malfaiteur ; elle aurait eu
honte d'une torture quelconque ajoutée par pure cruauté
à la simplicité de l'échafaud. C'est en Amérique, du reste,
qu'on étudie le moyen de foudroyer les condamnés, afin
de rendre leur souffrance instantanée, et que des com-
missions ont été nommées pour se prononcer sur le projet d'un *fauteuil électrique*. Tout cela prouve que si la
peine de mort existe, c'est parce qu'elle est considérée
comme le seul moyen d'élimination complète, absolue et
irrévocable, et que si on pouvait en trouver quelque autre,
sans tuer le criminel, on s'empresserait de le suivre. — Le
sens moral, violé dans sa partie fondamentale, ne peut admettre que celui qui n'a pas en soi le moyen de comprimer
les impulsions les plus perverses continue à jouir des

avantages de la vie sociale. Voilà pourquoi, lorsqu'on annonce un grand crime, ce que l'on demande avant tout, avec anxiété, c'est de savoir *si le coupable a été arrêté.* On fait cette question même lorsqu'il paraît peu probable que celui-ci se sauve par la fuite. Celui que l'on suppose être un voleur, un meurtrier, que l'on croit avoir commis un viol ou un faux, doit être aussitôt écarté de la société, parce que sa liberté répugne au sens moral, dans l'hypothèse que l'inculpation soit vraie. Et c'est précisément ce qui fait, — disons-le en passant, — que l'institution de la prison préventive subsiste encore, et qu'elle subsistera toujours, en dépit des théories de certains doctrinaires qui ont l'habitude de considérer à la légère et d'un seul côté, tous les problèmes sociaux.

Ainsi donc, puisque la ségrégation et l'élimination sont réalisées précisément par les peines, on demande l'application des peines, et puisque ces moyens sont douloureux, on fait appel aux souffrances. Cela est tellement vrai que la loi ne change pas la peine dans le cas où le désir de cette peine a été le mobile du crime. Il y a des hommes qui tuent pour se faire pendre, ou qui volent pour se faire enfermer et vivre dans l'oisiveté. Mais quoiqu'en pareil cas, la potence ou le bagne ne représentent pas un châtiment pour le coupable, ils lui seront tout de même infligées, et la société en sera tout autant satisfaite, que si le supplice était craint et détesté par lui.

La souffrance n'est donc pas le *but* de la réaction exigée par le sentiment populaire ; mais, par la nature des choses elle s'associe toujours au but véritable que l'on a en vue, c'est-à-dire l'*élimination du milieu ambiant de l'individu inassimilable.*

Lé sentiment commun coïncide donc avec le mode rationnel de la réaction sociale ; même, peut-être inconsciemment, il ne tend qu'à obtenir le même effet. Il importe, cependant, de remarquer qu'il n'est pas *directement*
le produit d'un raisonnement, comme celui de l'utilité
sociale de l'élimination, en tant que celle-ci préserve d'un
délit probable et futur de la part du même malfaiteur,
quoique souvent cette idée, comme celle de rendre la
peine exemplaire, excite le sentiment et en renforce l'expression.

Le désir de la société d'extirper un individu inassimilable
peut ne pas dériver apparemment d'aucune considération
directe d'utilité. En voici quelques exemples :

Un homme ayant reçu, ou ayant cru recevoir une offense, — ayant subi, ou cru subir un tort, — prémédite
longuement le meurtre de son ennemi, et l'accomplit sous
la seule impulsion de sa haine implacable. Il est probable
que, une fois que sa passion perverse aura été satisfaite, il
ne répandra plus d'autre sang de tout le reste de sa vie,
car aucune autre personne ne pourra être autant haïe par
lui que celle qui a été sa victime.

Un autre homme, qui, faute de richesses, se sent mal à
l'aise dans le milieu ambiant où il est forcé de vivre,
presse la mort de son vieil oncle millionnaire dont il sait
être l'unique héritier. Son but une fois obtenu, la fortune,
il ne tuera pas probablement une seconde fois.

On peut en dire autant de l'infanticide et du parricide.
Dans tous ces cas, la crainte de l'avenir ne semble pas être
le mobile *direct* du sentiment commun, quand il invoque
des peines très graves, plus sévères même que celles qu'il
réclame contre les voleurs, les incendiaires et les faus—

saires, qui pourtant sont pour tous les citoyens un danger
permanent.

Donc la conscience publique exige la réaction contre le
délit, même quand elle n'est pas préoccupée de la pensée
de l'avenir. Elle veut que l'on punisse non seulement *ne
peccetur*, mais aussi *quia peccatum*.

Il faut maintenant se demander : ce sentiment indiscu-
table est-il assez *rationnel* pour marcher d'accord avec
notre théorie ? Ou bien doit-il être écarté comme une aberration de l'esprit humain qu'il faut corriger, et non pas
imiter ?

En vérité on pourrait nous dire : selon votre théorie,
l'élimination est le mode rationnel de la réaction contre
le délit, parce que celui-ci indique le défaut d'adaptation.
Mais, cette idée « défaut d'adaptation » ne saurait se rapporter qu'à l'avenir, parce que si l'individu que l'on
croyait inassimilable, montre son aptitude à la vie sociale,
l'élimination n'a plus raison d'être.

Sans doute : mais c'est bien autre chose d'affirmer qu'un
individu est devenu apte à la société, que de dire qu'il ne
commettra *probablement* pas un second crime *semblable*
à celui qu'il a déjà perpétré.

Nous avons signalé, au sommet de la criminalité, des
individus totalement dégénérés au moral, des natures
exclusivement égoïstes, et en même temps actives et énergiques, lorsqu'il s'agit de la satisfaction de leurs passions.
Mais, du moment qu'un caractère de ce genre a été constaté, il faut déclarer que l'individu n'a pas d'aptitude à la
vie sociale, quoiqu'il y ait peu de probabilité de répétition
d'un délit *identique*. Ce qui reste, c'est la découverte d'un
homme qui a des instincts pervertis ou des impulsions cri-

minelles, et qui n'a pas contre ces instincts ou ces impulsions la résistance du sens moral.

Or, la société dit à cet individu : « Mon existence dans mes conditions actuelles, est fondée sur le sentiment de la pitié et sur celui de la justice. Toi qui est privé de ces sentiments, tu ne saurais m'appartenir. C'est en vain que tu me dis, parricide, que je n'ai rien à craindre de toi, parce que tu ne pourrais commettre un second parricide ; car ce que ton crime a découvert c'est que tu es totalement dépourvu du sentiment de pitié. Tu ne saurais donc inspirer aucune confiance. Quiconque, en te voyant, croira que sa vie, son honneur, sa propriété, sa tranquillité, sont menacés. Ton anomalie est trop grande pour que tu puisses jouir du sentiment de sympathie, qui unit tous les hommes, précisément parce que cette sympathie, tu ne saurais l'éprouver. Les hommes ne voient plus en toi leur semblable ; tout lien est rompu entre eux et toi. Tu dois donc être supprimé. »

Tout cela est strictement logique ; le mode de la réaction sociale est analogue à celui de toute autre agrégation ayant un but déterminé.

En effet, comme je crois l'avoir démontré plus haut, dans toute association plus restreinte, la violation des principes de conduite considérés comme principes *fondamentaux*, entraîne naturellement avec soi l'expulsion de celui qui les a violés. Si la société ne réagissait pas d'une manière analogue, la défense du crime aurait, *proportionnellement*, *moins de force* que celle de la défense de tout autre action immorale, parce que, tandis que la violation de ces règles, amène la perte de la participation aux jouissances de l'association, le délit, par contre, comme viola-

tion des règles de toute la société, n'amènerait pas la
perte de la participation à toute la vie sociale.

La petite association décrète l'expulsion après avoir jugé
de l'inaptitude ou du déclassement du coupable, et fonde
ce jugement sur le défaut du caractère qui est exigé pour
lui appartenir.

La grande association, dite, par antonomase, *société*,
n'agit pas différemment en éliminant ceux qui ont fait
preuve que le plus commun, le plus élémentaire, le plus
nécessaire des sentiments humains leur manquait.

C'est pourquoi un parricide, qui ne peut pas être tel
pour la deuxième fois, une mère infanticide, qui n'a plus
d'enfants à étouffer, un homme qui a tué avec guet-apens
son ennemi mortel et qui n'en a pas d'autres, sont nécessairement des êtres incompatibles avec la société, parce
qu'ils sont dénués d'un des sentiments fondamentaux de
la moralité publique, celui de la pitié, et parce qu'il
a été prouvé qu'en l'absence de cette résistance morale, leurs impulsions criminelles n'en rencontrent pas
d'autres.

Résumons-nous : la réaction dans la forme de l'élimination est l'effet socialement nécessaire de l'action du
méfait (*quia peccatum*). C'est donc un effet *naturel*, s'il
est vrai que l'organisme social a, comme tout organisme
physique, des lois invariables, qui sont la condition de
son existence.

C'est un principe biologique que l'individu disparaît
aussitôt que ses imperfections lui empêchent de supporter
l'action du milieu ambiant. La différence entre l'ordre
biologique et l'ordre moral c'est que la sélection dans le
premier a lieu spontanément par la mort des individus,

qui manquent d'aptitude, tandis que, dans le second cas, l'individu, étant physiquement apte à la vie, et ne pouvant pas vivre en dehors du milieu ambiant auquel, pourtant, il ne saurait s'adapter, la sélection doit avoir lieu *arti- ficiellement*, c'est-à-dire par le pouvoir social, qui doit opérer comme la nature opère dans l'ordre biologique.

Le but de l'élimination est la conservation de l'orga- nisme social, par l'extirpation des membres qui n'ont pas l'aptitude voulue (*ne peccetur*). Il n'y a donc pas con- tradiction entre les deux formules que les champions de deux écoles contraires [1] ont l'habitude d'opposer l'une à l'autre.

Nous ne saurions accepter l'idée de Romagnosi qui dit : « Si après le premier méfait on avait une certitude mo- rale qu'il ne pourrait en arriver un autre, la société n'au- rait aucun droit de punir [2]. » Car une pareille hypothèse, d'après notre conception du délit naturel, renferme une contradiction dans les termes.

Tout délit signifie le défaut d'adaptation à la vie so- ciale tout entière ou à un seul côté de celle-ci ; c'est lui qui met à jour l'anormalité morale (curable ou incurable),

---

1. Listz, *Der Zweckgedanke in Strafrecht,* dans le *Zeitschrift für die gesammte Strafrechtswissenschaft*, 1882.

2. Kant disait au contraire : « Si la société civile était à la veille de se dissoudre, le dernier meurtrier détenu dans une prison devait être mis à mort au moment où cette dissolution aurait lieu, pour que chaque coupable portât la peine de son crime. » Une solution contraire et semblable à celle de Romagnosi est donnée par Ellero : « Si l'on n'avait plus à craindre des méfaits pour l'avenir, le dernier délinquant pourrait être surveillé, gardé et contraint à la satisfaction privée, mais on ne pourrait pas le punir, parce que la peine ne répondrait pas au but. Le délinquant au moment où il subit sa peine n'est qu'un instrument, contraint à servir, par lui-même, de spec- tacle pour un exemple terrible. »

en d'autres termes, il indique, que l'individu a la *capacité du crime*, capacité que l'on ne reconnaît pas chez les autres hommes, ou que l'on ne saurait affirmer, ou que l'on suppose ne point exister. Donc, quand on se trouve en présence du *vrai délit naturel*, la « certitude que son auteur ne puisse en commettre d'autres » est tout à fait inadmissible. Cette certitude ne pourrait exister que lorsque le coupable est un être normal. Mais dans ce cas son action n'aurait pas été un délit, parce que celui-ci est incompatible avec l'existence ou avec l'énergie du sens moral. S'il y a défaut ou faiblesse du sens moral, il y a toujours possibilité de nouveaux crimes.

Or, cette *capacité*, une fois reconnue, n'est pas tolérable. Elle brise le lien entre individu et société, puisque le seul lien commun entre tous les membres c'est la présomption que tous possèdent *cette mesure minime de certains sentiments* dans la violation desquels réside le fait délictueux.

Il est vrai que malgré le fait d'un délit, il n'est pas toujours nécessaire d'éliminer le délinquant ; la répression peut, comme nous l'avons dit, prendre parfois la forme d'une simple contrainte à la réparation de l'offense. Cela arrive dans les cas où l'anomalie psychique est peu sensible et l'offense est assez légère pour que la société puisse se donner le luxe d'une expérience, avant de déclarer le manque d'aptitude du délinquant à la vie sociale et partant d'en débarrasser la communauté.

Dans le dernier chapitre de cet ouvrage, nous essayerons de déterminer avec plus de précision les cas d'*élimination* et ceux de simple *contrainte à la réparation*.

III

On nous a reproché de négliger le point de vue de l'*inti-midation*, de nous préoccuper seulement d'empêcher la répétition du fait délictueux *par le délinquant lui-même*, et non par autrui, en écartant la considération de l'exemple : « Comme si les habitudes vicieuses étaient seules à redouter, s'écrie M. Tarde, — et comme si les contagions et les modes dangereuses devaient rester étrangères aux prévisions du législateur [1] ? »

Pour répondre à cette critique, il me faut résumer d'abord quelques idées générales sur l'effet de prévention qu'on peut s'attendre des peines, ensuite montrer que cet effet de prévention ne serait pas moindre en remplaçant le système actuel de la pénalité par celui de l'élimination et de la réparation.

Il faut remarquer, avant tout, que la répression pénale fournit des motifs à la conduite en excitant et en soutenant le sentiment du *devoir*. On ne saurait nier que le sens moral commun est quelquefois lentement modifié dans le cours de plusieurs générations par une loi qui vient reconnaître le caractère criminel d'une action, ou bien qui le lui enlève. « Si l'on découvrait les actions méprisables sans les punir, leur nombre ne s'en accroîtrait *immédiatement* pas d'une manière sensible, mais seulement d'une

---

1. TARDE, *Positivisme et pénalité*, dans les *Archives de l'Anthropologie criminelle*, p. 55, t. II, 1887.

façon *indirecte* et *lentement* par une série d'autres motifs, parce que si l'on voyait que des actions autrefois défendues sont aujourd'hui permises, le sentiment de l'*honneur* et celui de la *justice*, par rapport à ces actions, serait détruit *peu à peu* dans l'esprit des hommes [1]. »

Tous les sentiments peuvent être ramenés à des raisonnements primitifs devenus instinctifs, ou bien à des expériences d'utilité faites par nos premiers pères. Or, au nombre de ces expériences, on a eu celle de la réaction douloureuse provoquée par l'immoralité et par le crime, réaction individuelle d'abord, puis sociale quand l'État se forma. Ces expériences ont conduit au raisonnement et, par suite, au sentiment de ce qu'il y a de mal dans le crime, et ce sentiment nous a été transmis par l'hérédité psychologique.

« L'élément de la coercivité tire son origine de l'expérience des formes particulières de retenue, qui se sont établies dans le cours de la civilisation... Le sentiment de la coercivité s'est associé indirectement aux sentiments considérés comme moraux. La représentation des résultats futurs produit le motif politique, le motif religieux, le motif social ; la crainte s'y associe... c'est ainsi que *par association encore le sentiment moral s'y joint*... La pensée des effets *intrinsèques* d'une action défendue excite une crainte qui persiste quand on songe aux effets intrinsèques de cet acte, et la crainte qui accompagne ainsi ces effets intrinsèques, produit un vague sentiment *d'incitation morale* [2]. »

1. HOLTZENDORFF, *Das Verbrechen des Mordes und die Todesstrafe*, ch. VII.
2. SPENCER, *Les bases de la morale*, ch. VII.

GAROFALO.   17

Même chez les individus psychiquement plus développés et dont le sens moral est organique et très délicat, celui-ci est renforcé et accompagné, pour ainsi dire, de l'idée de l'obligation ou du devoir que la menace d'un mal pour le violateur entraîne toujours après soi. Sans doute beaucoup de personnes s'abstiennent de la médisance, du mensonge, de la séduction des jeunes filles, seulement parce que la conscience de mal faire détruirait en eux tout plaisir. Mais ceux-là mêmes pensent involontairement à la réaction provoquée par ces vices : la défiance, l'isolement, l'exclusion des maisons honnêtes et cette pensée renforce en eux la résolution de s'abstenir.

Ces sanctions relatives furent peut-être celles qui formèrent le sens moral chez nos ancêtres, desquels nous l'avons reçu par hérédité ; mais ces mêmes sanctions sont toujours là pour exciter et réveiller en nous ce sentiment qui nous est inné, et qui autrement s'affaiblirait et pourrait même s'éteindre avec le temps.

Et l'on peut dire de même, que la répugnance instinctive pour les idées criminelles est toujours accompagnée de l'idée des effets pernicieux d'une arrestation, d'un procès, d'un châtiment. La représentation de ces effets est donc encore aujourd'hui, même chez les individus non dégénérés, une force qui contribue à la conservation du sens moral. La loi, dérivée de celui-ci, le soutient, le raffermit, le crée à son tour. Les motifs sensibles de la peine ne sont pas étrangers à cette évolution lente, séculaire, inaperçue, du raisonnement en sens organique. La répugnance qu'inspire le mot *galères* est à présent intimement liée à celle que l'on a pour le voleur et pour le faussaire, et accroît sans doute l'aversion qu'on a pour le crime. L'idée de la chaîne et celle du bonnet jaune, rendent le condamné plus odieux.

Assurément le législateur n'a pas le pouvoir de donner le caractère d'infamie à une action que l'opinion publique considère comme indifférente ou honorable [1]. Il ne peut agir dans un sens entièrement opposé à la moralité publique, mais il peut bien seconder celle-ci, la raviver, empêcher qu'elle s'affaiblisse, et qu'elle s'éteigne.

Bref, la représentation du mal causé par la peine renforce le motif moral de conduite dans l'esprit des honnêtes gens : c'est une nouvelle résistance, un soutien du sens moral. Outre cela, elle a, dans beaucoup de cas, la valeur d'un prix véritable pour les cœurs droits. Et voici comment :

Il n'y a pas d'honnêteté qui n'ait été mise à l'épreuve par les tentations. Bien des fois, le pauvre courbé sous le poids du travail, est attiré par quelque gain illicite, qui lui procurerait quelque douceur. Celui qui se sent outragé est tenté de se procurer le plaisir des Dieux, la vengeance. Mais la morale étouffe les impulsions mauvaises, non pas sans lutter d'abord, ni sans quelque regret. Or, ce qui produit un sentiment de complaisance pour sa propre vertu, sentiment qui est la meilleure récompense de l'effort pénible que l'on a fait pour triompher de ses mauvais instincts, c'est de voir que celui qui n'a pas su trouver en soi-même une force de résistance suffisante, subit la douleur et la honte du jugement et de la peine. C'est là, sans doute, un sentiment égoïste, mais son utilité est

---

1. L'opinion publique, qui doit être rectifiée par la science, corrigée par l'expérience, mais jamais violentée, jamais avilie par les lois, est celle qui peut seulement déterminer l'infamie. FILANGIERI, *Scienza della legislazione*, liv. III, ch. xxxi.

incontestable. Il nous est révélé par cette satisfaction avec laquelle on accueille la nouvelle d'une condamnation méritée.

Évidemment le sens moral étant devenu désormais organique pour la majorité des hommes, l'honnête homme resterait toujours tel, quand même toute peine serait abolie. Néanmoins son effort pour réprimer la tentation serait plus pénible, et sa satisfaction beaucoup plus faible après la victoire. L'idée de l'*utilité* d'une bonne conduite diminuerait, et dans la suite des générations, le sens moral s'affaiblirait de jour en jour. L'enthousiasme pour le bien disparaîtrait; car, quel serait l'avantage d'une conduite irrépréhensible, si une conduite plus mauvaise ne devait pas rendre l'homme malheureux ?

C'est ainsi que le mal du délinquant *cœteros meliores reddit*, comme le monde classique l'a toujours pensé.

Mais, cet effet bienfaisant de la répression serait-il par hasard perdu dans notre théorie ? Non sans doute, car pour qu'il existe, il suffit que la peine place l'offenseur dans une position d'infériorité sociale. Les moyens d'élimination ne sont-ils pas tels ? Ne doivent-ils pas produire nécessairement une souffrance ? Et la contrainte même à la réparation, telle que nous l'avons proposée pour les délits les moins graves, ne représente-t-elle pas un vrai châtiment ?

Rien ne serait donc perdu pour la moralité publique en substituant notre théorie à celle aujourd'hui dominante.

Passons maintenant à un motif de conduite encore plus direct, celui de la *crainte du châtiment*, pour ceux qui sont prédisposés au crime.

L'antiquité nous a légué un autre dicton : *Oderunt peccare mali formidine pœnae*, qui n'est pas toujours aussi exact que le précédent. Nous avons déjà dit plus haut quelles sont les limites dans lesquelles la science expérimentale a réduit l'effet de prévention que peut avoir la menace d'une peine (voir II* partie, chap. iv) : Les grands criminels instinctifs ne sauraient être quelque peu effrayés que par l'application pas trop rare de la peine de mort ; les malfaiteurs de profession encourent bravement tous les risques inhérents à la profession même, et il n'y a tout au plus que des peines perpétuelles qui pourraient en décourager une partie ; les criminels impulsifs ou névropathiques ne sauraient songer aux conséquences de leurs crimes à moins qu'elles ne soient graves et immédiates ; enfin ce n'est que la criminalité endémique qui pourrait être influencée par des châtiments sévères, quoique non cruels.

Tout en négligeant l'observation *directe* des criminels, on s'est imaginé de pouvoir établir un critérium de l'intimidation, et on a formulé la règle suivante :

« *Le mal menacé par le délit, pour devenir un motif déterminant de la conduite, doit être quelque peu supérieur au plaisir qu'on espère se procurer par l'acte criminel* (Feuerbach et Romagnosi). C'est ce qu'on a appelé la théorie de *la coaction psychologique*.

La formule que nous venons de répéter suppose trois conditions :

1° Que les criminels soient des gens prévoyants, doués d'un esprit calculateur, et capables de mesurer exactement le plaisir que leur causera le délit (ce qui est pour eux encore une *incognita*), et le mal que leur causera la peine (ce qui est souvent aussi une *incognita*);

2° Que le délinquant considère la peine comme un mal *certain*, la conséquence *inévitable* du délit ;

3° Que la prévision d'un mal éloigné suffise pour empêcher un homme de se procurer un plaisir immédiat, d'assouvir un désir violent et instantané.

Est-il nécessaire, après tout ce que nous avons dit jusqu'à présent, d'ajouter que ces trois propositions sont également démenties par l'expérience? Ce ne serait qu'une répétition. Sans doute la crainte est un des motifs *les plus puissants* de la détermination, mais il est impossible d'en calculer l'effet, même par une simple approximation, sauf pour la criminalité endémique et pour les délinquants inférieurs, les plus rapprochés des hommes normaux.

Veut-on essayer de fonder un système pénal par l'intimidation? On retombera tout de suite dans l'empirisme le plus vulgaire, car tout *critérium* scientifique y fera défaut. Comment s'y prendra-t-on pour savoir si cinq ans de prison suffisent pour prévenir le vol domestique, s'il en faut dix, ou si même les cinq ans ne sont pas excessifs? Et d'ailleurs pourquoi renoncer alors aux peines corporelles et infamantes, aux verges et au carcan, à la mutilation même, ou à la marque au fer rouge? On a exagéré, dans la rigueur, jusqu'au commencement de ce siècle; on a exagéré depuis dans la douceur; l'une et l'autre ont été nuisibles. Au siècle dernier, par exemple, à Naples, le vol domestique était puni de mort. Cela était cause que le maître ne dénonçait jamais le domestique qui l'avait volé; au contraire, il s'efforçait de cacher le méfait [1]. De sorte que la

1. FILANGIERI, *Op. cit.*, liv. III.

cruauté de la peine amenait l'impunité du coupable. — Il peut même arriver que ce soit là la cause de plus graves méfaits, comme en France, au siècle dernier, qnand les voleurs étaient punis par la corde. « Le voleur, disait Filangieri, devient presque toujours assassin, parce que le second crime, sans l'exposer à une peine plus sévère, le délivre d'un témoin important, dont la dénonciation peut le conduire au supplice. »

Et pourtant, si l'on ne veut déterminer la peine que d'après son effet d'intimidation, il est très facile de retomber dans le draconisme, du moment que l'on s'aperçoit de l'inefficacité des peines adoucies. Car, enfin, on ne saurait douter que si le dernier supplice n'effraye pas tout le monde, il effraye du moins beaucoup plus de monde que tout autre sorte de peines.

Au xviᵉ siècle, un grand nombre de vagabonds infestaient l'Angleterre. Ils descendaient, en grande partie, selon Charles Marx, de ces paysans injustement dépossédés à la fin du siècle précédent, par suite des abus de la féodalité, ou des lois faites dans l'intérêt des bourgeois capitalistes [1]. Or, il fut décrété, par Henri VIII, en 1530, que les vagabonds robustes seraient pour la première fois fustigés, et obligés de rentrer dans leur pays pour se remettre au travail. Des lois postérieures infligeaient pour la première récidive la coupure d'une oreille, et pour la seconde, la peine de mort. En 1547, un statut d'Edouard VI ordonnait que les vagabonds ou mendiants valides seraient adjugés comme esclaves à leurs dénonciateurs. Elisabeth décréta, en 1572, que ces individus seraient fustigés, et, en cas de

1. Charles Marx, *Le Capital*, ch. xxvii.

récidive, pendus, à moins qu'il ne se trouvât quelqu'un qui
voulût les prendre à son service au moins pendant deux
ans. D'après Marx, qui cite Hollingshed, *soixante-douze
mille oisifs ou vagabonds* furent pendus sous le règne de
Henri VIII [1].

Que dirait-on de semblables mesures avec la théorie de
la coaction psychologique ?

Il n'y a aucun doute que l'oisiveté et le vagabondage ne
doivent être considérés comme des délits sociaux, puisqu'ils font présumer tous les autres ; et il est certain aussi
que l'habitude de l'oisiveté est une de celles dont on ne
peut facilement triompher. Dans l'acception rigoureuse
de la logique, les lois sanguinaires de l'Angleterre au
xvi° siècle seraient donc justifiées.

Et malgré cela nos sentiments les plus intimes protes-
tent contre l'homicide légal de celui qui n'est convaincu
que d'oisiveté ou de vagabondage. Ces malheureux, pendus par Henri VIII et Elisabeth, s'ils avaient eu plus de
chance, n'auraient pas été insusceptibles d'adaptation. Cela
a été prouvé par leurs successeurs du xviii° siècle qui,
sous des rois plus humains furent déportés en Amérique, et
par ceux du xix° siècle qui ont créé l'Australie. Pendant
que la théorie de l'intimidation ne faisait que détruire, la
théorie d'adaptation donnait naissance à des colonies utiles
qui devinrent bientôt riches et puissantes.

Le respect des sentiments moraux, s'il justifie d'un côté
la réaction violente contre le délit, d'un autre côté, il défend l'excès de cette réaction même. L'excès arrive tout de
suite, lorsqu'on n'applique pas une peine appropriée au

1. Charles MARX, ouvrage cité, ch. xxviii.

délinquant pour le danger qui en dérive, une peine qui représente un obstacle matériel à ses entraînements ou un remède à son manque de sociabilité; lorsque cette peine est mesurée, au contraire, par le danger qui dérive de la part *des autres* dont on craint l'esprit d'imitation et qu'on tâche d'effrayer, en se servant du criminel lui-même comme d'un instrument; de son supplice, comme d'un épouvantail.

C'est la conception de la peine comme une *réaction naturelle* qui en limite l'usage quant à l'intimidation. Celle-ci ne doit en être qu'un *effet utile*, dont la société se sert tout en infligeant au coupable cette exclusion totale ou partielle qui est exigée par son défaut d'adaptation. Si elle ne considère plus la peine que comme un moyen d'intimidation, on pourra enlever la vie à un délinquant qui serait encore susceptible d'adaptation; ou bien on pourra lui faire subir des tourments inutiles, en violant ainsi son droit de ne pas supporter un mal plus grand que celui qui est la conséquence naturelle du mal qu'il a commis. Ou même la peine n'atteindra pas son but réel, comme il arrivait quand, pour terroriser le coupable, on le soumettait à la bastonnade, ou on l'exposait au pilori, et puis on le renvoyait reprendre librement sa vie habituelle; ou encore, comme on fait aujourd'hui, quand on inflige aux malfaiteurs habituels, quelques mois ou quelques années d'emprisonnement.

En somme, quand on s'efforcera d'agir sur la conscience des individus déshonnêtes, par la terreur du châtiment, *formidine pœnae*, on soumettra le coupable à des tourments plus ou moins durs, mais presque toujours inutiles, sans obtenir son exclusion totale de la vie sociale, ou de ces conditions de la vie sociale auxquelles il n'est pas adapté.

Mais une chose incompatible avec la conception positive du délit, exposée ci-dessus, c'est de croire qu'un délinquant puisse, après avoir subi un châtiment, rentrer libre et de plein droit dans la vie sociale. Si le délit est, selon nous, une action qui révèle le défaut d'adaptation, la réaction logique de la société devra consister à réparer ce défaut. Il ne faut donc pas poursuivre la recherche d'une peine apte à l'intimidation ; celle-ci se produit d'elle-même par l'effet de la menace d'élimination, par le mal inhérent à cette dernière.

Cela est évident pour la forme d'élimination *absolue*, la mort ; et pour celles qui peuvent, en certains cas, la remplacer : la déportation et la réclusion perpétuelle.

Mais, même les formes de l'élimination partielle et conditionnée produiront l'effet d'intimider, si elles sont *exactement le moyen nécessaire*, dans un cas donné, en *considération du défaut d'une aptitude sociale particulière*. Si la détermination de *ce moyen* est faite avec précision, il produira, *par la nature des choses*, l'intimidation.

Pour donner quelque exemple qui éclaircisse cette idée, que l'on suppose qu'un habitant d'une petite bourgade insulte ou menace publiquement et à plusieurs reprises un individu, par suite de vieilles rancunes de famille, ou bien que, prétendant être aimé d'une jeune fille qui a pour lui de la répugnance, il lui tende continuellement des pièges, en se rendant ainsi intolérable et dangereux pour la tranquillité de l'endroit.

Ce délit, selon l'heureuse expression de Filangieri, peut être appelé *local*, tellement il est évident que le défaut d'adaptation est relatif aux circonstances du milieu ambiant où l'offenseur a conçu sa haine ou son amour incurable. Or on peut présumer qu'en éloignant cet individu de l'endroit où il a des motifs pour mener cette conduite anti-sociale, ces motifs une fois écartés, l'adaptation du coupable sera possible ailleurs. Tel est donc le mode rationnel de réagir de la société dans un cas semblable. Mais ce moyen pourra-t-il bien en imposer? Assurément, parce que si la crainte d'être banni de sa propre maison ne triomphe pas des motifs qui poussent à l'homicide ou à quelque délit grave, elle est du moins suffisante pour détourner des injures et d'autres offenses de moindre importance.

Que l'on ne dise pas, une fois ce principe établi, que les rigueurs et les austérités des maisons de force n'auraient plus raison d'être. Ces rigueurs, ces austérités sont imposées par la nécessité de la discipline, si difficile à faire respecter par une population de délinquants. Et une grande partie de la rigueur dépend aussi du but même que l'on se propose d'atteindre, la *ségrégation complète* du condamné.

Nous nous croyons donc autorisés à conclure que *quand le moyen d'élimination est bien celui que la circonstance exige, c'est-à-dire quand il répond au but véritable de la répression, l'effet réflexe de l'intimidation se produit toujours par la nature des choses, sans qu'il soit nécessaire de s'en préoccuper d'une façon particulière.*

On pourra nous remarquer cependant que nous avons indiqué plusieurs espèces de délits pour lesquels nous avons déclaré qu'il est inutile d'éliminer le coupable. Nous avons même proposé de supprimer dans ces cas toute sorte de châtiment corporel, même un emprisonnement de courte durée. (Voir ci-dessus, § I).

Sans doute, car les quelques jours d'arrêts ou les quelques mois d'emprisonnement sont des peines absurdes, presque autant que la fustigation des siècles derniers. Pourtant nous avons proposé de rendre la répression beaucoup plus forte par une contrainte à la réparation du mal moral et matériel causé par le délit, en employant des moyens bien autrement énergiques que ceux de la procédure actuelle, des moyens tels qu'il soit impossible de se soustraire à l'obligation.

Et alors, du moment que le coupable saura qu'il devra largement indemniser l'offensé, et qu'il ne recouvrera sa liberté qu'après l'avoir dédommagé, soit en payant s'il a de l'argent, soit en travaillant pour gagner la somme due par lui, ne voit-on pas que cette sorte de coercition aura sur la prévention des délits, un effet bien plus sensible que la détention dans une maison de dépôt, ayant son terme fixé à l'avance et n'emportant que l'obligation de rester oisif tout en mangeant le pain de l'administration?

Nous arrivons enfin à cet effet de l'élimination qu'elle possède en propre, et qui ne se rencontre que par hasard dans les autres sortes de pénalités : je veux dire la sélection.

Nous avons donné plus haut un aperçu rapide de l'hérédité psychologique et nous avons montré que le crime ne saurait se soustraire à ses lois inflexibles. (Voir 2e partie, chap. i.)

Il s'ensuit de là que la suppression des éléments les moins aptes à la vie sociale doit produire une amélioration morale de la race, parce qu'il naîtra un nombre toujours moins grand d'individus ayant des penchants criminels.

L'école individualiste du siècle dernier a beau s'écrier qu'entre père et fils il n'y a pas de solidarité et que le fils n'hérite pas des mérites ni des flétrissures paternelles. Le fait est que s'il n'est pas précisément l'héritier des vices ou des vertus de ses parents et de ses aïeux, il l'est assurément de leurs instincts vertueux ou pervertis, de leurs sentiments, de leurs passions, de leur tempérament, de leur caractère. Tout nous dit que *l'hérédité psychologique n'est qu'un cas de l'hérédité physiologique* [1].

Mais pour les criminels il ne s'agit pas exclusivement d'hérédité psychologique; l'hérédité physiologique y a sa part, car comme nous l'avons vu, les instincts criminels sont associés fréquemment à une structure différente, à une conformation anthropologique particulière, qui forme des plus grands criminels des monstruosités quelquefois atypiques, souvent régressives.

L'antiquité punissait implacablement les fils à cause des fautes de leurs pères. Notre époque plus civilisée devrait seulement empêcher la procréation d'individus qui, suivant toute probabilité, seront des êtres méchants et abrutis.

Notre époque ne doit pas punir les enfants des délinquants, mais elle devrait empêcher qu'ils naissent; elle devrait produire par la mort des délinquants, ou par l'isolement perpétuel de leur sexe, une sélection artificielle par laquelle la race serait moralement améliorée. Lombroso ne craint pas d'attribuer la plus grande humanité de notre siècle, par rapport aux siècles passés, à l'épuration de la race moyennant la peine de mort [2]. L'échafaud auquel on conduisait chaque année des milliers de malfaiteurs, a empêché que la criminalité ne soit, de nos jours, plus

1. RIBOT, *L'hérédité psychologique*. Paris, 1882.
2. LOMBROSO, *L'incremento del delitto in Italia*. Turin, 1879, p. 30.

répandue dans notre population. Qui est-ce qui peut dire ce que serait aujourd'hui l'humanité, si cette sélection ne s'était pas opérée ; si les délinquants avaient pu prolifier, si nous avions parmi nous la descendance innombrable de tous les voleurs, de tous les assassins des siècles passés ?

Aujourd'hui l'humanité est plus douce, moins passionnée, elle résiste mieux aux instincts brutaux. Mais pourquoi ce progrès, dont on est redevable en grande partie à la sélection, sera-t-il interrompu ? Pourquoi cette œuvre séculaire d'épuration, ne se poursuivra-t-elle pas ?

Tout arrêt dans le progrès est un pas en arrière, et les générations futures pourront reprocher amèrement à la nôtre d'avoir laissé germer des semences infectes, qu'il aurait fallu extirper, et qui auront produit de nouvelles et plus nombreuses légions de délinquants.

Mais, est-ce que, dans un milieu civilisé, une sélection des criminels n'arriverait pas naturellement, même si le pouvoir social ne jugerait pas à propos de s'en mêler ?

« Le délinquant qui est tel par l'effet d'une constitution physique vicieuse, représente le plus souvent un produit de la dégénération, ou bien un dangereux commencement de la déviation humaine. Dans les deux cas, la nature, en agissant dans l'intérêt de la protection de l'espèce, cherche à l'éliminer promptement, ou bien elle empêche qu'il ait une longue descendance [1]. »

Cela est vrai pour quelques variétés de criminels : ceux chez qui il y a un caractère biopathologique marqué, les

---

1. Discours de M. VENTURI sur la *Peine de mort — Actes du congrès d'Anthropologie criminelle*, p. 312. Rome, 1887.

épileptiques, par exemple, les fous, les névropathiques.
Mais on ne saurait douter qu'un nombre infiniment plus
grand, tout en ayant des caractères de dégénérescence et
d'infériorité morale, ne manquent pourtant d'aucune aptitude à la vie physique. Ce sont ceux qui n'ont au physique
que des caractères régressifs qui les rapprochent des races
inférieures de l'humanité, ou encore ceux qui ont des caractères atypiques mais non pathologiques. Ces gens-là
peuvent être parfaitement sains, plus sains même que les
hommes civilisés, dont le développement moral a souvent
lieu aux dépens du développement physique. Au point de
vue de l'animalité c'est le sauvage qui est supérieur par la
force des muscles et des sens [1]. Les criminels non infirmes
peuvent donc se reproduire à l'infini tout comme les
hommes normaux, mieux que ces derniers même. Cela
est prouvé, d'ailleurs, par les généalogies de certains criminels qui, par leur prolification, ne craignent pas de ri-
valité.

Du reste, comme le Dr Venturi le dit lui-même, « la société condamnant à mort favorise, en l'accélérant, l'œuvre
de la nature dans le but d'obtenir la réalisation de l'intérêt
social. Les nécessités de la vie civile et l'influence du milieu
ambiant ont altéré les conditions naturelles de la lutte pour
l'existence parmi les membres de la société ; aux forces de
la nature ont été substituées celles des conventions sociales.
Il serait dangereux pour la société de ne pas se délivrer,

---

1. « Le développement intellectuel amène les névropathies et comme
leur conséquence, la dégénérescence et l'extinction de la race. » JACOBY,
Études sur la sélection, préface. Paris, 1881. Le Dr Albrecht a soutenu que
pour l'anatomie comparée l'homme est morphologiquement inférieur au singe
et le sauvage à l'homme civilisé. Voir *Actes du congrès d'Anthropologie
criminelle*, p. 105-112. Rome, 1887.

du moins par approximation, des éléments criminels qui l'infectent ».

Il ne faut pas croire, d'ailleurs, que la peine de mort soit, parmi les moyens d'élimination, le seul capable d'accélérer et de favoriser la sélection naturelle.

L'émigration forcée des vagabonds anglais aux colonies n'a pas été pour rien sans doute dans l'épuration de cette race, qui a aujourd'hui, du moins dans la haute criminalité, des chiffres infiniment plus petits que ceux de l'Europe centrale et méridionale. Si les supplices d'Henri VIII et d'Elisabeth ont réalisé une sélection considérable, la déportation du XVIII° siècle et de la première moitié du XIX°, n'a pas interrompu cette œuvre. C'est qu'il s'agit de distinguer les criminels typiques insusceptibles de toute adaptation, de ceux pour lesquels une adaptation nouvelle est possible, de sorte que, pour ces derniers, une élimination relative réalise de même la sélection, par rapport au milieu d'où ils ont été arrachés.

CHAPITRE II

CRITIQUE DU SYSTÈME PÉNAL SELON LES JURISTES

Je pense que les principes établis dans le chapitre précédent seraient acceptés facilement à cause de leur simplicité et de leur évidence, par tous les gens d'une intelligence et d'une instruction ordinaire, quoiqu'ils ne soient pas versés dans les sciences naturelles ou sociales. Il se peut même qu'après avoir lu ce chapitre, on déclare n'y trouver rien de nouveau ; car, il en est ainsi de ces idées dont la simple énonciation suffit pour persuader de leur vérité. On croit avoir toujours eu des idées pareilles, quoiqu'on ne les ait pas exprimées ; du moins on croit que si l'on s'était occupé du sujet en question, il n'aurait pas été possible qu'on eût pensé différemment.

Et pourtant, il existe déjà une science du droit pénal, et malheureusement, elle est tout autre que la doctrine enseignée dans cet ouvrage. Cette différence, il faut donc la rendre sensible à ceux de nos lecteurs qui ne sont pas initiés aux mystères de Thémis, pour qu'ils soient en mesure d'apprécier notre travail. C'est pourquoi nous allons faire une courte analyse de la théorie pénale généralement acceptée de nos jours en Europe, et à chacune de ses maximes nous mettrons en regard celle qui dérive logiquement de nos principes.

Nous avons déjà dit (voir Ire partie, chap. IIe), que, pour les juristes, le criminel n'est pas, comme pour nous, un être anormal, et plus ou moins insusceptible d'adaptation à la vie sociale ; qu'il est tout simplement un homme ayant désobéi à une loi de l'Etat et méritant le *châtiment* qui en est la sanction.

La signification du *châtiment* varie, il est vrai, selon les deux principales écoles qui ont dominé jusqu'à présent ; celle des idéalistes le regarde comme *la compensation morale du mal causé par le délit* ; celle des juristes proprement dits (devenue classique surtout en Italie et en Allemagne), déclare qu'il représente *la défense de l'ordre juridique*.

J'ai déjà parlé des idéalistes à propos de la théorie de l'expiation (v. chap. précédent).

J'ajouterai ici que par l'idée de la *justice absolue*, il est impossible de résoudre le problème de la pénalité, car on ne découvrira jamais la peine *absolument juste* pour un délit quelconque. Cette théorie, d'ailleurs, manque d'un critérium lui appartenant en propre, et c'est au système pénal d'une nation et d'une époque donnée qu'elle est obligée d'emprunter le *punctum ubi sistat*. Qu'elle trouve dans le système de pénalité la peine de mort mise en regard de l'assassinat, elle déclarera que, pour le simple meurtre, la peine de mort ne serait pas juste, et qu'une peine inférieure, la réclusion perpétuelle, par exemple, le serait.

Mais, que la peine de mort disparaisse du système, et voilà qu'il faudra la remplacer précisément par cette réclusion perpétuelle, qui, partant, du jour au lendemain, cessera d'être juste pour le simple meurtre, et ainsi de suite. On voit déjà, par cet exemple, que la théorie de la justice n'a d'absolu que le nom.

Quant à celle que nous avons appelée classique, elle justifie la peine par la nécessité de défendre les droits du citoyen, mais elle ajoute à cette nécessité sociale un régulateur ou modérateur, *la justice*, comme un élément étranger, venu du dehors, quelque chose de supérieur à la nécessité sociale. Les juristes glissent ainsi dans la métaphysique, car ce régulateur ils le cherchent ailleurs que dans la nécessité sociale elle-même. Dire que la peine juste est la peine nécessaire, cela signifie précisément qu'une peine non nécessaire serait injuste. C'est le critérium de la nécessité qu'il faut pouvoir établir, afin d'éviter tout excès ; et ce n'est pas par des hypothèses métaphysiques, mais par la méthode expérimentale qu'on obtiendra ce critérium. Et alors, plus de besoin d'un élément étranger quelconque, car la nécessité sociale, prise dans son vrai sens et loin de toute exagération, sera elle-même la meilleure garantie de l'individu [1].

Mais il nous faut examiner de plus près cet élément de la justice qui, pour l'école classique, est la limite de la défense sociale. Deux principes en dérivent qui, introduits dans leur science par les criminalistes, lui ont donné ce caractère strictement juridique qu'elle a eu jusqu'à présent.

1. Voir à ce sujet Liszt, *Der Zweckgedanke im Strafrecht*, s. 32.

Ces deux principes, pivots du système, sont les suivants :

1º Il n'existe pas de délit lorsque l'agent n'est pas *moralement* responsable de son action. D'où il s'ensuit que la gravité du délit varie selon que cette responsabilité morale est plus ou moins grande.

2º La quantité de la peine doit être en raison directe de la gravité du délit.

Or, la *mesure de la responsabilité morale et la proportion de la peine au délit* sont deux *postulats* dont la science a démontré l'impossibilité, mais qui, malgré tout, continuent à être la clef de voûte du droit pénal. Une brèche y a été faite, mais ces idées sont liées trop intimement aux préjugés philosophiques les plus communs, pour qu'on puisse espérer de les déraciner bientôt de la théorie. Ce sera une rude besogne que d'y parvenir, mais le succès final ne pourra pas manquer dans un temps plus ou moins éloigné ; car ces principes, qui sont à tort considérés comme la sauvegarde de l'individu, ne sont en réalité que la cause de la faiblesse et de l'impuissance de la loi pénale.

I

On pourrait demander, en effet, à ceux qui, tout en considérant la peine comme un moyen de défense sociale, n'admettent pas de délit sans libre arbitre, — quelle est la raison de diminuer la défense sociale, lorsque le criminel a été entraîné au délit par un état pathologique permanent, ou par une impulsion intérieure, violente, irrésistible même, mais dont on peut prévoir la reproduction chez le même individu. Ne faudrait-il pas dire, au contraire, que dans des cas pareils, où l'absence totale du libre arbitre n'est pas douteuse, la société réclame une protection encore plus énergique contre un individu tout à fait incapable de se dominer, de résister à ses folles impulsions ? Mais ce n'est rien encore, car enfin, pour les fous avérés, il y a le remède des Petites-Maisons. Le malheur est que, par le principe de la responsabilité morale, considérée comme élément nécessaire de délit, il y a impunité presque totale, même lorsqu'il ne s'agit pas de vraie folie.

Sans nous engouffrer dans la question du libre arbitre, admettons que la persuasion que nous avons de cette liberté morale, ne soit pas une illusion ; admettons qu'elle réponde à la réalité, et qu'il arrive chez nous, à tous les instants, un vrai miracle, c'est-à-dire un mouvement de l'esprit non soumis aux lois universelles de la nature, un mouvement initial, c'est-à-dire qui n'est pas l'effet de conditions préexistantes ou survenues, et par lequel l'homme est parfaitement le maître de décider s'il doit être bon ou méchant, juste ou injuste, mécontent ou résigné, doux ou colère. De sorte que ce que nous appelons le libre arbitre ne serait pas la représentation du *moi*, à un moment donné, mais serait une force qui crée le *moi*, à tous moments [1].

Eh bien ! ce miracle lui-même n'aurait pas d'importance pour le criminaliste, ou il n'en aurait qu'une à peu près insignifiante.

---

1. Voir à ce sujet une très importante étude de M. PIPERNO, *La nuova scuola di diritto penale in Italia*, Rome, 1886.

Car ceux-là même qui croient à cette exception à la loi de causalité, se voient obligés de réduire la responsabilité morale seulement à ces actions dont les motifs nous échappent. Il s'ensuit que la responsabilité humaine serait donc *bornée* par les circonstances, intérieures ou extérieures, qui ont pu agir sur la volonté de l'individu. Elle serait toujours relative, aurait des *degrés infinis,* et pourrait descendre jusqu'à un minimum inappréciable et insignifiant [1].

L'hérédité, l'atavisme, l'éducation, le milieu ambiant, les événements particuliers de la vie, le climat, l'alimentation, la profession, la culture de l'esprit, les infirmités, circonstances dont on ne saurait méconnaître l'influence, *restreindraient* donc, *sans parvenir à le « supprimer* ENTIÈREMENT (paroles d'un juriste) ce cercle de mouvements *spontanés* qu'il est donné à l'homme d'exécuter dans un but [2] ».

Mais alors le problème de la pénalité ne deviendrait-il pas tout à fait insoluble ? Car, comment s'y prendrait-on pour distinguer dans chaque criminel la part qui revient à des circonstances de telle nature, de la part qui revient à son libre arbitre ? Comment faire pour déterminer une responsabilité limitée par un nombre infini de circonstances ?

Supposons toutefois que la vie de l'homme se manifeste au juge dans toutes ses particularités les plus intimes, dans tous ses rapports avec le monde extérieur, depuis le premier vagissement jusqu'au moment où le crime a été

---

1. POLETTI, *Teoria della tutela penale.* Turin, 1878.
2. PESSINA, *Il naturalismo e le scienze giuridische.* Naples, 1879.

commis. Cela serait insuffisant. Qui est-ce qui nous donnerait l'histoire de sa famille et de ses ancêtres pour montrer dans quelle mesure l'hérédité et l'atavisme ont pu influer sur ses tendances ? Et en admettant que cette recherche fût possible, comment pourrait-on déterminer le rôle qui appartient aux anormalités psychiques, dont l'homme n'est point coupable, à celles qui dépendent de la structure du cerveau, et que l'autopsie seule peut nous faire connaître ?

Le principe de la responsabilité relative ou bornée est donc insusceptible d'application aux théories pénales. Il conduirait à un diagnostic d'un simple intérêt scientifique, toujours incomplet, et à des conclusions incertaines.

Il y a dans la législation italienne un article qui prévoit le cas de la demi-responsabilité. Eh bien! l'application de cet article devrait devenir la règle ; il devrait s'appliquer à *tous les délinquants*, même à ceux chez lesquels les circonstances qui limitent la responsabilité seraient les moins apparentes ; car *quelques-unes d'entre elles* devraient se retrouver dans *chaque accusé,* et pourtant il faudrait les rechercher, ou au moins en présumer l'existence. Si l'on en agissait différemment, on en viendrait à établir le règne de l'injustice, en tenant compte de ces circonstances seulement quand, par hasard, elles seraient évidentes.

C'est pourquoi l'article concernant la demi-responsabilité deviendrait applicable dans *tous les cas*, de sorte que la loi établirait inutilement des peines qui ne seraient jamais appliquées dans la mesure prescrite.

Mais, quel serait d'ailleurs le critérium pour mitiger les peines dans les différents cas ? Le problème, loin d'être résolu, se représente d'une manière identique. Le principe de la responsabilité relative, une fois admis, comment pourrait-on affirmer qu'elle soit égale chez tous les individus, tandis que les circonstances qui *circonscrivent* le libre arbitre peuvent varier à l'infini ?

En somme, ce principe de la responsabilité morale n'est qu'un écueil jeté par le législateur au-devant de la peine pour lui empêcher d'atteindre le délit.

Mais, il y a mieux que cela. Les législations modernes ont admis le principe de la *force irrésistible intérieure*, principe considéré comme un progrès immense dans le monde des doctrinaires.

Or, il est facile de voir, avant tout, que ce principe place la législation sous l'empire de la philosophie dominante à un moment historique donné. Pour le déterministe (et quiconque a lu les pages précédentes devrait en être convaincu), tout méfait, de même que toute action mauvaise, bonne ou indifférente, est un effet nécessaire. une manifestation de la volonté, sous l'empire d'un motif qui prévaut sur les autres pour d'autres causes préexistantes.

La force qui fait agir l'homme dans les occasions les plus ordinaires de la vie, n'est pas moins irrésistible que celle qui le pousse aux actions les plus étranges. Si tout est déterminé, tout est également nécessaire. L'impulsion résistible est celle à laquelle on en oppose une autre plus valide. L'impulsion irrésistible est celle qui a dominé toutes les autres. Donc, le fait même de l'action prouve l'irrésistibilité de l'impulsion ; si celle-ci avait été résistible, l'action n'aurait pas eu lieu.

Telle est la théorie déterministe, sur laquelle beaucoup de penseurs sont d'accord, et que le progrès du naturalisme répand chaque jour davantage.

Or, grâce à un semblable principe, quel juge pourrait prononcer une condamnation, si un élément essentiel du délit est la responsabilité morale, ou en d'autres termes, le *libre* choix, c'est-à-dire le choix *arbitraire*, ou non *déterminé*, de la volonté ?

Ce danger, dira-t-on, n'est pas grave, car le déterminisme n'est pas encore, et peut-être ne sera pas de longtemps, une doctrine suffisamment populaire pour faire que les magistrats ou les jurés, afin d'être cohérents à leurs idées, absolvent systématiquement les coupables.

Soit ; néanmoins, dans des *cas particuliers* on pourra voir, et on a vu réellement l'acquittement de scélérats dont l'impulsion criminelle a été présentée sous la forme de force irrésistible.

Cette formule contredit, de la façon la plus manifeste, le but de la défense sociale, parce que les pires malfaiteurs et les plus à craindre sont ceux chez lesquels l'impulsion au mal est la plus impérieuse.

Les juristes, il est vrai, marquent des limites déterminées à la force irrésistible. Plusieurs parmi eux, enseignent que cette impulsion, tout aveugle qu'elle est, dérive toujours pourtant d'un motif plausible, et que les mobiles les plus bas et les plus vils ne peuvent jamais la justifier. Mais ce sont là des opinions qui pourraient varier, tandis que la formule est là, dans toute sa nudité, s'étendant partout où bon lui semble. C'est une force à laquelle on ne saurait résister ! Et que savez-vous si la cupidité du caissier, excitée par la vue de l'or qui ne lui appartient pas, mais qui est commis à sa garde, soit plus résistible qu'une passion d'amant non partagée ? Et qui vous dit que cette dernière soit plus résistible que celle de l'amant trahi !

Et comment vous y prendrez-vous pour mesurer le degré
de résistance que l'impulsion *aurait dû* avoir dans chaque
individu différent, mais qu'en réalité, elle n'a pas eue ?

Les faits viennent à l'appui de ces idées. En Italie, les
jurés ont admis la force irrésistible, non pas une fois, mais
des centaines de fois, en faveur de tous genres d'homicides.
On a vu même que ce principe a été appliqué à un sicaire
payé pour défigurer l'amante infidèle de son maitre. C'est
là-dessus qu'ont été motivés les acquittements de faussaires et même de voleurs. En un mot, il n'y a pas de
délinquant qui ne puisse se réfugier sous l'égide de cette
formule. Et si l'on n'y a pas toujours recours dans de certains méfaits trop atroces, c'est parce que les défenseurs
sont convaincus que, dans ces cas, ils trouveraient peu de
crédit auprès des jurés. Il est un sentiment universel qui
interdit toute indulgence pour de certains criminels. Donc,
tandis que la loi veut que celui qui a agi en vertu d'une
impulsion irrésistible ne soit pas puni, les jurés condamneront toujours un meurtrier dont le mobile n'a été autre
chose que la brutalité, le plaisir de voir couler le sang,
chez lequel évidemment l'impulsion est aveugle et pathologique. Ils condamneront d'autant plus sévèrement le
voleur qu'il sera un plus grand nombre de fois récidiviste. Mais un voleur de métier, fils de délinquant, auquel
on a appris à voler dès sa première enfance, qui est un hôte
habituel des prisons et que toute honnête personne repousse, tandis que d'autres malfaiteurs, ses compagnons et
amis, le recherchent, cet individu, privé de toute retenue
qui soit fondée sur l'amour-propre, de toute crainte de l'opinion publique, sans aucune possibilité, sans aucun désir de
changer sa manière d'existence, n'est-il pas, peut-être, le

spécimen le plus parfait de l'homme *qui ne saurait résis-ter* à l'impulsion criminelle ? Et si, dans de pareils cas, l'ir-résistibilité est mal accueillie au point que le défenseur n'ose pas la proposer, est-ce que, peut-être, en conscience, on pourrait la refuser ? C'est qu'un conseil supérieur à cette considération s'impose, à savoir de ne pas laisser en liberté des malfaiteurs dangereux. — Et, pour ne pas les laisser en liberté, il faut les déclarer responsables, il faut affirmer qu'ils pouvaient résister à leurs impulsions per-verses ; — mais, comment résister, par quelle force, s'il n'y a dans leur âme aucun bon instinct, aucun amour-propre, aucune crainte ni des hommes, ni de Dieu ? Est-il nécessaire d'être déterministe pour dire que dans de telles conditions le délinquant *ne peut être que délinquant ?*

Il n'est donc point responsable ; donc, selon la théorie, il devrait rester impuni ! Grand merci, pour le salut de la société, à messieurs les jurés qui n'entendent pas la chose de cette oreille-là ! La force irrésistible n'est pas admise par eux dans la centième partie des cas où l'on devrait forcément l'admettre ! On dit que l'on en fait abus, — eh quoi ! c'est à peine si l'on en use quelquefois dans les cas les plus évidents ! Et pourtant ces quelques cas suffisent pour soulever contre les jurés l'indignation publique.

Ils ont répondu, d'après leur conviction, à la question qui leur était faite ; ils ont dit la vérité. Cela n'empêche pas qu'ils ont mal fait, parce que la conséquence de leur verdict c'est l'acquittement d'un scélérat. Pour être hon-nêtes, ils devaient donc mentir ! Peut-on imaginer une situation plus fausse ?

Telle est la situation créée par un principe absurde, celui de faire dépendre la peine de la possibilité de résister

aux passions et aux impulsions criminelles; principe qui
est la conséquence de l'autre non moins absurde, d'après
lequel le délinquant n'est délinquant que s'il a voulu l'être
de propos délibéré !

II

La science pénale des juristes ne s'occupe pas des
aliénés ; aussitôt l'aliénation constatée, elle s'empresse de
déclarer son incompétence. Voilà encore une question qui
se rattache immédiatement à celles que nous venons de discuter. L'élément de la responsabilité morale étant écarté
de notre détermination du criminel, ne s'ensuit-il pas que
la société devrait réagir contre le crime de l'aliéné, sans
tenir compte de l'aliénation qui en a été la cause ? On
pourrait répondre tout de suite : oui, sans doute, la société doit réagir, et elle réagit, en effet, en plaçant l'a-
liéné dangereux dans une maison de fous, ce qui n'est
autre chose qu'une manière de l'éliminer du milieu social.
Cette mesure est même prise par le seul fait de la folie,
indépendamment de tout acte nuisible commis par l'aliéné,
car cet état pathologique fait présumer toutes sortes
d'actes nuisibles, de même que l'oisiveté, état de patho-
logie morale, fait présumer toutes sortes de délits.

Mais, la question n'est pas là, nous dira-t-on, car il
nous faut savoir si vous prétendez *punir* l'aliéné auteur
d'un crime, ou plutôt, si vous classifiez *parmi les criminels les aliénés* ayant commis des actes méritant le nom de

crimes. Nous ne pouvons répondre à ce doute qu'en rap-
pelant la signification qu'ont pour nous le mot « crime »,
et le mot « punir » (Voir première partie, chap. 1er et
deuxième partie, chap. 1er).

Il n'est pas douteux que l'acte d'un aliéné peut avoir la
forme extérieure d'un crime sans être pourtant tel subs-
tantiellement. On ne songera jamais à appeler criminelle
cette femme dont parle Maudsley, qui, en proie à une hal-
lucination pendant son sommeil, a vu sa chambre entourée
de flammes, et pour sauver ses enfants, les a jetés par la
fenêtre. Non, bien sûr, car l'acte doit toujours être mis en
rapport avec l'intention, sans quoi on ne saurait parler de
crime. — Même chose serait à dire de tous les actes qui
sont l'effet d'un *accès épileptique,* d'une *folie impulsive,*
enlevant la conscience de l'acte. Mais l'intention elle-
même peut-elle suffire pour que nous affirmions l'existence du crime? Car, bien des fous ont réellement
l'intention de causer des dégâts, d'incendier, de tuer
même. Une distinction est nécessaire ici. D'après notre
classification, les seuls parmi les aliénés que nous puis-
sions considérer comme des criminels *instinctifs* seraient
ceux dont on peut s'attendre de nouveaux délits, *à cause
de leur inhumanité ou de leur improbité.* C'est-à-dire
que leur état pathologique lui-même aurait dû produire
chez eux l'absence du sens moral, tout en ne les privant
pas de leurs facultés d'idéation, sans quoi leur caractère
se trouverait non pas modifié, mais aboli, de sorte qu'il
n'y aurait plus en eux d'individualité psychique.

Mais est-ce que ce cas arrive? Il est évident qu'il faut
exclure non seulement la manie, la démence, mais encore
le délire systématisé, dont une des formes les plus com-

munes et les plus dangereuses est le délire de la persécution. Car le malheureux qui en est atteint, s'il prend à
la gorge l'ami qui vient le soigner s'imagine qu'il ne fait
que défendre sa vie contre un « conspirateur ». Ce n'est
donc pas le sens moral qui lui manque, pas plus qu'à
toute personne qui tue un assassin dont il est menacé.
Nous en dirons de même de toutes les phrénoses, de toutes
sortes d'aliénations où les facultés intellectuelles sont dé-
truites ou simplement troublées. Et quant à certaines
névroses, comme l'hystérisme, si elles sont capables de
pervertir un caractère, c'est que ce sont de vraies infirmités, des commencements d'aliénation, souvent associés
à d'autres symptômes de folie.

Il ne reste, donc, que cette forme improprement appelée
folie morale, dénomination que nous avons déclaré ne
pas accepter et qui n'est autre chose que la simple anomalie morale, non compliquée par une infirmité quelconque. Le fou moral capable de commettre un crime,
n'est pas autre chose pour nous que le criminel *instinctif*,
dont nous avons fait, plus haut, le portrait. Donc, en écartant le criminel instinctif, *qui n'est pas un malade*, et
dont l'anomalie réside dans la possibilité morale qu'il a de
commettre des crimes, il n'y a pas une seule classe d'anomalies pathologiques qui peuvent former le caractère
criminel, sans troubler, plus ou moins, en même temps,
les facultés d'idéation ou sans amener une vraie infirmité,
qui tend à la destruction de l'organisme.

Or, il est évident que, dans de tels cas, on ne pourrait
dire que le caractère perverti par l'infirmité *appartienne
en propre* à l'individu malade ou délinquant, car ce caractère suivra le cours de l'infirmité ; il pourra empirer

ou guérir ; en tous cas, c'est quelque chose de superposé, de détaché ; ce n'est pas l'effet de l'organisme, mais d'un accident survenu à l'organisme, et qui le fait souffrir. Ce n'est donc pas l'*idonéité morale*, qui manque au criminel par aliénation ou par infirmité ; c'est bien plutôt l'*idonéité physique*. Cette différence suffit pour que, malgré l'identité du danger, il ne soit pas odieux à la communauté, car comme nous l'avons dit, dans les agrégations humaines, il arrive le contraire de ce qui arrive dans les agrégations animales ; celles-ci repoussent l'individu malade ou monstrueux physiquement ; les premières le secourent, au contraire, et repoussent ceux qui moralement ne sont pas leurs semblables.

La peine de mort ne saurait donc convenir au délinquant aliéné, parce qu'une condition nécessaire pour pouvoir l'appliquer, c'est que tout lien de sympathie entre la société et le criminel soit rompu ; or, une infirmité ne saurait rompre ce lien ; elle ne peut donc abolir la pitié, qu'elle renforce, au contraire, car le malade est secourable et a droit à être secouru. Ce qui fait que dans ce cas, la société ne doit pas réagir en détruisant l'individu ; si l'élimination est nécessaire, elle ne doit être réalisée que par la réclusion perpétuelle dans un asile pour les criminels de cette espèce.

Voilà donc que la logique la plus stricte ne saurait nous amener aux conséquences excessives qu'on reproche à notre théorie. J'ai répondu ainsi à M. Paulhan, qui écrivait en 1880 : « Si d'ailleurs, nous ne voulons que suivre le principe de M. Garofalo, je me demande comment on pourra faire une distinction entre un criminel et un fou incurable, et pourquoi on ne guillotinerait pas un fou

dangereux, dont la maladie est incurable [1] ? » La distinction se trouve toute faite par les principes mêmes que j'ai
établis, en commençant par la conception du crime et en
finissant par les conditions dans lesquelles la peine de
mort peut être appliquée. On ne peut concevoir que la
peine de mort soit appliquée à un individu dont le caractère n'est pas *perverti d'une façon permanente*, c'est-à-
dire à un criminel non typique mais fortuit. Or l'aliénation *n'engendre pas un caractère moral permanent;*
de sorte que la perversité n'est que passagère et modifiable.
La répression des délinquants aliénés fait partie de notre
système de pénalité, dans lequel le mot « peine » n'a pas
la même signification qu'il a pour les juristes ; mais cette
répression doit avoir des formes différentes et appropriées
aux modifications qu'une maladie peut apporter au caractère et qui suivent les phases de la maladie elle-même.
Sans doute, au point de vue déterministe, le monstre n'est
pas plus coupable d'être monstre, que l'infirme ne l'est
d'être infirme. Sans doute, l'un et l'autre sont également
dangereux à la communauté. Aussi, y aura-t-il une forme
de répression dans les deux cas ; seulement, le sentiment
social doit être respecté, et si la violation du sentiment
de la pitié constitue le crime, on ne pourra pas la réprimer
par une violation du même sentiment, ce qui arriverait si
l'on tuait le *criminel infirme*, et ce qui n'arrive pas lorsqu'on tue le *criminel monstre*.

Je prévois une objection : le sentiment social, dont je
parle, n'est-il pas modifiable par le progrès des lumières ?
Lorsqu'on aura su que la férocité d'un assassin n'est que

1. *Revue philosophique de la France et de l'étranger.* Juillet, 1880, Paris.

l'effet d'une malheureuse organisation psychique, n'y aura-t-il pas lieu de l'envisager avec plus de compassion, et n'en viendra-t-on pas alors à mettre cette sorte d'anomalie sur le même rang que les troubles nerveux, que l'épilepsie, que l'aliénation ? Je ne le pense pas ; car le sentiment social dont j'ai parlé est en parfait accord avec le raisonnement. Dans le cas où il n'y a pas d'aliénation, le progrès même de l'anthropologie montrera une *individualité malfaisante par elle-même*, et qui *ne cessera jamais* d'être telle, — dans l'autre cas, une *individualité devenue malfaisante par un accident*, et qui, d'un jour à l'autre, *ne le sera plus*, du moins au même degré.

Un mouvement de la volonté, en dépendance du caractère moral, est chose bien différente d'un mouvement de la volonté, par effet d'une erreur intellectuelle ou d'une décharge nerveuse. C'est la différence entre le *moi*, qui se manifeste tel qu'il est, et le *moi*, en proie à un ennemi, à une force non inhérente à l'organisme, mais en lutte avec lui, et qui tâche de le détruire.

Pour justifier la peine de mort, il y a d'ailleurs bien d'autres arguments ; ce que j'en ai dit ici n'est pas fait pour entreprendre cette justification, mais seulement pour lui assigner des bornes infranchissables, d'après les principes mêmes qui ont été mon point de départ, c'est-à-dire les sentiments moraux de l'humanité.

Les délinquants aliénés forment donc pour nous comme pour tous, une classe à part. Sur ce point, la seule différence entre les juristes et nous, c'est que les premiers, aussitôt l'aliénation reconnue, croient que la science pénale ne doit plus s'en mêler, et que la loi doit déclarer, en ce cas, l'inexistence du crime. Nous croyons au contraire que le

crime existe, tout en étant d'une espèce à part, c'est-à-dire
l'effet non pas d'un caractère moral déterminé par une
cause permanente, mais d'un caractère moral déterminé par
un état pathologique passager, susceptible d'amélioratiou,
d'empirement ou de transformation ; et que, par conséquent, selon la marche de la maladie, le criminel peut devenir plus ou moins dangereux, ou même tout à fait inoffensif. Ce qui fait que la répression doit avoir une forme à
part ; non l'élimination absolue, mais une *réclusion indéfinie* dans un *asile pour les aliénés criminels* ; si, par
exemple, comme cela arrive souvent, la démence succède
au délire de la persécution, qui a été la cause d'un meurtre, cette répression ne sera plus nécessaire, et le malheureux pourra être soigné ailleurs, ou rendu à sa famille.
C'est donc *une forme d'élimination* appropriée au cas
de l'aliénation criminelle, ni plus ni moins que les autres
formes d'élimination sont appropriées aux cas de la criminalité ordinaire. La société prendra ses précautions ;
elle se défendra par les moyens qu'elle jugera convenables
contre les délinquants aliénés, comme par des moyens
différents, elle se défendra des délinquants non-aliénés.
Pourquoi donc faudrait-il exclure l'aliénation du code général de la criminalité ?

D'ailleurs, qu'on le remarque, l'internement de l'aliéné
dans un asile est une vraie forme de répression selon notre
théorie, c'est-à-dire qu'elle est agissante pour la défense
sociale immédiate et future, moyennant la sélection qu'elle
opère. Un seul effet lui manque, dit-on, dans lequel l'école
classique fait consister le vrai caractère pénal, c'est *l'intimidation*, car « ne devient pas fou qui veut ». Mais,
d'abord, l'intimidation n'est pour nous qu'un effet acces-

soire et subordonné, dont il ne faut pas s'occuper directement. Ensuite, ce n'est pas la folie qu'il s'agit de prévenir, mais le délit qu'un fou peut commettre. Or, si l'aliéné n'est qu'un monomane, la menace de la réclusion indéfinie pourra ne pas lui être inutile; car, comme l'a dit Maudsley, le fou considère la perte de sa liberté comme la torture la plus cruelle, et les châtiments exercent sur lui un effet préventif très sensible [1]. Enfin, dans la pratique, les simulations de la folie n'atteindront plus leur but lorsque les aliénés criminels eux-mêmes pourront, en certains cas, être jugés et condamnés à une réclusion indéfinie, car il ne faut pas oublier que de telles simulations sont bien plus fréquentes qu'on ne le pense. Le Dr Taylor nous assure avoir examiné un grand nombre de vrais criminels, n'offrant aucun symptôme d'aliénation, et qui, pourtant, avaient été acquittés par le Jury [2]. En Italie, il y a eu des cas de meurtriers déclarés lipémaniaques, et qui, se croyant désormais sûrs de l'impunité, déclaraient hautement qu'ils n'avaient rien à craindre de la Justice. Il y en a eu un qui, ayant été acquitté *trois fois* après avoir *tué deux personnes et tâché d'en tuer une troisième*, se vantait partout de pouvoir ôter la vie à qui bon lui semblait sans courir le risque du bagne [3].

1. Il n'est pas douteux que les malheureux hôtes d'une prison sont, en quelque sorte, forcés à se bien conduire, par la crainte de ce qu'ils pourraient souffrir, s'ils perdaient tout droit à l'indulgence ou par la crainte d'une réclusion plus sévère, s'ils s'abandonnaient à leurs penchants. — MAUDSLEY, *La responsabilité dans la folie,* Introduction.

2. A.-S. TAYLOR, *Traité de médecine légale,* traduit par le Dr H. CouTAGNE, p. 893 et 911. Paris, 1881.

3. Voir LOMBROSO, *Incremento del delitto in Italia,* page 107. Turin, 1881.

L'extension de la répression pénale à l'aliénation criminelle n'obligerait plus les juristes à rétrécir d'une manière tout à fait arbitraire le domaine de la folie, pour ne
pas donner l'impunité aux monomanes [1].

Sans faire violence à la science, on peut rassurer la
société en considérant les monomanes criminels comme
des *délinquants d'une espèce à part* et en indiquant le
mode d'élimination qu'il faut employer à leur égard, c'est-
à-dire une réclusion indéfinie dans une maison moitié prison, moitié hôpital, en confiant au pouvoir judiciaire le
jugement, la condamnation et le soin de la libération
lorsque tout danger aurait cessé.

Ce qui est absurde, à coup sûr, c'est de considérer la
demi-folie comme une circonstance atténuante, de sorte que
la peine établie par la loi soit infligée, mais que *la durée
en soit réduite de beaucoup*. C'est ainsi que l'on a vu et que
l'on voit tous les jours des meurtriers et des incendiaires,
monomanes peut-être, mais très dangereux sans doute,
qui en sont quittes pour quelques années de prison. Si l'on
se décidait hardiment à admettre qu'ils sont réellement
aliénés, on les enfermerait pour toujours, ou du moins
sans aucune détermination de temps, ce qui sans doute
serait bien plus pratique.

Notre doctrine diffère encore de la théorie dominante
pour ce qui regarde l'état de l'*ivresse*, pour lequel plusieurs formules ont été essayées, dont quelques-unes, malheureusement, sont devenues des articles de loi dans cer-

---

1. Voir à ce sujet AD. FRANCK, *Philosophie du droit pénal*, ch. v, p. 140.
Paris, 1880.

taines législations. On a prétendu décider la question de la responsabilité par des articles applicables à tous les cas; on a mis l'état de l'ivresse sur le même plan que l'aliénation, de sorte que, selon le degré de l'intoxication alcoolique, le coupable soit puni plus ou moins gravement, mais toujours plus légèrement que s'il n'avait pas été ivre.

Le criminaliste positiviste, au contraire, n'établira pas de règle générale : il distinguera l'ivresse, qui ne fait qu'exagérer le caractère, de l'alcoolisme, une vraie infirmité, capable de le changer tout à fait. Le coupable, dans le premier cas, sera considéré comme s'il avait agi dans son état normal, car l'excitation causée par le vin n'est que la cause occasionnelle, qui révèle l'instinct criminel. Un homme d'un caractère doux peut boire tant qu'il veut ; il ne tuera jamais son camarade à coups de couteau dans une querelle de cabaret. L'ivrogne sera donc comparable à l'homme colère, qui fait, dans un accès, ce qu'un autre n'aurait pas fait de sang-froid ; mais qui pourtant, est incapable de commettre un vrai crime, quoiqu'il ne soit pas incapable de crier, de s'agiter, de faire des extravagances, — *à moins que l'instinct criminel ne vienne s'associer à la colère;* — il sera alors meurtrier dans son accès, comme l'homme à sang-froid le sera dans son calme apparent. — Il ne s'agit donc pas de responsabilité augmentée ou diminuée ; il s'agit de préserver la société des meurtriers à sang-froid, comme des meurtriers colères, fous et ivrognes, par des moyens différents peut-être, mais qui marchent directement à ce but sans s'égarer en route par la détermination précise du degré de responsabilité.

Un homme ivre a-t-il commis un crime? Il faudra voir si

le genre du crime commis répond au caractère de l'individu ; si l'humanité ou l'improbité de l'acte est en rapport avec les penchants du délinquant, de sorte que l'ivresse n'ait fait que les déterminer et les manifester d'une manière qui n'est plus douteuse. Les cas abondent de criminels ivrognes ayant été condamnés plusieurs fois auparavant pour des attentats d'un même genre, et d'autres, qui, n'ayant pas encore subi de condamnations, étaient pourtant connus pour leur méchanceté. Que fera-t-on de ces criminels-là ? Il ne faudra tenir aucun compte des bouteilles qu'ils ont vidées et les condamner comme s'ils n'avaient pas été ivres. Mais le cas peut arriver, surtout ailleurs que dans les meurtres et les vols, d'une incompatibilité démontrée à l'évidence entre l'acte punissable et le caractère de l'individu ; de sorte que c'est à l'excitation alcoolique, à elle seule, que le délit doit être attribué. Cela se voit le plus souvent dans les cas de coups et d'injures, d'incendie, d'attentats à la pudeur, de diffamations. S'il se trouve alors que l'acte punissable n'a pas été voulu précédemment et que le délinquant n'est pas allé puiser une nouvelle énergie dans la liqueur alcoolique, il faudra considérer cet acte comme un délit involontaire, non pas comme un délit naturel.

Autre chose est à dire du délinquant *impulsif*, formé par un *alcoolisme chronique*. Nous avons ici une cause permanente de crime, jusqu'à ce que les causes permanentes de ce vice ne disparaissent. Partant ce qu'il faut à ces délinquants, c'est non pas une responsabilité égale ou minorée, c'est un traitement spécial. Ils seront enfermés dans un asile, à la fois hôpital et prison, tout comme les délinquants aliénés, et ils n'en sortiront que lorsqu'ils auront été guéris, si c'est possible encore, du vice funeste de l'alcoolisme.

Que dirons-nous de la *suggestion hypnotique ?* Nous ne connaissons encore que très peu de cas où l'on se soit servi de l'hypnotisme comme d'un moyen pour commettre un crime, et encore ne sont-ils pas dûment avérés. Toutefois, en supposant que l'art d'hypnotiser se répande davantage, et que les criminels s'en emparent, il n'est pas douteux, d'après une théorie pénale quelconque, que l'auteur de la suggestion devrait être puni comme le vrai auteur du crime ; pendant que l'hypnotisé ne devrait être considéré que comme l'instrument passif, ou ne devrait encourir tout au plus que la responsabilité d'un délit involontaire, pour s'être imprudemment soumis à cette opération. Il y a pourtant un cas dans lequel les criminalistes de l'école classique devraient déclarer l'impunité d'un vrai coupable : c'est lorsque l'agent a demandé *lui-même* d'être suggestionné afin d'être bien sûr de pouvoir commettre son crime sans défaillance, et sans probabilité de repentir au dernier instant. En effet, quel que soit son projet précédent, si *au moment* du viol, du meurtre ou de l'incendie, il n'avait plus de *liberté morale*, et par conséquent, ne pouvait plus s'abstenir de la réalisation de ce projet, son action ne serait pas punissable.

Notre logique nous conduit à la conclusion opposée, car la nécessité de la défense sociale est loin d'être amoindrie dans un pareil cas, où la suggestion ne représente qu'un moyen pour rendre irrévocable l'intention criminelle et pour fournir au malfaiteur une nouvelle énergie. Du moment que l'hypnotisation est volontaire, et qu'elle n'a

que le but de faciliter l'exécution du crime, il est évident
que l'acte n'est pas en désaccord avec les instincts de
l'agent, qu'il en est au contraire le reflet fidèle[1]. C'est un
cas semblable à celui du malfaiteur, qui, ayant décidé le
crime, se grise avant de frapper.

Il nous reste à considérer l'application du principe de la
responsabilité à l'*âge* du délinquant. Les codes, d'accord
avec les idées théoriques qui les ont dictés, marquent dans
la vie humaine, une limite à la responsabilité *complète*,
qu'ils fixent, pour la plupart, à dix-huit ans. — L'enfance,
l'adolescence, la première jeunesse ont une responsabilité
limitée, qui se traduit par des peines réduites d'un ou de
deux degrés, ou même de moitié ou de *trois quarts*.

Cette théorie grossière, qui est tout à fait muette à
l'égard du sexe, de l'âge mûr et des infirmités, comme si
ces circonstances mêmes n'avaient pas leur importance, —
ne saurait point du tout être acceptée par la science
pénale positive. Je rappellerai à ce propos que la psychologie et l'anthropologie criminelle nous donnent le moyen
de reconnaître dans l'enfant, le criminel-né, dans le jeune
homme précocement corrompu par un milieu ambiant
malsain auprès de sa famille, ou au sein de la société qu'il
fréquente, le délinquant incorrigible. « Une certaine quantité de délinquants, — disent les docteurs Marro et Lombroso, — remontent jusqu'aux premières années de leur
naissance, que les causes héréditaires interviennent ou

---

1. Voir à ce sujet CAMPILI, *Il grande ipnotismo e la suggestione ipno-
tica*, pages 77 à 118. Turin, 1886. — FARAONE, *L'ipnotismo dal punto di
vista medicolegale*, dans l'ouvrage de M. BELFIORE, *L'ipnotismo e gli stati
affini*, Naples, 1887.

n'interviennent pas ; ou, pour être plus clairs, s'il y en a quelques-uns qui ont été formés par une mauvaise éducation, chez la plupart la bonne éducation n'a opéré rien de bon [1]. »

La tendance instinctive vers le sang, et que rien ne saurait arrêter, se révèle parfois, dès la première jeunesse, par une série de violences, de coups, de blessures, de peu d'importance si l'on veut, mais qui ne sont justifiés par aucune provocation.

Ce sont ordinairement ces faits-là que nos lois punissent de quelques jours ou de quelques mois d'emprisonnement, et qui se répètent quelquefois avec une fréquence qui paraît invraisemblable pour quiconque n'a pas eu l'occasion de prendre connaissance de leurs casiers judiciaires. Il est bon de remarquer encore que ceux-ci ne mentionnent qu'*une partie* de ces faits, ceux pour lesquels la justice a eu son cours régulier.

Il s'agit souvent d'un sanguinaire qui révèle tout à coup son instinct par un meurtre brutal, mais qui aurait pu être deviné depuis longtemps par l'anthropologiste.

Et pourtant ces délits précédents on est toujours prêt à les excuser, par le seul fait du jeune âge ; on ne s'en préoccupe pas d'une façon particulière, car on les attribue toujours à l'excitation des passions, tandis que bien souvent il y a là la manifestation d'une perversité innée et indomptable, qui ne fera que s'accroître avec l'âge. Or, l'anthropologie, en *complétant* au physique et au moral la *physionomie typique* de l'homme sanguinaire ou du voleur

1. *Les germes de la folie morale et du crime chez les enfants. Arch. di psichiatria, scienze penali,* etc., vol. IV, 2e fasc. Turin, 1883.

par instinct, pourrait rendre, ici surtout, de très grands
services. Le criminaliste, convaincu qu'il s'agit d'un individu né pour le crime, et qui sera pour la société un danger toujours plus grand, devrait demander la ségrégation
perpétuelle, ou du moins indéfinie, de ce jeune délinquant
qui, d'après nos lois, ne sera condamné qu'à quelques mois
de réclusion, dans une soi-disante *maison de correction*,
qui « mériterait plutôt d'être appelée *maison de corruption* ».

Les auteurs que je viens de citer croient que pour combattre les penchants criminels chez les enfants, on peut
essayer d'abord le système d'éducation de Froëbel et des
règles hygiéniques particulières ; mais, lorsque ces penchants sont *tenaces* et *invincibles*, ils n'hésitent point
à proposer « *une maison de refuge perpétuel pour les
jeunes gens au-dessous de vingt ans* ».

Combien la science s'éloigne des codes, qui infligent,
pour les crimes les plus atroces, quelques années d'emprisonnement ou de surveillance aux enfants au-dessous de
14 ans et de 16 ans, et qui atténuent la peine des mineurs
par respect pour la responsabilité limitée[1] !

Est-ce qu'il n'est pas permis de conclure, d'après cet
examen sommaire de la théorie, qu'il existe une contra-

---

1. Le Code pénal italien, qui fixe à vingt-un ans l'âge de la responsabilité complète, n'admet pas au bénéfice de la réduction de la peine les
jeunes gens qui ont passé dix-huit ans, sans avoir atteint vingt-un ans,
s'ils se sont rendus coupables des méfaits qui répugnent le plus aux sentiments humains, tels que parricide, vol à main armée accompagné de
meurtre, etc. Les juristes n'ont pas manqué de jeter les hauts cris contre
cette exception, qu'ils ont déclarée *injuste* ! Quant à nous, nous pensons
qu'il n'y aurait pas de mal à l'étendre à ceux qui n'ont pas atteint la dix-
huitième année.

diction manifeste entre le but de la défense sociale, et la condition de la responsabilité morale? — Ceux-là mêmes qui admettent, dans une certaine mesure, le libre arbitre du criminel, ne devront-ils pas convenir de cette contradiction?

Nous verrons plus loin comment la législation fondée sur cette théorie classique, qui prétend avoir le but de la protection de l'ordre social, en réalité, elle ne protège rien. L'absurdité de la théorie se traduit par une impuissance pratique.

III

Il nous faut examiner maintenant l'autre pivot du système classique : *La proportion de la quantité de la peine à la quantité du délit*. L'énonciation de ce principe paraîtra peut-être satisfaisante au premier abord ; mais une observation tant soit peu approfondie en montrera vite le peu de solidité, car il suffira de considérer les deux termes pour s'apercevoir aussitôt de l'impossibilité d'établir entre eux un rapport quelconque tendant au but de la défense sociale.

En effet, le premier terme, la gravité du délit, ne saurait être déterminé d'une manière absolue, parce qu'il manque d'un critérium exclusif. C'est tantôt le dommage, tantôt l'alarme causée par l'acte délictueux ; quelquefois, c'est l'importance du devoir qu'on a violé. Selon les auteurs, l'un ou l'autre critérium est dominant ; les Italiens, par exemple, donnent la préférence aux deux premiers ; l'école française, fondée par Rossi, au troisième ; mais ce qu'il y a de sûr, c'est qu'aucun d'entre eux ne peut à lui seul résoudre le problème de la gravité relative des délits. — Il est vrai qu'on en est arrivé à des conclusions pas trop dissemblables, parce que, pratiquement, l'alarme dépend très souvent de l'immoralité en même temps que du dommage ; mais, pourtant, l'échelle graduée des délits, avec la distinction des espèces et des sous-espèces, n'est que le résultat des transactions réciproques des juristes.

En effet, ceux qui font du *dommage* le critérium de la gravité relative des délits, sont obligés de l'abandonner lorsqu'il s'agit de la tentative, ou de créer à leur usage une espèce différente de *dommage*, qu'ils appellent *indirect*, et qui consiste dans le danger *que l'on a encouru*, à cause du délit, sans expliquer pourquoi ce danger, une fois passé, doit servir à mesurer l'importance du délit.

Comment faire, d'ailleurs, pour comparer entre eux des faits hétérogènes, tels que la douleur d'une blessure et celle d'une calomnie, la perte d'un objet et le déshonneur ? Qui nous dira quel est le mal le plus vivement ressenti, le plus irréparable, le plus terrible pour ses conséquences ? Il nous semble impossible de pouvoir parvenir à fixer la gravité du dommage *direct* produit par chaque espèce de méfait, de telle sorte qu'on puisse déterminer, sur cette base, la gravité relative des délits. Il faudra en venir nécessairement à l'évaluation du mal *indirect* ou social, c'est-à-dire l'*alarme* et le *mauvais exemple*. Mais, alors, on retombe de suite dans l'empirisme le plus vulgaire, car la gravité relative des délits dépendrait de mille circonstances de temps et de lieu, et l'*importance* du délit serait mesurée selon l'appréciation *populaire* du danger, l'*alarme*, non pas selon la quantité *vraie* du danger, qu'il est impossible d'évaluer sans connaître la biographie et la psychologie du délinquant. Le danger social n'est pas celui que l'individu a encouru ; c'est celui qui persiste ; le danger *passé* n'a par lui seul aucune importance sociologique ; il n'en a que comme un des éléments qui nous permettent de déterminer le danger *futur*.

Quant à ceux qui préfèrent le critérium de l'importance du devoir violé, il faut remarquer que, loin de donner la solution du problème, ils créent un nouveau problème [1].

Que l'on interroge, nous dit-on, la conscience humaine qui se prononce même sur les lèvres d'un enfant, dont les sentiments de justice n'ont sans doute pas été puisés dans la loi [2]. Mais jusqu'à quel point cette conscience nous donnera-t-elle des réponses précises et uniformes ? Rossi lui-même est forcé de convenir que le « fait de conscience » ne saurait être étudié dans chaque délit, et que sa méthode ne peut fixer que les catégories principales. Mais ici encore le doute reprend le dessus. « Il peut exister un critérium moral constant pour dire que *certaines actions sont mauvaises ;* mais il n'y a pas, bien sûr, de critérium moral universel et constant pour dire qu'*une de ces actions est plus mauvaise qu'une autre* [3] » — « Car, a-t-on ajouté, — il est impossible d'affirmer, qu'au point de vue moral, *en toutes circonstances*, une espèce donnée de délit soit plus grave qu'une autre [4]. »

1. Voir CARRARA, *Programma del Diritto penale*, § 184.
2. ROSSI, *Traité de droit pénal*, liv. III, ch. IV.
3. CARRARA, *Op. cit.*, § 184.
4. VON HOLTZENDORFF, *Das Verbrechen des Mordes und die Todesstrafe*, Kap. 19.

Les différentes espèces de devoirs sont trop différemment appréciés, non seulement par les individus, mais par les classes sociales mêmes, prises dans leur ensemble. A cela il faut ajouter que les termes de la comparaison ne sont pas homogènes. Sans doute la conscience publique n'hésitera pas à déclarer que l'abus de pouvoir, le vol, le viol, l'escroquerie et la concussion sont des délits, mais elle restera muette si on l'interroge sur le degré d'immoralité intrinsèque de chacun de ces actes.

La vérité est que, par une méthode quelconque, il sera toujours impossible de déterminer d'une manière absolue la gravité relative des délits, car il y a concours de trop d'éléments divers : — la gravité du mal matériel, celle du mal immatériel, celle de l'immoralité intrinsèque de l'acte, celle du danger, enfin celle de l'alarme.

De quel droit pourrait-on choisir un seul de ces éléments en laissant les autres de côté ?

Malgré ces obstacles, on s'est efforcé de former une échelle graduée des délits, selon leur gravité, du moins pour les grandes espèces, afin de pouvoir construire vis-à-vis, une échelle semblable des peines. On s'est imaginé d'avoir résolu le problème pénal en faisant coïncider le degré le plus élevé et le plus bas de l'échelle des peines, avec le degré le plus élevé et le plus bas de l'échelle des délits. Et voilà ce qu'on a appelé « la proportion pénale ». Il est vrai que les plus grands penseurs ne sont pas entrés dans cette voie sans quelque hésitation. Rossi, par exemple, déclare que « cette méthode n'offre pas assez de jalons pour être sûr de ne pas s'égarer en route ». Mais il ne savait pas en indiquer d'autre. En plaçant vis-à-vis les deux catalogues des peines et des délits « on pourra se

HASARDER — dit-il, — à reconnaître, en descendant, les rapports de chaque peine, ou des divers degrés de peine avec un délit ». Il avoue même plus tard que le point de départ lui manque, et que, partant, le problème n'est point résolu [1].

Seulement, si ce grand écrivain a pu se plier à cette méthode, c'est qu'il était persuadé de la justice absolue et de la nécessité de la réparation du mal pour le mal. Il ne pensait pas que la défense sociale, moyennant la prévention des délits, soit le vrai but de la peine. Ce qui est étonnant, par contre, c'est que la même méthode soit adoptée par ceux pour qui la peine a précisément ce dernier but. Car la logique semble nous amener à dire que pour réaliser la prévention il faudrait avant tout examiner *le degré de prévention* dont la menace de chaque peine serait *susceptible*, plutôt que d'établir une proportion idéale qui pourrait n'avoir aucune utilité de ce genre.

La seule théorie de Romagnosi et de Feuerbach se place à un point de vue plus rationnel, en proportionnant la peine au degré du *désir* ou de l'*impulsion criminelle*, de sorte que la menace de la peine puisse agir comme une *contre-impulsion* et qu'elle soit suffisante pour triompher. Mais, cette théorie, comme nous l'avons dit plus haut, aboutit à l'intimidation, qui fait de l'individu coupable un instrument dans les mains de la société, dont celle-ci se sert comme d'un exemple terrorisant.

En effet, la peine, selon ces auteurs, devrait s'accroître en rapport direct de l'impulsion criminelle, parce que c'est l'impulsion la plus forte qui est la plus dangereuse

1. ROSSI, *Op. cit.*, liv. III, ch. VI.

pour la société. Mais, ce danger peut ne plus exister ou être bien moindre de la part du coupable. La vivacité de l'impulsion a pu être l'effet de circonstances exceptionnelles, qui ne se reproduiront pas ; de sorte qu'une impulsion future serait bien moins énergique. On ne punirait donc pas l'individu pour le danger qui vient *de lui-même*, mais pour celui qui vient de la part *des autres,* s'ils ne sont pas assez effrayés par le châtiment. Au contraire, si l'impulsion criminelle a été faible, ce n'est pas une raison pour qu'une deuxième fois elle ne devienne pas plus violente. La faiblesse de la réaction peut même l'enhardir. L'absence du sens moral peut assurer le triomphe du mobile criminel dans une occasion quelconque, sans que le désir soit très vif, ni la passion très excitée. Donc, dans ce cas-là, la contre-impulsion pénale serait insuffisante, pendant que, dans le premier cas, elle serait excessive. La peine ne serait donc infligée au coupable qu'en vue de la prévention indirecte ; il ne serait pas châtié *pour ce qu'il peut* faire, mais pour ce que les autres, poussés par son exemple, pourraient faire à sa place. Il est inutile de répéter, ici, les considérations que nous avons déjà faites à ce sujet, et qui nous empêchent d'adopter la théorie de l'intimidation. Nous croyons qu'on ne peut infliger un mal à un individu qu'autant que ce mal est nécessaire pour le danger social, qui dérive de cet *individu même*. La prévention *spéciale* doit être le but direct de la peine ; la prévention *générale* en sera l'effet occasionnel, et qui, comme nous l'avons remarqué, ne manquera pas de se produire lorsque le moyen de répression sera bien approprié *à l'individu*.

Ce qu'il faut mesurer ce n'est donc pas la force du désir

criminel, c'est plutôt la force de résistance à cette impulsion : — c'est, en d'autres termes, le *sens moral* du délinquant. Il n'y a que cette recherche qui pourra nous faire connaître ce qu'on peut s'attendre de lui. Si cela est possible, un grand pas se trouvera fait pour la solution du problème. Il ne restera plus qu'à adapter le moyen de prévention au degré de la *perversité constante* de l'agent.

Mais, alors, la recherche du critérium pour déterminer la *gravité relative* des délits devient tout à fait inutile.

Je viens de faire remarquer la difficulté d'une recherche de ce genre, à cause du peu d'homogénéité des termes à comparer. J'ajouterai maintenant que la solution même du problème n'aurait pour nous aucun but pratique : en effet la détermination de la gravité relative, d'après le critérium du dommage *matériel*, ne saurait entraîner logiquement que la mesure de la réparation matérielle, ou pécuniaire, due à l'offensé ; quant aux autres critériums d'après lesquels plusieurs auteurs ont essayé de déterminer le *quantum* du délit, ils n'ont d'importance pour nous qu'autant qu'ils représentent les éléments de la *perversité constante* du délinquant.

L'échelle graduée des délits ne nous sert donc pas du tout. Il s'ensuit qu'il ne saurait plus être question pour nous de « proportion pénale » du moment que l'un des termes de ce rapport a complètement disparu.

A la recherche de la proportion pénale, nous en avons substitué une autre : « *La recherche de l'idonéité du coupable à la vie sociale dans les différents cas de délit.* » C'est dire, en des termes différents, qu'au lieu de mesurer la quantité de mal qu'il faut infliger au criminel, nous essayerons de déterminer le genre de frein adapté à la spécialité de sa nature.

Comment ! va-t-on s'écrier, prétendez-vous qu'il ne faut pas punir différemment celui qui a volé pour mille francs, de celui qui a volé pour vingt centimes ?

Je répondrai que je ne sais pas ; car, rationnellement, cette question ne peut pas être résolue *in abstracto*. Ce qu'il importe à la société de savoir c'est lequel de ces deux voleurs est le plus dangereux. Il se pourra bien que le premier soit déclaré plus dangereux que le deuxième; mais, le contraire pourrait arriver également.

Le but vers lequel nous marchons n'est pas d'établir la quantité de douleur pour laquelle nous aurons tarifé le vol d'après la valeur ; c'est de désigner le *moyen répressif exactement approprié*, c'est-à-dire l'obstacle capable d'éloigner le danger.

Nous ne saurions donc énoncer le problème que dans les termes suivants : « Quel est le moyen de déterminer la perversité constante du délinquant et le degré de sociabilité qui lui reste ? »

Pour cela, il faudra rappeler d'abord les distinctions que nous avons faites dans le chapitre sur l'*anomalie des criminels*. — Nous aurons devant nous les différents groupes que nous avons analysés, et nous rapprocherons de l'un ou de l'autre le délinquant dont il s'agit. Nous nous garderons bien de donner, de parti pris, l'exclusion aux circonstances dites *objectives*, du délit, celles qui, d'après les lois existantes, rendent un délit plus ou moins grave ; mais nous choisirons, parmi ces circonstances celles qui sont *un vrai indice de perversité*, ou celles qui peuvent nous amener à ranger dans l'une ou l'autre classe le cas qui nous est présenté. Par exemple, les circonstances qui, d'après la législation, caractérisent le *vol qualifié*, seront examinées par nous, sans doute, mais seulement comme un des éléments qui nous serviront à déterminer si l'auteur du vol doit rentrer dans la catégorie des voleurs par instinct, par oisiveté, par suite d'une enfance abandonnée et vicieuse, et d'une mauvaise compagnie, ou par le simple effet de l'imitation des exemples qu'il a reçus dans sa propre famille.

Pour en arriver là, la vie précédente du délinquant doit nous être connue et, autant que possible, il faudra examiner ses rapports de parenté et ses liaisons.

L'âge du délinquant est la circonstance la plus importante ; il faudra savoir ensuite quelle est sa famille, l'éducation qu'il a reçue, quelles ont été ses occupations, quel était le but qu'il poursuivait dans la vie.

On nous a représenté la difficulté de pareilles recherches. Je remarquerai, au contraire, que ces recherches on les fait déjà, à peu près, dans chaque procès, mais qu'on n'en tient pas compte suffisamment dans le jugement.

Car, d'après les lois existantes, l'examen de ces circonstances n'aboutit qu'à influencer sur la mesure de la peine ; pendant que, pour nous, c'est la détermination même du moyen répressif ou du genre de pénalité qui en dérive.

Le moyen répressif se trouve désigné, en effet, par la possibilité d'adaptation du délinquant, c'est-à-dire par les conditions du milieu dans lesquelles on peut présumer qu'il cessera d'être dangereux.

C'est ainsi que, d'après les caractères subjectifs, nous verrons d'abord s'il faudra appliquer à l'auteur d'un vol un moyen d'élimination, ou si l'on peut se contenter de la

simple réparation ; et si, dans le premier cas, cette élimination doit être perpétuelle ou indéfinie, si elle doit consister dans la relégation ou dans l'assignation à une colonie
agricole, ou à un établissement industriel, lorsqu'il s'agit
de jeunes gens dont on peut espérer la réforme morale.

M. Poletti, tout en admettant le critérium que j'ai proposé, a essayé de le mettre d'accord avec celui de la responsabilité, qui d'ailleurs, est pour lui toujours relative. —
« Cette conciliation, — dit-il — peut avoir lieu, pour ce
qui regarde la *prévention*, lorsqu'on ajoute au sentiment
de la responsabilité de l'acte la crainte de la peine, *que
l'on juge suffisante dans les cas ordinaires* pour empêcher le délit ; elle a lieu, pour ce qui regarde la *répression*, lorsqu'à ces deux sentiments, qui n'ont pas suffi
pour empêcher le délit, on ajoute la réalisation de la
menace de la peine, en l'infligeant *dans la mesure que
la loi juge suffisante* pour la défense du droit, *et pour
ôter au délinquant l'envie de commettre de nouveaux
délits.* »

Mais, est-ce que la loi trouvera donc suffisant ce dont
l'insuffisance nous est prouvé par l'expérience ? Telle ne
peut pas être assurément l'idée de notre auteur, car pareille fiction n'aurait pas de but raisonnable. Il faudra donc
que la peine menacée par la loi soit *réellement* suffisante
pour prévenir de nouveaux délits de la part du même individu. Ne sera-t-on pas forcé alors par la logique, à admettre le critérium que j'ai proposé, et qu'on ne veut pas
reconnaître comme le seul utile et pratique ?

Du moment que l'on voit dans le phénomène du crime,
le manque d'adaptation aux rapports juridiques de l'association, et qu'on n'en voit que le remède dans la pénalité,

ce que M. Poletti admet lui aussi [1], pourquoi faudrait-il se refuser aux conséquences rigoureuses de ce système ? Pourquoi ne pas viser droit au but lorsqu'il s'agit d'établir un critérium de la pénalité ? Pourquoi donner, par exemple, l'exclusion à la peine de mort et affirmer que la pénalité ne doit avoir qu'un seul type, la réclusion pour un temps fixé à l'avance ?

On répond que la personnalité humaine a des droits qu'il faut respecter, mais on oublie qu'une peine quelconque ne peut ne pas violer quelques-uns de ces droits. Ce sont des limites arbitraires, qui ne représentent qu'une transaction de l'individualisme avec les nécessités sociales. Mais l'individualisme n'a pas de sens dans la science pénale ; car elle ne saurait vivre sans pouvoir porter quelque atteinte aux droits de ces individus, qui, en devenant criminels, ont foulé aux pieds ceux des autres citoyens. A quoi bon s'occuper donc à mettre des entraves à la réaction sociale ? Nous ne cherchons pas directement un moyen plus ou moins douloureux ; nous ne demandons qu'un peu de cohérence entre le but qu'on a en vue et les moyens pour l'atteindre. Tout se ramène donc à la détermination de la *vraie nécessité sociale*. C'est sur ce point que tous les efforts doivent se porter, afin de la préciser avec exactitude : tout ce qui est au dehors ne peut engendrer que des erreurs scientifiques, qui traduites dans la législation, produisent des effets déplorables.

Nous sommes donc persuadés qu'un critérium d'*idonéité*

---

1. POLETTI, *Il sentimento nella scienza del Diritto penale*, p. 126-127. Udine, 1882.

doit remplacer, dans la science pénale, l'ancien critérium
de la *proportionnalité*.

Sous une forme un peu différente, j'avais fait l'énonciation de ce critérium dans un de mes premiers ouvrages [1].
Pour désigner la perversité constante et agissante du délinquant et la quantité du mal prévu qu'on peut redouter
de sa part, j'avais forgé le mot « *temibilità* », qui n'a pas
d'équivalent en français. Il n'y a là qu'un complément
logique de la théorie de la défense sociale moyennant les
peines ; s'il y a quelque chose d'étonnant, ce n'est pas, à
coup sûr, l'énonciation d'un pareil critérium ; c'est bien
plutôt le fait que les partisans mêmes de cette théorie,
n'aient jamais songé à s'en servir ! Car, lorsqu'il a fallu
établir les règles de la pénalité, ils ont eu recours, les uns
à la gravité objective du délit, mesurée selon le dommage
ou l'alarme, les autres à la force qui a poussé le délinquant à l'action, le tout limité par le principe de la responsabilité morale et sans se préoccuper d'examiner la
valeur intrinsèque de la peine dans les différents cas en
rapport du but qu'il fallait atteindre.

Mais il ne sera pas facile d'avoir raison des préjugés qui
se rattachent à certains mots, tels que le *mérite*, ou le *démérite* des actions humaines, la *justice* de la récompense
ou du châtiment. Faudra-t-il supprimer ces mots du dictionnaire de l'humanité ? Non, ces mots ne disparaîtront
jamais, car ils exprimeront toujours quelque chose de réel.
Le mérite ou le démérite des actions humaines indiquera
la dépendance de ces actions du caractère et de la volonté
des individus, quels que soient le processus de formation

---

1. *Di un criterio positivo della penalità* (Naples, 1880).

du caractère, et la dérivation des instincts et des penchants dont il est constitué, quelle que soit la causalité des motifs qui déterminent la volonté. On a toujours accordé, du reste, un mérite à l'usage de certaines qualités morales qu'on n'a jamais pu attribuer au libre choix de l'individu, parce que leur dépendance du tempérament est visible : telles sont le courage, la fermeté, le calme, le sang-froid. Pourquoi faudrait-il cesser de louer un vaillant soldat, lorsqu'on aura su que le mépris du danger est héréditaire dans sa famille ? Pourquoi faudrait-il retirer le blâme au déserteur parce qu'on aura appris qu'il n'a pu résister à la triste impulsion de la peur ? On a dit de quelques personnes que, par des efforts constants, elles ont réussi à former leur caractère. Cela est vrai, mais d'où leur vient une volonté si fortement trempée ? On ne saurait en trouver l'origine ailleurs que dans les qualités naturelles de l'organisme psychique. Mais qu'importe pour le philosophe que le motif soit d'une évidence palpable ou qu'il reste enveloppé de mystère, du moment que l'on est convaincu de l'existence d'un motif, quoiqu'on ne puisse le découvrir ?

Pour les dons appelés naturels, autant vaudrait dire pour les mérites physiques, tels que la force, la beauté, la grâce, le talent, il y a lieu à l'admiration ; pour les défauts opposés, c'est la répugnance ou le dégoût. Or, l'expression de ces sentiments se traduit nécessairement en un accroissement, ou en une diminution de bonheur, pour l'individu qui en est l'objet, et qui pourtant n'était pas libre de ne pas avoir ces qualités ou ces défauts. — Même chose arrive pour l'éloge des actes vertueux, pour le blâme des actes méchants. — Il suffit qu'ils nous appartiennent *en propre*, c'est-à-dire qu'ils soient une dérivation de notre caractère, de notre individualité vraie, pour que le monde qui nous entoure doive nous donner cet accroissement ou cette diminution de bonheur qu'il donne pour les actes dans lesquels il n'y a pas évidemment de mérite moral.

Pourquoi ne pourrait-on pas reconnaître un mérite ou un démérite à l'acte déterminé, lorsque la force déterminante n'est autre que le *moi*[1] ? Voilà la seule chose que l'on tient à savoir pour pouvoir admirer ou blâmer, récompenser ou punir; on s'inquiète peu de tout le reste, c'est-à-dire de *la raison pour laquelle le moi est ce qu'il est*. Oui, sans doute, pour nous, le méchant, le vicieux. l'abruti, le malfaiteur, n'étaient pas les maîtres de se métamorphoser en vertueux et honnêtes gens, pas plus que le reptile ne l'est de ne plus ramper et de voler comme un oiseau. Mais le monde, lui aussi, il n'est pas le maître de ne pas avoir de sympathie ou de répugnance, de ne pas louer ou blâmer, de ne pas récompenser ou punir. Nécessité d'un côté — nécessité de l'autre. Le mérite ou le démérite se rapporte aux actes dépendant des qualités morales; ces mots sont bons; pourquoi les changer, lorsqu'il suffit de s'entendre sur leur vraie portée ?

Oui, mais la justice, s'écrie-t-on, la justice proteste contre une souffrance que la société inflige à l'individu, si cet individu n'est que la victime de la fatalité de son organisme !

Eh bien, si la souffrance infligée est nécessaire pour le

---

1. « Resterait donc à savoir si le sentiment moral ne peut pas s'appliquer tout aussi bien à nous faire louer ou blâmer un acte déterminé. Je crois qu'il en est ainsi... » — Fr. PAULHAN dans la *Revue philosophique* (juillet 1880), sur ma brochure « *Di un criterio positivo della penalità* ».

salut de la société, que la justice abstraite proteste, nous n'y pouvons rien. Le monde entier ne présente qu'un spectacle continuel de semblables injustices. Car, dans ce triste monde, on ne fait que souffrir à cause des défauts du corps ou de l'esprit, à cause du manque d'énergie ou d'intelligence, à cause d'une situation malheureuse où l'on se trouve placé, et qu'on n'a pas le pouvoir de changer. C'est ainsi qu'un enfant mal doué quant à la mémoire et à l'attention n'aura jamais de bons points à l'école ; il sera humilié, son amour-propre en saignera, mais il restera toujours le dernier de la classe. Un employé peu intelligent n'aura pas de carrière devant lui ; l'administration, tôt ou tard, finira par s'en défaire. Est-ce qu'on appelle cela des injustices ? Et la loi est-elle injuste lorsqu'elle réduit à la misère les enfants, à cause des dettes de leurs pères ? L'élégance est-elle injuste lorsqu'elle repousse la saleté ? Est-ce qu'on crie à l'injustice lorsque le théâtre hue un mauvais ténor, ou le peuple, un général incapable ?

Oui, sans doute, le spectacle de la vie est affligeant. On voit des pauvres qui souffrent et des riches qui jouissent, des malheureux solitaires, et des Don Juan enivrés d'amour, des jeunes filles dont on implore un sourire, et d'autres, qui n'ont jamais fixé l'attention d'un seul homme, des jeunes gens pleins de force et des malades incurables, des intelligents, qui dominent et des faibles, qui obéissent. Pourquoi faut-il qu'il en soit ainsi ? Pourquoi les hommes ne sont-ils pas tous également forts, beaux, riches, aimables, heureux ? — Pourquoi du moins n'ont-ils pas tous la possibilité de jouir de ces quelques années d'existence ? — Pourquoi la nature ou la société, qui est si prodigue à l'égard de mon voisin, est-elle si avare pour moi ?

Oui, le monde est ainsi fait. Il y a des climats où l'on gèle, d'autres où l'on brûle ; il y a des planètes entourées de brillants anneaux, il y en a d'autres inondées de lumière et de chaleur, — d'autres enfin qui sont arides et désolées. La nature n'a pas créé deux feuilles semblables ; elle a l'horreur de l'égalité : comment pourrait-on y prétendre, au sein d'un seul des organismes terrestres, la société humaine ?

Mais si l'égalité n'est pas de ce monde, il faut qu'il y ait des heureux et des malheureux sans leur faute. Et cette injustice-là est inévitable. La justice humaine ne peut qu'imiter la nature, en donnant l'exclusion à ceux qui ne sont pas adaptés à l'existence sociale. Mais, comme l'on ne mesure pas à l'hôpital les soins aux infirmes en raison de la possibilité qu'ils auraient eue d'éviter les causes de leur maladie, de même on ne mesurera pas la répression à la possibilité que les criminels auraient eue d'éviter les causes du crime.

On nous dit que cela blesse la justice ! Mais, si cela est vrai, comment la contenter cette justice ? Ah ! ce n'est pas bien sûr la législation présente qui devrait la satisfaire. Car, cette législation, qui accorde l'impunité pour les impulsions irrésistibles, ne veut pas admettre, parmi ces dernières, les plus fortes de toutes, la dégénérescence innée, ou la corruption de l'enfance, qui a étouffé tout sentiment vertueux, déraciné les bons instincts, et détruit la possibilité du remords. Elle frappe l'oisiveté, même lorsque l'oisif ne réussit pas, malgré tous ses efforts, à se procurer du travail. Elle inflige la même amende au richard, qui paye en riant, et au pauvre diable, qui n'avait que peu d'épargnes, fruit de longues années de travail.

Elle renferme dans la même prison l'homme pour qui le cachot représente une torture invraisemblable, et le vagabond, qui s'y trouve comme dans un hôtel en bonne compagnie. Elle ensevelit dans le même bagne celui qui a commis un crime exprès pour y être logé et nourri, et celui qui le regarde comme un tombeau d'êtres vivants. Et, pourtant, cela s'appelle « la justice » ! Mais, n'est-elle pas mille fois plus loin de l'idéal que celle qui ressort de notre système ? Car nous ne prétendons pas que le juge mesure une quantité qui lui est inconnue : la possibilité qu'avait l'individu de résister aux impulsions criminelles ; nous demandons seulement qu'il évalue, d'après les données de l'expérience, la probabilité de l'avenir. Nous ne voulons pas qu'il inflige un châtiment inutile, proportionné à cette quantité hypothétique et indéfinissable du libre arbitre, mais qu'il adapte le moyen préventif, dans les limites de la nécessité sociale, ni plus ni moins. C'est alors que le coupable subira vraiment la peine qu'aura méritée, non pas une faculté douteuse de son esprit, mais tout ce qui forme sa personnalité, c'est-à-dire son organisme psychique, ses instincts et son caractère.

Ce n'est pas le malheureux qu'il s'agit de frapper, c'est la société qu'il s'agit de préserver de nouveaux malheurs, qu'on peut aisément prévoir. Le sentiment humain de la sympathie intervient pour sauver la vie à ces délinquants dont la mort n'est pas nécessaire, ceux dont on peut espérer l'adaptation à la vie sociale ; les autres, ceux qui, à cause d'une monstruosité morale, ne pourront être que des ennemis perpétuels, aucun lien ne les rattache à la société ; leur mort ne sera pas déplorée. Car on peut dire avec Shakespeare :

Mercy but murders, pardoning those that kill [1].

ou avec le Dante :

Qui vive la pietà, quando è ben morta [2].

La justice ne peut avoir à se voiler la face, que lorsque, pour prévenir les délits *des autres*, on fait succomber un individu dont la perversité n'est pas grande. C'est la peine infligée *pour l'exemple*, qui peut être injuste, comme cela se voit en temps de guerres et de révolutions, ou dans le gouvernement despotique d'un autocrate ou d'une démocratie effrénée. Mais la peine est toujours juste lorsqu'elle ne vise qu'à désarmer un ennemi de la société, lorsqu'elle n'est qu'un moyen de prévention *directe* et *spéciale*, lorsqu'elle est appropriée à l'*individualité* du coupable. Elle sera sans doute exemplaire, mais seulement par un effet naturel, dont la considération ne doit pas la déterminer. Voilà la vraie justice, voilà ce qui met des bornes à la rigueur du principe : « *Salus populi suprema lex* » Que chacun ne souffre, ni plus, ni moins de ce que SON INDIVIDUALITÉ n'a mérité ; — voilà la maxime qui doit rendre impossibles toutes les exagérations : celles de l'individualisme aussi bien que celles de l'utilitarisme.

IV

Il nous faut passer maintenant à quelques autres théories juridiques, qui font suite à celles de la responsabilité et de

1. « La clémence est meurtrière lorsqu'elle pardonne aux meurtriers. »
2. « La pitié ne peut exister ici qu'en faisant taire la pitié. »

la proportion pénale, et qui nous serviront à compléter la critique de la partie philosophique de la doctrine pénale de nos adversaires.

Celle que nous trouvons d'abord, et qui est en même temps la plus importante, c'est *la théorie de la tentative*, qui ne se rattache que fort difficilement aux principes de l'école judirique dominante.

En Allemagne et en Italie il existe une doctrine *objective* de la tentative, qui prétend qu'elle ne soit punissable que lorsque l'intention a été *réalisée en partie,* de sorte que la tentative ne soit qu'un fragment du délit qu'il s'agissait de commettre, en ayant comme celui-ci, *un côté objectif* (Osenbrüggen, Geyer). Une théorie plus récente a défini la tentative : « une action capable de produire la *conséquence* désirée, et qui, *matériellement*, a le caractère d'un délit » (Cohn) [1]. En France et en Italie on veut que l'intention criminelle soit manifestée par des actes d'exécution ayant *par leur propre nature*, la possibilité de produire le crime.

Cela empêche de poursuivre toutes les tentatives criminelles, lorsque, par erreur, l'agent a employé des moyens insuffisants ou incapables de lui faire atteindre son but.

On a distingué tout au plus entre l'*insuffisance absolue* et l'*insuffisance relative* des moyens ; et il est reçu que la tentative existe lorsque, en thèse générale, le moyen aurait été suffisant, mais qu'il ne l'a pas été dans le cas spécial (Carrara). On a établi, en outre, qu'il n'y a pas de tentative punissable, lorsque le moyen choisi par l'agent

---

1. Voir à ce sujet des controverses très approfondies et très subtiles dans le *Zeitschrift für die gesammte Strafrechtswissenschaft* (1881) et dans le *Gerichtssaal* (1880).

aurait été bon, mais que par une circonstance ignorée par lui, il s'est trouvé qu'il en a employé un autre insuffisant. Ainsi donc, celui qui croyant tenir un fusil chargé, en presse la détente pour tuer un homme, n'est pas punissable s'il se trouve que le fusil n'était pas chargé. Même chose serait à dire lorsque, à l'insu de l'agent, le mécanisme de l'arme aurait été détraqué de telle sorte qu'il eût été impossible de s'en servir.

Ces idées sont cohérentes au principe que la tentative soit une *réalisation partielle* de l'intention, ou, si l'on veut, une *partie matérielle* du fait qui aurait formé le crime. Car, dit-on, la défense de la loi ne peut s'étendre à des actes, qui, par leur activité naturelle, n'auraient pu produire aucun mal. Peu importe que l'agent soit immoral, dangereux même ; ce qu'il faut voir, c'est *si le danger était inhérent à l'acte*. Il ne peut exister de délit sans l'existence d'un acte ayant efficacité criminelle [1]. « *On ne punit pas la criminalité de l'agent révélée* par ses actes extérieurs ; *ce qu'on punit c'est le fait* accompagné par la criminalité de l'agent » (Carrara).

Pour nous, c'est précisément la formule inverse qui est la vraie. Sur ce point donc l'opposition entre l'école juridique et la nôtre ne pourrait être plus marquée. Notre doctrine sur la tentative se rapproche de la théorie dite *subjective*, soutenue par plusieurs écrivains allemands (Herz, Schwarze, Von Buri, Liszt). Comme le droit romain l'avait établi, dans la tentative, ce n'est que l'intention qui a de la valeur ; le fait matériel n'en a aucune. Du moment qu'il n'existe pas de dommages, on ne peut frapper que la

---

1. GEYER, *Ueber die so gennannten untauglichen Versuchshandlungen*, dans le *Zeitschrift* cité plus haut. *Erster Band*. E. H.

volonté ; peu importe, donc, que celle-ci se soit servie d'un moyen qui n'avait pas de probabilité de réussite. Il serait d'ailleurs impossible d'évaluer, en même temps, la volonté et le fait, parce que ces éléments ne se réunissent que dans l'accomplissement de l'acte ; dans la tentative ils sont séparés, et la quantité *objective*, c'est-à-dire la partie réalisée du fait est complètement indifférente, du moment que le projet n'a pas été réalisé. Le fait n'a d'importance que comme l'expression de la volonté de l'agent. Or, le résultat non obtenu indique toujours une impossibilité spécifique ou relative. Inutile de rechercher si le moyen que l'agent croyait suffisant aurait été considéré comme insuffisant par les autres. Celui qui marche vers un endroit dont le chemin se trouve interrompu par la chute d'un pont, a, dès le commencement, agi inutilement. Et pourtant, pour lui et pour tous ceux qui ne connaissent pas l'existence d'un tel obstacle infranchissable, la marche qu'il a faite ne pouvait paraître que le moyen le plus direct pour atteindre son but ; *vice-versà*, cette marche aurait été déclarée infructueuse par ceux qui avaient déjà reçu la nouvelle de la chute du pont.

Or, cette partie réalisée d'un projet ne peut avoir aucune valeur *objective*. « Qu'on s'imagine un voyageur altéré, au milieu d'un grand désert, ayant devant lui, à l'horizon, une colline verdoyante surmontée de maisons. Si malgré tous ses efforts il ne peut rejoindre que la moitié du chemin et qu'il tombe défaillant et sans secours, il y périra sans doute, parce que la moitié du chemin qui l'a rapproché de l'oasis n'a pas pu étancher sa soif à moitié [1]. »

1. Von Buri, Versuch und Causalität dans le *Gerichtssaal*, B. 32, Heft. 5, S. 367-368. Stuttgart, 1880.

Il n'y a, d'ailleurs, aucun acte humain qu'on peut, dès le commencement, déclarer absolument improductif; il n'y en a pas, par contre, qui doive nécessairement produire l'effet désiré par l'agent. « Une action n'est jamais la cause d'un effet qui n'a pas eu lieu; chaque moyen qui n'a pas pu produire l'effet qu'on en attendait a été par là démontré insuffisant pour la réalisation du projet. On peut dire, d'une manière générale, qu'il n'y a pas de moyens absolument insuffisants dans tous les cas, de même qu'il n'y en a pas d'absolument suffisants... Or, toutes les fois qu'un projet a manqué, la faute en est à l'agent, lequel n'a pas prévu la circonstance qui en a empêché l'accomplissement. A quoi bon distinguer alors les circonstances sur lesquelles l'agent s'est trompé, voir, par exemple, si l'obstacle existait dès le commencement, ou s'il est survenu pendant l'action, si l'agent n'a pas bien calculé ses forces, s'il n'a pas examiné, quant à l'espèce et à la quantité, le moyen dont il s'est servi, s'il n'a pas su choisir l'instrument le plus apte, ni l'employer de la manière la plus sûre [1] ? »

Il est presque inutile d'ajouter que cette théorie, rejetée par la majorité des juristes italiens et français, et qui, en Allemagne même, est vivement combattue, est la seule qui se rapproche de la nôtre.

La question de la tentative avec des moyens insuffisants n'en est plus une du moment que, pour nous, c'est la perversité du criminel qui doit mesurer la pénalité. Si la tentative suffit pour révéler le criminel, tout comme l'accomplissement l'aurait fait, il n'y a pas de différence entre les

---

1. Arrêt de *la Cour suprême de l'Empire germanique.* Voir aussi Von Liszt, *Das fehlgeschlagene Delikt, und die Cohn'sche Versuchstheorie* dans le *Zeitschrift*, etc., p. 103.

deux ; que les moyens soient ou ne soient pas suffisants, ce qu'il faut rechercher, c'est d'abord si *la volonté crimi- nelle* a été manifestée d'une manière *non douleuse ;* ensuite si cette volonté criminelle est *dangereuse*, parce que la perversité incapable d'action n'exige aucune répression de la part de la société.

Voilà une limitation que nous apportons à la théorie dite subjective ; car, à ce dernier point de vue, l'observation des moyens dont on s'est servi peut, dans quelques cas, n'être pas inutile. En effet, le choix des moyens peut démontrer le manque d'énergie ou la bêtise de l'agent, comme dans le cas où celui-ci s'imagine de pouvoir empoisonner un homme, moyennant du sucre ou du sel de cuisine, ou de pouvoir tuer d'un coup de fusil en tirant à une distance invraisemblable. Il n'y aurait pas ici de crimes, *non pas à cause de l'insuffisance du moyen*, mais parce que cette in- suffisance est une preuve évidente de *l'inaptitude de l'agent*. Ce dernier n'a donc que des velléités de crimes, dans le fait il est inoffensif ; la répression pénale serait donc absurde [1].

Mais le cas est bien différent lorsque l'agent a fait usage de sucre *qu'il croyait être de l'arsenic*, ayant été trompé par le pharmacien auquel il s'est adressé. Le cas est bien différent encore lorsque le délinquant a pressé la détente d'un fusil *chargé par lui-même et déchargé à son insu* par un autre, ou encore lorsque la distance à laquelle il a tiré s'est trouvée, par hasard, être *un peu plus grande*

---

1. Les anciens codes de Hanovre, Brunswick, Nassau et Bade décla- raient que la tentative avec des moyens insuffisants n'était pas punissable, lorsque le choix de ces moyens avait été l'effet de superstition ou d'imbé- cillité.

que celle de la portée d'un fusil quelconque. Il n'en sera
pas moins un criminel à cause de son erreur, puisque cette
erreur ne prouve pas le moins du monde son inaptitude.
L'acte n'est pas dangereux en lui-même, je le veux bien ;
mais cela n'empêche pas que l'acte même ne révèle le danger. Même chose serait à dire lorsque le moyen est de ceux
dont l'insuffisance n'aurait pu être connue sans des études
spéciales ; c'est le cas d'une erreur sur la qualité ou sur la
dose d'un poison. Une erreur de ce genre ne prouve pas
du tout le manque d'aptitude de la part de l'agent. Il ne
faut pas qu'à cause d'un faux calcul, un empoisonneur soit
déclaré inoffensif.

Quant aux jeunes délinquants, il est un peu moins
facile de tracer des règles pour les différents cas, parce
que souvent leur ignorance des choses les plus connues
ne suffit pas pour prouver qu'ils sont inoffensifs. L'enfant pourrait être un criminel-né, tout en agissant si
maladroitement qu'il serait déclaré inoffensif s'il était
plus âgé. Ce qu'il faut exiger c'est seulement que son
discernement et la fermeté de sa décision soient prou-
vés ; cela suffit pour qu'il soit dangereux pour l'avenir,
lorsque son ignorance aura cessé. Mais malgré la différente évaluation des faits dans ces cas particuliers, on
peut toujours avoir raison de toute difficulté à l'aide de
cette règle générale : *Qu'on examine l'aptitude ou l'i-
naptitude de l'agent*, révélée par le fait pris dans son
ensemble, *non pas seulement par la suffisance ou l'insuffisance du moyen employé*. Car le choix du moyen
n'a qu'une importance relative, dans le cas où il pourrait prouver que l'agent est inoffensif ; il n'a pas de valeur
absolue, parce qu'un moyen insuffisant peut n'être pas in-

compatible avec une volonté énergique et persévérante [1].

Ayant ainsi déterminé les cas dans lesquels la tentative est punissable, il s'agit de voir dans quelle mesure elle doit l'être.

On sait que les anciens criminalistes ont marqué les étapes de l'*iter criminis*. Ils ont distingué *les actes simplement préparatoires*, le *conatus remotus*, et la *tentative proprement dite ;* plus récemment on y a ajouté le *délit manqué*. En général, ces deux dernières figures sont déclarées punissables ; les autres ne le sont que dans des cas déterminés. Et encore, presque tous les législateurs modernes s'accordent pour punir la *tentative* et le *délit manqué* bien moins sévèrement que le délit accompli.

Il n'y a peut-être que le code pénal de la France qui considère *toute tentative de crime, comme le crime même* (art. 2). Mais cette disposition a été vivement blâmée par presque tous les théoriciens, et dans la pratique elle est constamment éludée par les circonstances atténuantes, qu'on ne manque pas d'accorder pour adoucir la peine du crime accompli. On prétend que le délinquant doit être puni plus sévèrement à mesure qu'il se rapproche du dernier acte d'exécution ; ce qui fait que, dans la législation italienne, strictement logique sur ce point, on punit le délit manqué plus sévèrement que la simple tentative.

On donne pour raison de cette graduation de la peine que, dans la tentative, l'agent n'étant pas arrivé au bout de l'*iter criminis*, aurait pu s'arrêter avant d'avoir accompli

---

1. Voir à ce sujet, ma brochure : *Il tentativo criminoso con mezzi inidonei.* Torino, 1882, Ed. Loescher.

le dernier acte d'exécution ; c'est ce qu'on ignore, parce qu'il a été forcé de s'arrêter par un obstacle qu'il a rencontré avant d'en être arrivé là. Il est plus malaisé de justifier la pénalité adoucie du *délit manqué*, parce que, dans ce dernier cas, un doute pareil n'est plus possible, l'agent ayant fait tout ce qu'il fallait pour l'accomplissement de son projet.

« Mais — explique Rossi —, on ne peut négliger ni la distinction, si naturelle à l'esprit humain, du mal réparable et du mal irréparable, ni le penchant de notre esprit, à juger de l'importance des actions humaines, selon leur réussite [1]. » Nous croyons, au contraire, que cette considération ne doit pas avoir d'influence sur la peine. La différente importance donnée à la réussite ou à l'échec d'un projet, ne dépend que d'une sensation pénible, ou d'une sensation de soulagement ; lorsqu'un crime a été accompli, nous prenons part sympathiquement à la douleur de notre semblable ; par contre, lorsque le crime a manqué, la joie succède à l'anxiété chez celui contre lequel l'attentat était dirigé, et nous éprouvons tous un sentiment pareil. Mais l'importance du fait peut-elle varier, lorsqu'on l'évalue selon le danger qui dérive de l'agent, que le crime ait été accompli ou qu'il ait manqué par un heureux hasard ? Elle ne peut varier que lorsque cette circonstance était aisément prévoyable et que l'agent ne l'ayant pas prévue, cesse, à cause de cela, d'être un sujet dangereux, un vrai criminel.

Ce n'est pas autre chose, à notre avis, qu'il s'agit d'examiner. La distinction des étapes du délit nous paraît

---

1. Rossi, *Op. cit.*, liv. II, ch. xxxiii.

inutile, si l'on prétend, d'après elle, mesurer la pénalité.

Je ne puis pas même accepter la critique que M. Tarde m'a faite à un différent point de vue [1]. Tout en déclarant qu'il ne s'inquiète pas de la petite logique des juristes et que, même inexécutée, la tentative ou la suggestion qui révèle une tendance criminelle signale un péril social, il affirme que ce péril est double s'il y a eu exécution, puisque à l'habitude criminelle naissante s'ajoute l'exemple criminel naissant, l'un et l'autre à comprimer. A vrai dire, je ne vois pas qu'un vol accompagné d'un assassinat manqué soit d'un exemple décourageant pour les criminels, lorsque l'agent a pu également atteindre son but qui était celui de dévaliser la victime.

En quoi l'exemple criminel est-il moindre si la victime a survécu à ses blessures ou si elle a été miraculeusement sauvée? Peut-être parce que cela a permis de découvrir et d'identifier l'assassin? Mais il n'y aura là qu'une leçon profitable pour les autres brigands, qui apprendront à agir avec plus de précautions, à mieux frapper et à s'assurer de la mort de leur victime. C'est ce qu'on a toujours vu dans de pareils cas. On renonce à un moyen qui n'a pas assez de chance de réussite ou qui peut amener la découverte du malfaiteur. L'expérience n'est pas perdue pour les disciples assistant au débat de la Cour d'assises ; bien loin de renoncer au métier, ils ne se tromperont pas, comme leur maître. « A vrai dire — ajoute M. Tarde — cette distinction ne donne pas la vraie raison de la diffi-

---

1. TARDE, *Positivisme et pénalité*, dans les *Archives de l'Anthropologie criminelle*, p. 35-37, t. II, n° 7. Paris-Lyon, 1887.

culté qu'il y a à se mettre dans l'esprit et à mettre dans
l'esprit des juges et des jurés l'identité établie par Garofalo
et par plusieurs législations entre certains crimes ou délits
et leur tentative avortée par hasard. » Cette raison se rapproche de celle donnée par Rossi : « le sentiment inconscient
que nous avons tous de l'importance majeure qu'il faut
accorder à l'accidentel, au fortuit dans les faits sociaux. »
Nous nous sommes habitués « à admettre que rien n'appartient aussi légitimement à un homme que sa chance
bonne ou mauvaise.... Lorsque l'auteur d'une tentative
d'assassinat empêché par une circonstance involontaire
est traduit devant les Assises, c'est, semble-t-il, une bonne
fortune pour lui et non pas seulement pour sa victime,
que la mèche allumée de sa main pour faire éclater la
dynamite sur le passage d'un train royal, se soit éteinte en
route ».

Il est vrai que notre auteur ne semble pas justifier ce
sentiment populaire. « *Sa criminalité* — poursuit-il, — *a
beau être la même* que s'il eût accompli son projet, sa
bonne fortune est, ou pourrait être, aux yeux de tous, sa
propriété incontestable. On se dit *vaguement* — en vertu
d'une sorte de symétrie constante, quoique inconsciente,
injustifiable mais inextirpable, que lui nier cette pro-
priété-là conduirait logiquement à nier tout aussi bien la
plupart des propriétés les mieux établies. *C'est peut-être
absurde*, mais l'irrationnel a de telles racines dans l'essence même de notre raison ! »

Oui, sans doute, il en est et il en sera toujours ainsi,
tant que les jugements criminels seront des jugements
populaires. Ce n'est pas sur un sentiment injustifiable,
irrationnel, absurde, que doit être fondé un système ré-

pressif visant à la défense sociale. « Un jury, — nous dit-
on, — aura toujours de l'indulgence pour l'auteur d'un
assassinat manqué ou d'un vol non réussi. » Eh bien, ce
n'est pas la loi qu'il faut mettre en rapport de cette tendance irrationnelle ; c'est un jugement rationnel qu'il faut
substituer à celui des masses. Créez des juges ayant l'instruction nécessaire pour examiner la perversité du criminel et pour prévoir le danger qui en dérive ; dites-leur
d'être logiques, d'être cohérents, chargez-les d'infliger des
peines suffisantes, non pas pour apaiser l'alarme vulgaire,
mais pour empêcher réellement le mal qui a été prévu ;
vous verrez alors s'ils seront indulgents pour l'auteur
d'un assassinat ou d'un vol manqué par une circonstance
fortuite !

Notre conclusion ne peut donc être que la suivante : « La
tentative d'un crime doit être considérée comme le crime
même lorsque le danger qui dérive du délinquant est identique. » Cela fait qu'il y aura toujours lieu de vérifier si le
criminel est vraiment un criminel, ou si, tout en révélant
son intention malfaisante, il manque de l'aptitude nécessaire. Dans le délit manqué il s'agira donc de voir seulement
si la manière dont il s'est mis à l'œuvre ne révèle pas une
complète impuissance, que les moyens employés soient ou
ne soient pas insuffisants de leur nature, comme nous
l'avons dit plus haut. — Dans la tentative, il faut voir en
outre s'il est évident que l'agent ne se serait pas arrêté à
mi-chemin sans la circonstance fortuite et imprévue. Au
lieu d'une pénalité *adoucie dans tous les cas*, il faut
infliger *la même* que celle exigée par le crime, *ou la supprimer* tout à fait, selon que le juge est ou n'est pas persuadé de l'irrévocabilité de la résolution criminelle. Des

actes simplement préparatoires peuvent même acquérir parfois ce degré d'évidence ; pourquoi ne faudrait-il pas les considérer alors comme une vraie tentative ? Que nous importe le fait d'une ou de plusieurs étapes à parcourir, si nous savons que le criminel les aurait également parcourues ? Plusieurs juristes appartenant à l'école classique, ont admis du reste que des actes simplement préparatoires peuvent être punis comme tentatives. (Ortolan, Geyer, Rossi.) Pour les romanistes il y a un *conatus remotus*, dans quelques-uns de ces actes, *cum quis exempli gratia gladium strinxerit*. La peine capitale pouvait être infligée, d'après la *lex Cornelia*, dans des cas déterminés : *Qui furti faciendi causa noctu, cum telo ambulaverit. — Qui in alienum cœnaculum se dirigunt, furandi animo. — Is qui cum telo ambulaverit, hominis necandi causa. — Qui, cum vellet occidere, id casu aliquo perpetrare non potuerit. — Qui emit venenum ut patri daret ; quamvis non potuerit dare.*

Il est clair que dans tous ces cas, le délinquant était bien éloigné encore du dernier acte d'exécution ; malgré cela, sa résolution et son aptitude ont été manifestées par des signes non douteux ; on est persuadé que, si on ne l'avait empêché, le coupable serait allé jusqu'au bout. Pourquoi distinguer alors entre un acte d'exécution directe et un acte d'exécution indirecte ? Pourquoi graduer la peine selon le rapprochement de l'acte terminatif ? La loi romaine ne le faisait pas : *Pari sorte leges scelus quam sceleris puniunt voluntatem.*

Lorsqu'il s'agit d'un acte simplement préparatoire il y a donc deux choses à éclaircir : d'abord s'il est vraisemblable que l'agent eût visé à autre chose qu'à un délit, ou si la résolution du délit est incontestable ; ensuite, si la direction de l'acte n'étant pas douteuse, on peut se convaincre que l'agent y aurait persisté, jusqu'au bout. Cette dernière recherche est la seule nécessaire dans le cas d'une vraie tentative.

Oui, nous dira-t-on, mais comment faire pour atteindre ce degré de certitude ? Dans la pratique, c'est-à-dire vis-à-vis d'un cas spécial, la difficulté n'est pas grande, quoiqu'il soit difficile de tracer des règles générales. Supposez qu'on surprenne de nuit deux voleurs de profession, pourvus de crochets et cachés près de la porte d'une maison isolée contenant des valeurs. Pourra-t-on douter raisonnablement de leur intention criminelle ? pourquoi ne sera-t-il pas permis de dire en langage juridique ce que dans le langage du bon sens on n'hésitera pas à dire, savoir, qu'il y a eu tentative de vol ?

L'intention cesse d'être douteuse lorsque l'agent est un délinquant habituel et que l'acte était nécessaire pour le genre de délit dont il a la spécialité.

C'est sans doute une hypothèse, mais dans une science quelconque on ne détruit pas un principe en disant qu'il est fondé sur une hypothèse. Ce qu'il faudrait prouver pour cela c'est que l'hypothèse même n'est pas sérieuse, et qu'elle néglige une probabilité contraire assez grande pour mériter d'être calculée.

En général, dans les actes simplement préparatoires, la résolution criminelle peut difficilement être prouvée. Même si elle l'est, dans ces actes aussi bien que dans toute sorte de *conatus remotus*, il faut examiner le sujet ; et si l'on découvre un criminel instinctif, totalement dépourvu de sentiments altruistes, et sous l'empire d'une convoitise ou d'une passion ardente, ou un délinquant sans amour-propre, insensible à l'opinion publique et aux châtiments, il est certain, autant que chose humaine peut l'être, qu'il n'aurait pas désisté volontairement de son projet ; le danger existe donc comme si le délit avait été accompli. Toute distinction dans le moyen répressif est simplement absurde. Si par contre l'on peut constater que l'agent subissait une influence passagère et qui ne se reproduirait probablement pas, si malgré une moralité inférieure, il n'est pas tout à fait dépourvu de sens moral, on peut admettre alors la possibilité qu'à un certain point de son entreprise criminelle, il se serait arrêté de lui-même à cause de la résistance de ses bons instincts, ou de la crainte de la découverte et du châtiment. C'est pourquoi le danger, quoique vraisemblable, n'est pas certain, mais alors pour une simple possibilité, la société ne saurait avoir le droit de frapper. La loi existante est irrationnelle lorsqu'elle déclare dans tous les cas l'impunité de la tentative par des moyens insuffisants ; elle est absurde lorsqu'elle frappe plus doucement la tentative que le délit consommé ; elle est injuste en ne punissant *jamais* les actes préparatoires et en punissant *toujours* la tentative d'un crime.

Cette théorie n'a été qu'un faux progrès, aux dépens de la défense sociale. La doctrine positiviste, qui, dans ce cas, se trouve bien plus rapprochée du droit romain que l'école moderne des juristes, doit affirmer au contraire : que la tentative est punissable *malgré l'insuffisance des moyens*, lorsque ceux-ci ne prouvent pas l'inaptitude de l'agent ; — que les actes préparatoires peuvent *dans de certains cas*, être considérés comme une vraie tentative ; — que le délit manqué par hasard, doit être puni *comme le délit même; —* que la tentative plus éloignée doit, *en certains cas, être punie comme le délit, dans d'autres cas n'être pas punie du tout.*

V.

Nous avons enfin à jeter un coup d'œil sur quelques autres théories de nos juristes, celles de la *complicité,* de la *réitération des délits,* de la *récidive,* des *circonstances atténuantes ou aggravantes.*

Dans la théorie de la complicité on ne saurait nier qu'un vrai progrès ait été accompli par le principe que les circonstances *personnelles* ne doivent pas s'étendre aux complices, et que les circonstances *matérielles* ne le doivent qu'autant que les complices en avaient eu connaissance.

Mais nous allons plus loin, car nous ne comprenons pas pourquoi le genre de la peine devrait être identique, lorsque l'auteur du délit et son complice ne sauraient être rangés dans la même classe de criminels. Celui qui, pour venger sa famille d'un outrage sanglant, paye un sicaire afin d'en tuer l'auteur, est un criminel bien différent du sicaire assoldé qui exécute le meurtre. Pourquoi devraient-ils être frappés d'une peine du même genre? Pourquoi le même traitement serait-il dû au voleur de profession et au voleur novice entraîné à la suite du premier?

L'école juridique contre laquelle nous luttons, a établi

un autre principe que nous ne pouvons pas admettre ;
l'impunité du *mandat* accepté, lorsque le mandataire a reculé devant l'exécution. « Car, — dit Rossi — aucun raisonnement ne peut faire que ce qui n'est pas même commencé existe, et il serait aussi inique que ridicule de
déclarer un homme coupable d'un crime qui n'a pas eu
d'existence [1]. » Toutefois cet auteur même admet que le
fait du *mandat criminel*, pris en lui-même comme un délit
spécial, pourrait être punissable en quelques cas déterminés [2].

Je pense que cette question devrait être résolue par les
principes que nous avons établis en parlant de la tentative
par des moyens insuffisants. Car le mandataire qui faiblit
et recule représente précisément le moyen insuffisant. Il
s'agit donc de voir si le criminel avait de bonnes raisons
pour croire que son agent aurait été un instrument apte à
la consommation du crime. Supposez que dans ces malheureux pays où le métier de sicaire existe encore, on ait
dûment payé un de ces brigands connus par ses exploits
précédents, et qu'il s'agisse d'une *opération* facile et qui
ne ferait presque pas courir de risques à l'agent. Si l'argent a été compté et la parole engagée, ne faudra-t-il pas
convenir que l'auteur du mandat a fait pour sa part tout
ce qu'il fallait ? Qu'importe alors pour ce qui regarde sa
criminalité, que la tentative n'ait pas réussi ou qu'elle n'ait
pas même eu un commencement d'exécution ? Comment !
L'action ou l'omission d'un autre homme peut me rendre

1. Rossi, *Op. cit.*, liv. I, ch. xxxvi.
2. Le code pénal sarde punit l'auteur du mandat inexécuté, comme s'il
avait commis une tentative de crime (article 99). Le code pénal germanique, le projet du nouveau code italien et d'autres codes sont muets à ce
sujet.

coupable ou innocent ! Comment ! lorsque je n'ai plus rien à ajouter pour qu'un crime s'accomplisse, ce que j'ai fait peut être *tout* ou peut être *rien*, selon ce qu'un autre en aura décidé sans le porter à ma connaissance ! Voilà donc que, par un étrange contraste, les idéalistes du droit criminel en sont venus à le matérialiser en réalité, pendant que notre utilitarisme, en reconduisant l'examen du législateur sur le criminel plutôt que sur le crime, et en donnant ainsi une valeur bien plus grande au côté intentionnel, relève et anoblit cette science.

Passons à une matière différente : le *concours de plusieurs délits*, qui se distingue de la *récidive* parce que, dans le premier cas, aucune condamnation n'a encore eu lieu, pendant que dans le deuxième cas le délinquant a déjà subi non seulement un procès, mais une condamnation, et qu'après cette dernière, il a commis un nouveau délit.

La doctrine présente nous apprend que le criminel est plus *coupable* dans le dernier cas que dans le premier, parce qu'il avait déjà été averti par une ou plusieurs condamnations, et que malgré cela il a persisté dans la révolte à la loi.

La société n'ayant pas su trouver le moyen qu'il fallait employer, elle déclare que la faute en est au délinquant ; c'est comme si un médecin déclarait le malade responsable du mauvais effet d'une médecine non appropriée ou dont on ait constaté la mauvaise qualité !

Dans le cas du concours de plusieurs délits, la même école prêche au contraire l'indulgence, parce que — dit-elle avec une gravité humoristique — le coupable n'ayant pas encore été *averti* par un premier châtiment, il est moins coupable pour ses désobéissances répétées.

Voilà donc le *critérium* de cette distinction, qui pourrait passer tout au plus dans un collège de petits enfants, mais qui prête à sourire lorsqu'on le transporte dans le domaine de la criminalité naturelle !

Selon la même théorie, acceptée dans la plupart des codes, lorsqu'il y a réitération sans récidive, le juge n'a pas le pouvoir de changer le genre de la peine ; il ne peut infliger à l'auteur d'un grand nombre d'escroqueries ou de fraudes qu'autant de peines correctionnelles sans pouvoir franchir une limite déterminée ; il ne peut condamner à une réclusion perpétuelle un homme deux ou trois fois meurtrier, si pour chacun de ces meurtres celui-ci n'aurait pu subir qu'une peine temporaire. Bref, il ne faut traiter le délinquant habituel que comme le novice. Voilà le grand enseignement de la doctrine juridique !

Il est presque inutile de faire ressortir ici les conclusions totalement différentes auxquelles nous entraînent nos principes. Nous croyons que l'auteur de plusieurs meurtres non prémédités peut, *en certains cas*, être bien plus perverti et bien plus dangereux que l'auteur d'un seul meurtre avec préméditation ; nous ne voyons donc pas pourquoi le premier doive *toujours* être puni plus légèrement que le dernier. Nous croyons qu'un escroc de profession peut être déclaré un délinquant habituel quoiqu'il n'ait encore subi aucune condamnation. Pourquoi donner une telle importance au fait d'une condamnation précédente, s'il est prouvé qu'il s'agit d'un malfaiteur habituel ou d'un incorrigible ? Cela ne dépend que du préjugé de l'efficacité des peines pour la correction du coupable.

Il est plus étonnant encore que quelques-uns parmi les auteurs de l'école strictement juridique, aient commencé à battre en brèche la récidive même comme une circonstance pour laquelle il soit nécessaire de déterminer une pénalité *différente*. « Elle ne peut autoriser le législateur — dit Haus — à substituer une peine criminelle à une peine correctionnelle, ni une peine perpétuelle à une peine criminelle, et encore moins à sanctionner la peine de mort, parce que la récidive ne saurait changer la nature du fait punissable [1]. » C'est toujours le même ordre d'idées, incompatibles avec les nôtres, parce que ce qui nous importe, à nous, ce n'est pas de voir si la récidive change la nature de l'*action*, mais si elle doit faire passer l'agent d'une classe de délinquants à une autre. Par le simple guide du bon sens, on avait cru, aux siècles passés, qu'il en était ainsi [2], avant que les théoriciens de l'école juridique n'eussent donné une importance exagérée au côté objectif du délit.

Nos réformateurs sont allés même plus loin.

Non seulement ils défendent de changer la nature de la peine, mais encore ils prétendent que celle-ci ne doit être infligée dans une mesure plus grave que lorsque la récidive est *spéciale*, c'est-à-dire lorsque le deuxième délit est *du même genre* que le premier. Cette théorie a triomphé en

---

1. HAUS, *Principes du code pénal*, ch. III, § 624.
2. Au moyen âge, la deuxième récidive pouvait donner lieu à une condamnation très grave, même si le délit ne l'était pas : *Si tamen reiteratur tertia vice, potest pro tribus furtis, quamvis minimis, pœna mortis imponi* (FARINACCI, *Praxis et Théocrim. Questio* XXIII). Henri VIII et Elisabeth punissaient en Angleterre les vagabonds récidivistes par la mort. Le code de Napoléon avait sanctionné la peine de mort pour les récidivistes ayant commis un crime punissable par les travaux forcés à perpétuité.

Allemagne, dont le Code pénal est tout à fait muet sur la récidive, hors le cas de rechute dans les crimes ou délits contre la propriété, et elle est près de triompher en Italie, où les juristes ont décidé qu'il n'y a de vraie récidive que lorsque l'agent retombe dans une même faute.

Pour nous, au contraire, un homme qui, après avoir été voleur, devient meurtrier, prouve en thèse générale, qu'il ne possède pas plus le sentiment de pitié que celui de probité, c'est-à-dire qu'il est dépourvu de tout sentiment altruiste fondamental, qu'il est donc tout à fait insociable, et que, par conséquent, l'élimination doit être absolue. Nous admettons pourtant qu'il y a des cas où la récidive dans un genre différent de délit ne prouve rien ou bien peu de chose ; mais ce qui s'ensuit de là, c'est l'impossibilité d'établir des règles à *priori* en cette matière, et la nécessité de faire plusieurs distinctions. La *récidive*, qu'elle soit spéciale ou générale, n'est pour nous qu'un élément de la classification des délinquants, mais elle en est l'un des plus importants et qui peut rendre les plus grands services.

Lorsqu'on est entré dans l'ordre de nos idées, on ne peut plus concevoir que la peine à infliger au récidiviste ait la même nature que celle à infliger au délinquant novice. Car le nouveau délit est la meilleure preuve que le premier moyen dont on s'est servi n'a pas atteint son but. Je comprends jusqu'à un certain point une deuxième expérience, en augmentant d'une manière très sensible la quantité du remède, mais que dirait-on d'un médecin qui, après le deuxième insuccès, s'entête dans la même méthode, lorsqu'il n'a pas encore fait l'expérience des autres moyens thérapeutiques conseillés dans ce cas par la science ?

Nos juristes ont enfin établi le principe que la récidive ne doit avoir d'effet légal que dans un laps de temps déterminé à l'avance : cinq ou dix ans par exemple, selon qu'il s'agit de délits ou de crimes. Car, — a-t-on dit, — lorsqu'on s'est bien conduit pendant plusieurs années, on a prouvé par là que la répression n'a pas été inefficace [1]. Il y a là d'abord une de ces fictions légales, dont on a toujours fait un abus déplorable, c'est-à-dire que les délits *découverts*, *jugés* et pour lesquels il y a eu *condamnation*, soient *les seuls* qu'on *ait vraiment* commis, pendant qu'*en réalité* ils n'en représentent que *la moindre partie*. Qui pourrait nous dire le nombre des escroqueries d'un coquin déjà condamné pour un délit de ce genre, et qui pourtant ne serait pas déclaré récidiviste, parce que depuis qu'il a subi son dernier procès, cinq ans se sont écoulés !

Admettons toutefois une fiction pareille. Supposons donc que le délinquant se soit bien conduit pendant cinq ou dix ans. Eh bien, si après cette période, cet individu retombe dans un délit du même genre, n'aurons-nous pas, par là, un indice très grave de ses instincts criminels puissamment enracinés, dont la manifestation, rare peut-être, ne manque pas à l'occasion favorable ?

Le mauvais penchant reparaît tout à coup, lorsque chacun aurait cru qu'il était détruit pour toujours. Faut-il donc remercier le délinquant pour la bonté qu'il a eue de ne pas commettre de crimes pendant quelques années ; faut-il, pour l'en récompenser, mettre de côté la recherche de cet élément de criminalité qu'on aurait trouvé dans sa vie

---

1. Voir le rapport de M. MANCINI sur le projet du nouveau code pénal italien, p. 227. Rome, 1877.

précédente, et qui aurait été d'un aide puissant pour le classer et pour indiquer le meilleur moyen répressif ?

La récidive a pour nous trop d'importance pour que dans un cas quelconque on puisse la négliger ; elle est parfois un des révélateurs les plus sûrs du délinquant instinctif et incorrigible. Mais pour pouvoir l'apprécier à sa juste valeur, comme nous le verrons dans nos conclusions, au dernier chapitre de cet ouvrage, il ne faut pas l'étudier isolément, il faut l'examiner dans les différentes espèces de criminalité, parce que, selon ces espèces, la signification en varie immensément.

Il faut pourtant louer le bon sens du gouvernement et des Assemblées législatives de la France, qui, en dépit des sophismes juridiques, ont commencé à réprimer la récidive d'une manière énergique. Déjà, en 1854, on avait promulgué une loi par laquelle *les condamnés aux travaux forcés pour huit ans au moins* devaient après l'expiration de leur peine, être relégués *pour toute leur vie* à la Nouvelle-Calédonie. Cela produisit naturellement une grande diminution dans la récidive criminelle. En effet, de 1200 en 1851-55, cette récidive tombe à 864 en 1861-65 ; en 1879, parmi 1710 accusés, il n'y en avait que 80 ayant déjà subi une condamnation criminelle[1].

Mais on ne s'est pas arrêté là. On a dernièrement voté la *relégation perpétuelle* pour les récidivistes dans les *délits, même les moins graves*, en déterminant pour cela un nombre différent de récidives selon l'espèce du délit.

Dans d'autres pays, c'est malheureusement le courant contraire qui l'emporte, à cause de l'influence toute puis-

1. REINACH, *Les Récidivistes*, p. 58, Paris, 1882.

sante des juristes théoriciens. On y écrit des livres pour prouver que le récidiviste n'est pas plus responsable *moralement* que le délinquant pour la première fois, ce qui est sans doute vrai ; — que partant, et voilà la conséquence fautive de la doctrine dominante, le premier ne doit pas être plus gravement puni que le dernier [1].

Malheureusement il ne s'agit pas seulement des passe-temps de quelque logicien solitaire, qui s'amuse à déduire les corollaires de ses principes ; le mal est que les Assemblées législatives où l'élément juridique est prédominant, s'empressent de les traduire dans des articles de loi, faits pour rassurer les ennemis de la société et les encourager à la lutte !

Disons un mot en passant des *circonstances atténuantes* introduites dans la législation en cohérence du principe de la responsabilité morale. En effet, la conséquence logique de ce principe, c'est qu'un acte est d'autant moins punissable que la passion a été plus forte et irrésistible chez l'agent, ce qui en contredisant le but de la défense sociale, en montre une fois de plus l'incompatibilité avec le principe de la responsabilité morale.

Qu'on remplace cette considération par celle de la perversité du délinquant, et l'on s'apercevra alors que plusieurs circonstances que l'on est accoutumé d'appeler atténuantes, deviennent tout à fait indifférentes, ou exigent un traitement différent. Les mots de *douceur* et de *rigueur* devraient même disparaître du dictionnaire des crimina-

---

1. Voir ORANO, *La recidiva nei reati.* Roma, 1883, ouvrage dont M. BARZILAI a fait une critique très spirituelle dans sa brochure : *La recidiva e il metodo sperimentale.* Roma, 1883.

listes, car de pareilles considérations sont étrangères au but de la pénalité.

Une des institutions les plus absurdes qui dérivent des circonstances atténuantes, c'est la *correctionnalisation* des crimes. Par exemple, un vol qualifié par l'effraction peut perdre sa nature de crime et devenir un délit, si l'on pense que la valeur insignifiante des objets dont le voleur a réussi à s'emparer est une circonstance atténuante. Le fait que l'on ait retrouvé l'objet est souvent considéré comme une circonstance de ce genre. L'âge du délinquant est une raison très fréquente pour correctionnaliser des crimes très graves. La distinction des crimes et des délits perd ainsi toute raison d'être. Elle ne serait justifiée qu'autant que l'on range parmi les délits des simples violations de la loi, des offenses sans une grave immoralité intrinsèque, des actes nuisibles dérivant de mouvements irréfléchis, ou enfin des fautes commises par mégarde.

Les réformes faites au code Napoléon, et l'usage de la correctionnalisation, éloignent de plus en plus de cette conception la distinction entre crimes et délits. Et l'on voit aujourd'hui des violations des sentiments humains les plus profonds, baptisées comme simples délits et soustraites ainsi aux peines criminelles qui seules, dans la législation présente, réalisent une sorte d'élimination , quoique incomplète et temporaire.

VI

Pour ce qui regarde le choix des peines en elles-mêmes, nous n'avons pas à nous en occuper longuement ici, car dans les chapitres précédents nous avons montré l'inefficacité de la prison temporaire ayant une durée fixe déterminée à l'avance. Or, c'est précisément ce type de peine qui est devenu prédominant de nos jours, et qui, d'après l'école juridique, devrait l'emporter entièrement sur les autres. Qu'on l'appelle maison de force, réclusion, travaux forcés, prison cellulaire ou prison correctionnelle; c'est toujours au fond la même chose, variée par de simples modalités réglementaires. A côté de ce type, il en survit d'autres, la peine de mort, la réclusion perpétuelle, l'exil, la relégation, l'amende. Mais cette dernière se transforme pour les insolvables en une mesure fixe d'emprisonnement; la relégation n'est appliquée que sur une petite échelle et par quelques États seulement; l'exil ou le bannissement n'est possible que pour les délinquants politiques; enfin, presque partout en Europe, la peine de mort n'est exécutée que dans les cas extraordinaires.

Maintenant, pour en finir avec l'examen critique de la législation, il faudrait montrer les rapports établis par la loi, entre les différents délits et les peines. Mais, d'abord cela nous conduirait trop loin, ensuite cela serait inutile, au point de vue des résultats. Car les lois reconnues par un peuple ne sont pas celles qui sont écrites dans un code, mais celles qu'il voit appliquer par les juges. Or, le principe de la responsabilité morale qui domine tout le système, et les circonstances atténuantes déterminées par la loi même ou laissées par elle au bon plaisir du juge, ont fait en sorte que les peines établies ne sont presque jamais appliquées.

Il est tout à fait inutile, par exemple, que le code français et le code italien punissent le meurtre sans préméditation ni guet-apens par les travaux forcés à perpétuité, du moment que ce méfait n'est puni généralement par les Cours d'Assises que par sept ou dix ans de réclusion. L'efficacité de la peine doit être attribuée à ces sept ou dix ans que le peuple voit infliger aux meurtriers; non pas à la perpétuité de la réclusion inutilement menacée par le code et connue seulement par ceux qui en ont fait l'étude. « Un condamné à 20 ans de travaux forcés pour meurtre » — dit le procureur du roi Cosenza dans un discours d'inauguration, — « n'avait pas le moindre doute que cette peine n'était illégale, car jusqu'alors *tous les meurtres* commis dans son pays *n'avaient été punis que par quelques années d'emprisonnement*. Une condamnation à 25 ans de travaux forcés pour meurtre et tentative de meurtre a produit un tel étonnement sur le public *qui n'avait pas l'idée de pareilles condamnations*, que presque tous ont cru que c'était une erreur ou un abus. »

Pour combattre le délit, il ne reste donc en réalité, on peut bien le dire, que la ségrégation à durée fixe, excédant rarement cinq ou dix ans; encore cette ségrégation n'est-elle que relative, car dans ces établissements pénitentiaires maintenus à grands frais par le gouvernement, l'isolement absolu et continuel n'existe jamais, et le régime cellulaire *perfectionné* selon les enseignements de l'école correctionnaliste permet le contact entre les détenus, qui, s'ils ne dorment plus en commun, du moins, — travaillent ensemble.

Pourtant, malgré l'effet nul pour le délinquant lui-même de ses trois, cinq ou dix ans de réclusion, on ne saurait nier qu'il en ressort quelque bénéfice pour la société, car cette ségrégation signifie un nombre plus ou moins grand de maux, qui lui sont épargnés; cinq ans d'emprisonnement infligés, par exemple, à un voleur de profession, signifient cent ou deux cents vols de moins. C'est toujours quelque chose et l'application sévère des lois existantes aurait du moins cette utilité relative. Malheureusement, à côté de la loi, il y a la jurisprudence qui paraît ne poursuivre qu'un but : l'atténuation de la peine autant que faire se peut. Cela arrive à cause de certains principes enracinés dans l'esprit des juristes, entre autres, celui que la loi doit toujours recevoir une interprétation favorable au prévenu. « Dans les cas douteux, — dit le magistrat que nous venons de citer, — les jurisconsultes anciens décidaient les questions d'esclavage « *pro liberlale* », parce qu'ils sentaient que l'esclavage, quoique permis par la loi, ne l'était pas par l'humanité et la justice; on pourrait penser que nous avons la même idée de cette haute fonction sociale qui s'appelle la punition des criminels, parce que nous ne faisons que modérer ou détruire toutes les conséquences légales qui nous paraissent trop dures pour les criminels. Il m'est arrivé d'assister à l'acquittement d'un accusé, parce qu'un des jurés avait donné par distraction une réponse négative à la question principale, ce qui devenait évident par les votes donnés sur les autres questions; or, ce juré s'étant empressé de déclarer son erreur, tout le jury insistait pour rectifier le verdict. On n'en fit rien, parce qu'on décida que l'accusé avait acquis son droit à l'acquittement. Cela me fit souvenir alors du droit à la liberté acquis, selon les jurisconsultes romains, par le fils d'une esclave à cause du fait que celle-ci, pendant sa grossesse, avait eu, par erreur, quelques jours de liberté. Il est donc humanitaire pour nous de délivrer un malfaiteur, comme il l'était pour nos pères de rendre la liberté à celui qui en avait été privé par une institution barbare ! Qui est-ce qui ne rit pas aujourd'hui de l'usage qu'il y avait à Rome de gracier un condamné ayant rencontré par hasard un cardinal ? Eh bien, de nos jours un cas fortuit n'a pas une moindre importance ; car on a acquitté un accusé à cause d'un peu d'encre tombé sur le vote d'un juré et le rendant illisible ! »

Il n'y a pas de subtilités, pas de sophismes qu'on ne voit accueillis parfois par les cours de justice, lorsqu'il s'agit d'adoucir une peine que l'on croit tant soit peu dure.

Les circonstances atténuantes, qui devraient former l'exception, sont devenues la règle ; il y a des tribunaux qui les admettent, comme nous l'avons dit plus haut, pour les raisons les plus frivoles, par exemple, lorsque le délinquant a avoué, quoiqu'il lui aurait été tout à fait inutile de nier ! Dans les rares cas où l'on ne juge pas à propos d'atténuer la peine, c'est presque toujours le *minimum* qui est infligé. Enfin, la récidive n'est presque pas considérée ; j'ai vu des casiers judiciaires invraisemblables ; des récidivistes condamnés jusqu'à dix fois auxquels on accorde les circonstances atténuantes ; des voleurs et des escrocs à leur cinquième ou sixième opération qu'on a condamnés à trois ou six mois d'emprisonnement ; des hommes sanguinaires, ayant plusieurs fois tiré des coups de feu ou blessé avec le couteau ou le poignard, et qui, pour un nouvel exploit de ce genre, en sont quittes pour quelques semaines de détention.

Pour éviter un trop grand nombre de débats aux cours d'assises dans les pays où les coups de poignard et de revolver sont à l'ordre du jour, on a l'usage de correctionnaliser ces crimes, soit en accordant des circonstances atténuantes, soit en déclarant que ce ne sont pas des tentatives de meurtre, mais de simples délits de blessures. Un nombre infini de criminels ayant plongé leur couteau dans le ventre d'un homme ou lui ayant tiré un coup de pistolet à la tête, ne figurent pas parmi les meurtriers ; ils sont de libres citoyens, ayant pleins droits et dont on a tout de suite oublié la faute. Pour citer un seul fait entre mille, on a dit qu'il n'y avait pas eu tentative de meurtre dans l'acte d'un homme qui avait appliqué son pistolet contre la bouche même de son adversaire et dans cette position en avait pressé la détente ; le coup ayant raté, l'homme miraculeusement sauvé, montra à tous les présents sa lèvre portant encore la trace de l'arme qui y avait été appuyée. Eh bien, l'on trouva que l'intention meurtrière n'était pas assez évidente, et qu'il n'y avait là que le délit de menace à main armée !

Lorsqu'un meurtre a été consommé et qu'il est impossible de nier qu'on ait voulu tuer, la circonstance la plus futile devient une excuse ; si le fait sanglant a été précédé d'une querelle, on se hâte de dire que le prévenu a été provoqué, sans qu'on se donne pas même la peine d'examiner l'origine de cette querelle, afin de voir de quel côté en était le tort. A Dieu ne plaise qu'un homme audacieusement outragé se soit permis de porter la main sur l'auteur de cet outrage, de le frapper légèrement d'un coup de canne ; le misérable a par là conquis le droit d'aller chez lui prendre un pistolet, de revenir après une demi-heure et de tuer raide son homme qui ne se doutait plus de rien. Les magistrats, ou, s'ils ne l'ont pas fait à l'avance, les jurés se hâteront d'écarter la préméditation parce qu'il remarqueront que l'accusé était encore sous l'impression du soufflet ou de ce léger coup de canne ; ils ajouteront que par la même raison, il y a eu provocation ; ils accorderont, en outre, des circonstances atténuantes, lorsqu'ils ne jugeront pas à propos de dire que l'accusé a été poussé à l'action par une force à laquelle il n'a pas pu résister ! S'il n'y a pas acquittement, la peine qu'on inflige d'ordinaire dans ces cas-là, en Italie du moins, n'est que de trois à cinq années de réclusion. Cela explique qu'un même individu peut se donner le luxe de trois ou quatre meurtres, à de courts délais ; les assassins savent si bien que le fait d'une petite dispute précédant la boucherie suffit pour les sauver, qu'ils la préparent exprès, poussant leur adversaire à bout, afin de s'en laisser souffleter. Après cela ils peuvent faire ce que bon leur semble, et lorsqu'on les arrête le couteau encore fumant dans la main, ils s'écrient : « C'est bien, j'en aurais pour dix-huit mois de prison, mais j'ai fait ce que je désirais depuis si longtemps ! » C'est ainsi qu'on tolère le meurtre au milieu de nos soi-disantes civilisations !

Il n'y a rien dans ces pages qui ne soit un souvenir de quelque procès dont j'ai dirigé l'instruction. Je n'ai eu besoin de rien emprunter aux autres, encore moins ai-je laissé flotter mon imagination ; je garde des notes où les faits sont enregistrés ; je puis, à l'occasion, en donner la preuve à ceux qui, étrangers à la magistrature ou au barreau, pourraient supposer qu'il y ait ici quelque exagération.

Pourtant, — va-t-on remarquer, — la faute de tout ceci n'en est pas à la loi ; elle en revient à ceux qui l'appliquent de travers. C'est peut-être vrai, mais il ne faut pas s'en tenir là, car cette mauvaise application de quoi dépend-elle, si ce n'est des principes mêmes de la théorie pénale dominante qui a donné naissance à une jurisprudence toujours favorable aux criminels ?

Du moment que le juge doit déterminer la culpabilité d'après le degré de la responsabilité morale, comment peut-on prétendre qu'il ne recherche pas ces circonstances atténuantes qui le plus souvent existent réellement, qui même sont parfois négligées à tort ? Car, lorsqu'on se donne la peine de rechercher si un homme est vraiment responsable de ce qu'il a fait, on finit toujours par découvrir qu'il ne l'est pas !

C'est ce qu'il y a de faussé dans le système tout entier qui est la cause de l'inefficacité de la répression. C'est à ces deux principes que revient tout le tort : La responsabilité morale, la proportion de la peine au délit.

Car ces principes désarment le juge et lui rendent impossible une lutte énergique contre la criminalité. Comment, par exemple, le juge peut-il déclarer que le récidiviste soit plus *coupable* qu'un autre, et comment peut-il le punir en conséquence, lorsqu'il sait qu'à cause d'un triste passé, ce malheureux n'a plus trouvé d'ouvrage, qu'il a été fui et méprisé par tous les honnêtes gens, de sorte que, — comme l'a dit M. Tarde — il n'y a eu que *sa petite patrie criminelle* qui lui ait ouvert les bras ? Comment le juge peut-il penser que cet homme pouvait résister au penchant délictueux plus facilement que celui qui est retenu par la crainte de perdre une réputation sans tache ?

Le juge a plus de logique que la loi. Ce n'est pas lui qui pèche, car la théorie est là pour le justifier, lorsqu'il applique des peines ridicules, et qui ont l'air d'une ironie, tellement elles sont inutiles pour la société.

CHAPITRE III

LOIS PROTECTRICES DU CRIME

.

Que la théorie pénale dominante et la jurisprudence, d'accord avec elle, paraissent faites exprès pour protéger le criminel contre la société, plutôt que cette dernière contre le premier, le lecteur l'a déjà vu dans les chapitres précédents. Mais, c'est dans une loi de l'État établissant les règles de l'instruction criminelle et des jugements, que cette protection a sa plus haute expression, car c'est la loi elle-même alors, qui se charge de rendre difficile l'application des peines établies par une autre loi, en suggérant au malfaiteur les moyens d'y échapper ou d'en retarder longtemps l'exécution.

I

Commençons par la distinction entre *l'action publique* et *l'action privée,* qui est souvent fondée sur la nature objective du délit, sans aucun souci de la perversité de l'agent; et qui quelquefois l'est sur le genre de la peine menacée ou réellement infligée. Par exemple, les attentats à la pudeur ne sont pas pour la plupart, d'action publique; ou ce qui revient au même, la plainte de l'offensé est absolument nécessaire pour qu'on puisse poursuivre le coupable; même chose pour les menaces, les coups et les blessures, lorsque le juge n'aurait à infliger que des peines de simple police; et pour les escroqueries quelle qu'en soit la peine, dans les codes de certains États. En Italie, on parle de limiter encore plus les cas de l'action publique. Tout cela, en oubliant complètement l'agent, en ne se demandant pas le moins du monde s'il n'est pas récidiviste, si la manière dont il a préparé et accompli le délit n'est pas l'indice d'un malfaiteur dangereux, s'il n'a pas réparé le dommage, etc.

Un simple citoyen offensé devient ainsi l'arbitre de la fonction sociale de la répression. C'est à lui de juger s'il est convenable de faire subir une peine à un violateur d'une loi sociale; c'est à lui de décider si, pour la sûreté sociale, il faut enfermer un délinquant ou le laisser libre. L'État lui demande : « Voulez-vous qu'on empêche à cet escroc de profession de dévaliser d'autres personnes, ou bien souhaitez-vous qu'il fasse aux autres ce qu'il vous a fait à vous-même ? »

Cela a quelque chose de tellement étrange qu'on peut se demander si nous n'allons pas en revenir à ces temps, où la peine n'était que la vengeance de l'offensé ou de sa famille.

Pour nous, le mot « délits d'action privée » n'a pas de sens, du moins pour ce qui est de ces offenses que nous avons appelées « délits naturels ». Pour des coups et blessures, pour des menaces de mort, pour des viols avec violence, pour des escroqueries ou des faux, qu'il y ait ou qu'il n'y ait pas de plainte, la société, lorsqu'elle a eu la nouvelle du délit, ne peut rester inactive. C'est ainsi qu'elle rendra inutiles les menaces de l'offenseur, qui souvent effrayent et paralysent le plaignant, et sont la raison pour laquelle la plainte est retirée.

Peu importe que le délit considéré *objectivement* n'ait pas l'air d'être particulièrement grave ; il faut savoir ce que c'est que le délinquant, il faut le connaître, pour en déterminer le type, pour voir s'il n'est pas de ceux qui ne sont pas adaptables au milieu social, et contre lesquels il faut recourir aux moyens d'élimination. Lorsqu'on a pu s'assurer que le délinquant n'appartient pas aux vrais criminels, et que, malgré un écart, il n'est pas trop éloigné du commun des hommes, c'est alors seulement que, comme nous l'avons dit dans le chapitre précédent, la répression, toujours nécessaire, peut prendre une forme différente, je veux dire la contrainte à la réparation du dommage matériel, aussi bien que du dommage moral.

Sur ce point du dédommagement nos idées sont encore bien éloignées de celles des juristes. Ceux-ci ont arrêté en principe que la condamnation du prévenu entraîne l'obligation des dommages-intérêts. Ce principe établi, ils ont cru n'avoir pas autre chose à faire, car la manière dont l'offensé se fera payer la somme qui lui est due à cause du délit, rentre dans les règles ordinaires de la procédure : il s'agit d'une *obligatio ex delicto*, tout comme s'il s'agissait d'une *obligatio ex contractu* ; ce n'est plus l'affaire des criminalistes !

Dans la pratique, cette condamnation du coupable aux dommages-intérêts n'est, le plus souvent, qu'une cruelle ironie pour le plaignant, même dans le cas que l'offenseur ne soit pas insolvable. Car, aucune saisie ne peut être ordonnée qu'après un arrêt définitif; c'est dire que pendant l'instruction, et même après une sentence contre laquelle on s'est pourvu, le délinquant peut faire disparaître tous ses biens mobiliers. Il est vrai que d'après la législation de quelques États on peut ordonner la saisie des biens immobiliers, à la suite d'un mandat d'arrêt, mais il n'y a maintenant qu'un petit nombre de procès, les plus graves, dans lesquels on croit qu'il soit nécessaire de s'assurer pendant l'instruction de la personne du prévenu. De sorte que, dans la plupart des cas, la créance du plaignant n'est pas privilégiée ; elle n'a même aucune garantie. Le condamné ne paye donc qu'autant que c'est son bon plaisir, ce qui arrive rarement. Les règles de la procédure ordinaire étant applicables pour la liquidation des dommages-intérêts, aussi bien que pour l'exécution du jugement, des années se passent quelquefois, en oppositions, en pourvois, et en délais de toute sorte. Cela explique qu'on ait vu offrir — comme nous l'assure M. Cosenza, un magistrat italien — la somme de *trois cents*, de *deux cents* et même de *cent* francs en dédommagement d'un *meurtre !* « Il est même arrivé que les frères d'un homme assassiné, las de plaider, ont accepté en transaction CINQUANTE FRANCS de la main du meurtrier. »

Quant aux insolvables, inutile même d'en parler, disent les juristes : *Nemo dat quod non habet !* L'immense majorité des délinquants est partant délivrée de l'obligation du dédommagement, et ceux qui ne peuvent s'y soustraire ne le font que d'une manière dérisoire.

Les juristes trouvent qu'il n'y a pas de remède à tout cela, car, selon eux, la réparation des dommages-intérêts est une *obligation civile*, qui n'est donc exigible que par les moyens ordinaires. Une coercition différente serait un abus digne d'un pays barbare, incompatible avec les progrès du droit, etc.

Quant à nous, il nous semble qu'il y a une différence incommensurable entre une dette produite par un contrat, où l'on a pu prévoir le cas du défaut de payement, et une dette créée par une offense, qui n'est pas la violation d'un pacte convenu entre deux personnes, mais la violation d'une règle de conduite universellement adoptée dans la société humaine. On ne prête pas à un insolvable, on ne prête pas sans quelque garantie ; si on l'a fait, cela signifie qu'on a été imprudent, et il faut bien en supporter les conséquences. Mais tout le monde est exposé à une agression délictueuse de la part d'un insolvable. Pourquoi donc ce privilège pour l'insolvabilité ? Et en général, puisque l'origine et la nature de la dette sont si différentes dans les deux cas, pourquoi la contrainte au payement aurait-elle une seule et même forme ?

Le lecteur connaît déjà nos idées en cette matière (chap. Ier, § 1er). Pour nous, la contrainte la plus sévère est juste pour le délinquant solvable ; qu'il soit détenu, tous frais étant mis à sa charge, jusqu'à ce qu'il ait payé sa dette, sans qu'on lui accorde le moindre sursis. Comme je l'ai dit ailleurs, « il vendra sa maison, sa boutique, son atelier, il trouvera de l'argent, coûte qui coûte [1]. » L'essentiel c'est qu'on répare le délit, et pour y obliger les délinquants il faut être impitoyable. Pour les insolvables, qu'on les oblige à payer, sur le gain de chaque journée de travail, cette partie qui excède le pur nécessaire, en calculant, sans tenir compte de la différence des conditions, ce qu'il faut *strictement* à un homme pour se nourrir. Cette contrainte durera indéfiniment si le condamné est récalcitrant au travail, ou si l'on peut supposer que son insolvabilité n'est que simulée ; dans les autres cas, on fixera un terme plus ou moins long, selon l'importance du dommage produit par l'acte délictueux, afin que pour une somme impossible à amasser, cet esclavage ne se prolonge pas pour toute la vie d'un homme.

Je reviendrai sur ces propositions dans le chapitre suivant, qui sera le dernier de cet ouvrage, afin de montrer qu'elles sont très susceptibles d'être mises en pratique.

On peut voir cependant la différence immense qu'il y a entre notre théorie et celle des juristes, sur la question du dédommagement. Les règles sévères que nous professons étant adoptées, on pourrait se passer de toute espèce de peine pour les délits dont les auteurs ne sont pas assez dangereux pour que la société doive les éliminer. De sorte que *les soi-disantes peines correctionnelles disparaîtraient entièrement,* et avec elles l'encombrement des prisons et la dépravation de milliers d'individus, qui, une fois souillés par cette honte, ne redeviendront jamais des citoyens paisibles. D'ailleurs, l'idée qu'on ne pourra pas jouir en paix du produit de l'industrie malfaisante, comme on le fait

1. *Actes du premier congrès d'anthropologie criminelle*, p. 307, Rome, 1887.

maintenant après les quelques mois ou les quelques années de prison correctionnelle (pendant lesquels l'argent volé est confié à des mains amies ou à des parents), sera un moyen de désarmer les ennemis de la société, bien autrement puissant que les ridicules châtiments par lesquels on espère corriger les fripons [1].

II

Passons à l'instruction des procès, que les doctrinaires voudraient faire faire au grand jour, en présence du prévenu et de son défenseur, en prétendant que par ce moyen seulement l'impartialité serait assurée, mais en oubliant que c'est le plus souvent par le secret le plus rigoureux que l'on parvient à connaître la *vérité* et à empêcher le prévenu de briser ce fil si subtil qu'on l'aperçoit à peine, et qui pourtant est le seul guide dans le labyrinthe des indices.

D'ailleurs, même dans les cas les moins compliqués, il n'est pas sans danger de faire connaître au prévenu les charges qui pèsent sur lui, et les noms des témoins. Fort heureusement les lois de la procédure sont assez sages en France et en Italie sur ce point ; il est à espérer qn'on ne fera aucun cas de déclamations rhétoriques réclamant l'instruction quasi publique des crimes. (*Note* A *à la fin du volume.*)

1. Voir à ce sujet les *Actes du congrès d'Anthropologie criminelle*, p. 23, 24 et suivantes, 306, 363 et suiv. ; — *Actes du congrès pénitentiaire international*, Rome, 1885, p. 185 et suiv., p. 200 et 201, et mes deux brochures : *Ciò che dovrebbe essere un giudizio penale.* Torino, Loescher, Ed. 1882, et *Riparazione alle vittime del delitto.* Torino, Bocca, Ed. 1887.

Mais le point le plus débattu est celui de la détention précédant l'arrêt définitif du pouvoir judiciaire. On prétend que c'est une mesure souvent injuste, et qu'il ne faudrait s'en servir que dans les cas les plus graves, lorsqu'on peut supposer que le prévenu prendrait la fuite. Ces choses sont dites et répétées par des professeurs qui n'ont aucune expérience des procès criminels ; elles deviennent presque des lieux communs, la presse s'en empare, et un beau jour les voilà traduites dans des articles de loi rédigés à la hâte par des personnes qui n'ont aucune compétence, ou qui, à cause de leur profession, ont des intérêts opposés à ceux de la répression sévère des actes délictueux.

D'abord, il n'est pas du tout exact que l'emprisonnement préventif n'ait d'autre but que celui d'empêcher la fuite du prévenu. Cette mesure est souvent nécessaire pour lui empêcher de faire disparaître les traces matérielles du crime ; pour lui empêcher de se mettre d'accord avec ses complices, ou avec des amis qui confirment les circonstances qu'il a déclarées ; pour lui rendre plus difficile de faire menacer les témoins ou de les corrompre ; pour le décider à avouer, ce qui arrive très souvent ; enfin pour le défendre lui-même, le prévenu, contre la vengeance de l'offensé ou de sa famille.

D'ailleurs, quant à la probabilité de la fuite, qui est-ce qui ne voit pas qu'elle existe, hors des cas exceptionnels, toutes les fois qu'il s'agit d'un délit entraînant une peine tant soit peu dure ou qui serait pour le prévenu la cause d'un désastre économique ?

Il est sans doute difficile d'énoncer des formules prévoyant tous les cas, mais je pense que, tout en laissant au juge la liberté de faire une exception dans les cas qui la méritent, on pourrait préciser que la détention préventive est nécessaire :

1° Lorsqu'on peut prévoir que le prévenu sera condamné à une peine assez dure pour qu'il se décide à s'y soustraire par un exil volontaire ou en vivant caché de la police, — parce que cette peine représente *pour lui* un mal plus grave ;

2° Lorsqu'il s'agit de coups et blessures produisant une maladie, et jusqu'à ce que l'offensé n'en soit parfaitement guéri ;

3° Lorsqu'on peut prévoir que la partie lésée voudra tirer une vengeance sanglante de l'offenseur ;

4° Lorsqu'il s'agit de récidivistes, ou de délinquants habituels, de gens sans aveu, sans domicile fixe, n'exerçant aucun métier honnête ; et

5° De voleurs ou d'escrocs surpris en flagrant délit ;

6° Enfin, dans tous les cas où l'on peut supposer que le prévenu agira par des menaces ou par la corruption sur la partie lésée ou les témoins, ou pourra, d'une manière quelconque, embarrasser ou dépister l'instruction.

Les cas du mandat d'arrêt ainsi déterminés, l'institution de *la liberté provisoire* n'aurait plus raison d'être ; elle devrait disparaître complètement, sauf lorsque le juge d'instruction croit lui-même à l'innocence du prévenu.

Telle qu'elle est maintenant, cette institution offre les plus grands dangers ; elle paraît faite exprès pour encourager le monde criminel ; elle témoigne de l'ingénuité des législateurs, qui paraissent ignorer les nouvelles armes prêtées aux malfaiteurs par la civilisation. Dans les petites cités anciennes, ou dans celles du moyen-âge, on comprend que l'inculpé d'un délit, voire même d'un crime, pouvait être mis en liberté provisoire pendant son procès ; la difficulté de voyager était grande de ces temps-là ; celle de vivre hors de son pays l'était encore plus ; la fuite, c'était le bannissement volontaire, ce qui était considéré comme une des peines les plus graves, une peine capitale selon le · droit romain [1]. Et pourtant on prenait des précautions, on n'accordait pas de liberté provisoire sans l'engagement de quelques personnes honorables qui devaient présenter le prévenu à la justice : « *Si fidejussores habere non potuerit, a ministris comitis custodietur et ad mallum perducatur* [2]. Le droit romain faisait toujours une exception pour les crimes les plus graves [3] et les lois de l'Angleterre elles-mêmes, le pays de l'*habeas corpus*, n'accordent la liberté provisoire que lorsque le cautionnement fourni par l'inculpé est *suffisant pour qu'on soit sûr* qu'il se présentera au juge et se soumettra à la peine.

Dans les pays de race latine on a écouté les morceaux oratoires de quelques professeurs et surtout on s'est laissé impressionner par quelques romans à sensation, montrant les tortures morales d'un malheureux soupçonné à tort et enfermé dans un horrible cachot. C'est pourquoi on a établi, dans plusieurs cas, *le droit* de l'inculpé à la liberté provisoire : on a laissé d'ailleurs au juge les facultés les plus étendues pour l'accorder, même dans les crimes les plus graves, on a exempté les indigents de tout cautionnement, ce qui ressemble aux anciens privilèges de caste, un vrai privilège du prolétariat ! On a admis la liberté

1. D. lib. XLVIII, tit. 1° *De pub. jud.*, § 2.
2. Cap. Karoli, II, anno 873, jan. 4, 229, édit. Pertz. Hannover, 1835.
3. D. lib. XLVIII, tit. 3, § 1, 3, *De custodia reorum.*

provisoire même après le jugement, pendant les délais des pourvois en appel et en haute cour, de sorte qu'un individu déjà déclaré coupable et condamné par un tribunal à une peine simplement correctionnelle, peut sortir tranquillement de sa prison, se gardant bien d'y rentrer lorsque son pourvoi aura été rejeté ! On peut même dire que la facilité d'être mis en liberté augmente en raison directe de la certitude acquise de la culpabilité du prévenu ; car le même individu, qui sur de simples soupçons a été arrêté, et qui sur de simples indices a été retenu en prison, se voit délivré aussitôt qu'un jugement l'a solennellement déclaré coupable.

N'est-ce pas en agir à rebours du bon sens et de la logique ? Il y aura de bonnes raisons pour justifier un pareil système, mais on ne peut nier qu'il n'est pas naturel, qu'il a en soi quelque chose de faux, qu'il est incompréhensible pour l'intelligence populaire, et surtout pour celle d'une nation du midi. Comment peut-on s'imaginer qu'un peuple peu prévoyant, peu sensible à ce qui n'est pas présent et immédiat, pourra être impressionné par la menace d'un emprisonnement, qui ne se réalisera que dans un temps indéfini, après un an ou deux, ou même plus, dans le cas d'un renvoi ? Les menaces lointaines de ce genre peuvent avoir quelque effet sur des esprits froids et calculateurs ; on les comprend dans le nord jusqu'à un certain point, mais pour le midi, comme le dit Spencer, « il faut des peines sévères, précises, *appliquées immédiatement*, capables de frapper vivement l'imagination [1] ».

A Naples, dès que les nouvelles lois de 1865 ont fait

---

1. Spencer, *Essais de politique.* — La morale de la prison.

admettre à la liberté provisoire les inculpés de blessures
même graves, le peuple s'est persuadé que ces délits ne
sont plus punis, ou qu'ils le sont tout au plus par la
perte du cautionnement, qui le plus souvent ne dépasse pas
la somme de 50 francs. Ce qui fait qu'on entend répéter
tous les jours dans cette ville que *moyennant 50 francs,
on peut se payer le plaisir de donner un bon coup de
couteau.* Cela signifie que l'on ne se préoccupe pas de la
peine *qui sera infligée* par le juge et qui ne sera exécutée que longtemps après ; *il n'y a que les 50 francs qui
frappent l'imagination méridionale, parce qu'il faut les
débourser tout de suite* [1].

Quant à l'impression que cette institution fait sur le
public, on peut dire sans exagération qu'elle est toujours
déplorable, car on a beau tâcher de s'expliquer un pareil
système ; ce qui est sûr, c'est qu'un coupable qui était au
pouvoir de la justice, *ne l'est plus maintenant ;* et que
c'est la justice même qui lui a donné la clef des champs.
Qu'on s'imagine ce que doivent en penser les voisins,
les amis, les parents de l'offensé, du blessé, qui gémit peut-
être encore, de l'estropié pour la vie, ou de l'homme
réduit à la misère par un habile escroc, lorsqu'ils voient
qu'après quelques mois d'arrêts, le délinquant, quoique
déclaré coupable par le magistrat et renvoyé au tribunal
qui doit le juger, est provisoirement mis en liberté, une
liberté pleine et absolue et qui va durer aussi longtemps
que l'affaire traîne devant la Cour d'Appel et la Haute
Cour. Cela signifie que le criminel peut recommencer son
premier train de vie, côte à côte avec ses victimes, dans

---

1. Turiello, *Governo e Governati*, vol. I, cap. iii, Bologna, 1882.

la même maison si bon lui semble. Pour choisir un exemple entre mille, je citerai le procès d'un paysan qui a tiré un coup de feu sur son voisin, pour se défaire d'un concurrent à une ferme ; le blessé ne s'est plus guéri depuis dix-huit mois ; pendant ce temps le meurtrier, qui n'a été inculpé que de blessures, habite tranquillement sa maison, dont la porte ouvre sur une cour commune ; en face est la porte du malheureux malade, de sorte que celui-ci, de son lit de douleur aperçoit son assassin qui prend le frais en vidant son verre et en fumant sa pipe. Et voilà le progrès des institutions judiciaires !

Mais de plus grands maux peuvent arriver et arrivent en effet. Les coupables se vengent souvent des témoins à leur charge, ou bien ils renouvellent l'attentat qui a échoué. Ici encore il y aurait des histoires douloureuses à raconter, et par centaines. J'en choisirai quelques-unes : Un homme ayant été repoussé par une jeune fille qu'il aimait, lui tira un coup de pistolet sans l'atteindre. La liberté provisoire lui fut accordée ; or, pendant les délais de l'instruction et du jugement, il assassina le frère de la jeune fille. Un *cammoriste* défendit à un garçon de café d'aimer une personne sur laquelle un de ses amis avait des prétentions. La première désobéissance fut punie d'un premier coup de rasoir à la figure. Le jeune homme porta plainte, mais continua sa cour ; quelques mois après, le même traitement lui fut infligé sur l'autre joue, de sorte que le malheureux resta complètement défiguré par deux horribles sillons. Le coupable, condamné à quatre ans d'emprisonnement, s'est pourvu en appel, puis en cassation. Pendant les délais, *quatre années* se sont écoulées et le *cammoriste* allait se promener tous les jours devant le

café où l'autre gagnait honnêtement sa vie, en lui jetant à
la figure des bouffées de son cigare. Le pauvre garçon qui
avait plusieurs fois refusé des offres d'argent, après de si
longues années, se croyant tout à fait abandonné par la
justice, finit par accepter une somme. Il y eut jugement de
renvoi, la plainte fut retirée, de nouveaux témoins attes-
tèrent d'une provocation imaginaire, et le scélérat ne fut
condamné qu'à quelques mois de prison qui lui furent
même épargnés par une amnistie souveraine.

Quelquefois la patience de l'offensé se lasse et sa colère
éclatant tout à coup d'une manière terrible, est la cause
d'un nouveau crime. On en a eu la preuve dans une tragédie récente, à Paris, qui a ensanglanté le Palais de justice ; je veux dire les coups de revolver tirés par Mme Clo-
vis Hugues sur son calomniateur, qu'elle était fatiguée de
poursuivre depuis plusieurs mois devant les tribunaux et
qu'elle voyait toujours libre, quoiqu'il eût été condamné à
l'emprisonnement.

Quant à la criminalité endémique et imitative, l'effet
pernicieux de la liberté provisoire y est incommensurable.
Dans un village du midi de l'Italie un homme ayant défiguré à coups de rasoir une jeune paysanne qui ne voulait
pas de lui, obtint la liberté provisoire ; c'est-à-dire que
deux ans après il n'y avait pas encore de sentence exécu-
tive. Un autre amant malheureux suivit aussitôt cet
exemple, et les cas se multiplièrent tellement que, comme
je l'ai dit plus haut (v. p. 206), les plus belles jeunes filles,
effrayées, en étaient réduites à subir le premier venu ; elles
épousaient à contre-cœur les plus méchants garnements
de l'endroit. N'a-t-on pas le droit d'attribuer tout le mal à
cette institution de la liberté provisoire ? Car, si le pre-

mier drôle qui avait donné le mauvais exemple n'avait pas
été relâché pendant l'instruction, s'il était resté en prison
avant et après le jugement, jusqu'au terme de ses cinq ou
six ans de peine, il est probable qu'il n'eût pas trouvé
d'imitateurs. C'est ce que l'un de ces derniers déclara,
lorsqu'enfin on jugea à propos de lui refuser la liberté provisoire, qu'on avait accordée à tous ses prédécesseurs. Il
avoua que s'il avait pu prévoir un traitement si différent
des autres, il n'aurait pas commis ce crime. (*Note* B.)

Tous débats sur cette institution devraient être clos, du
reste, par cette seule considération : La liberté provisoire
laisse l'inculpé libre de subir la peine à laquelle il a été
condamné, ou bien de s'y soustraire. Car de nos temps, on
voyage librement à travers le monde ; les passeports
mêmes sont presque partout inutiles, et d'ailleurs, est-il
nécessaire de s'exiler, ou même d'aller un peu loin ? Il suffit
de se mêler au tourbillon d'une grande ville ; si l'on y de-
meurait déjà, il suffit de déménager, pour que les agents
de la sûreté déclarent dans leur procès-verbal que les recherches ont été infructueuses. Ils ne se dérangent que
pour les crimes éclatants qui mettent en émoi tous les télégraphes d'un Etat. Et ils n'ont pas tort du reste, parce
qu'ils avaient déjà rendu à la société le service qu'on leur
demande pour la seconde fois, ils avaient découvert le délinquant, ils l'avaient arrêté, qui sait à travers combien
d'obstacles ! Eh bien, au nom des grands principes, au nom
du droit sacré de la liberté individuelle, on a relâché sur
parole un filou ou un meurtrier comme on faisait autrefois pour les gentilshommes. Et maintenant, deux ans
après, voilà qu'on s'adresse encore une fois à la police,
pour qu'elle retrouve, dans un coin perdu d'une de nos

Babylones modernes, un obscur coquin dont la mémoire est oubliée depuis longtemps, afin qu'il subisse ses trois ou six mois de prison. Cela n'est-il pas simplement ridicule ?

Encore, lorsqu'il s'agit de peines aussi courtes, le délinquant ne se gênera pas beaucoup pour se cacher de la police ; que lui importent ces quelques semaines de repos forcé, que les paysans acceptent même avec beaucoup de joie, en hiver, car c'est autant d'épargné dans une saison où leur travail n'est pas productif ! Mais un homme condamné à deux ou trois ans d'emprisonnement, à moins qu'il ne soit un invalide, ne se souciera pas d'aller frapper à la porte du cachot, surtout s'il a quelque argent dans sa poche. Que dire alors de la liberté provisoire accordée à des auteurs de grandes escroqueries ou de vols pour des centaines de milliers de francs, qui, n'ayant été condamnés, d'après le verdict du jury, qu'à des peines simplement correctionnelles (le cas est arrivé plusieurs fois en Italie), ont été relâchés pendant leur pourvoi ? Peut-on avoir la simplicité de croire qu'ils reviendront pour obéir à la loi ? Ne sait-on pas qu'avec deux ou trois cents mille francs on se moque de toute poursuite, on prend le nom qu'on veut, et l'on vit paisiblement et entouré de respect ?

Bref, nous trouvons que la liberté provisoire est la plus mauvaise entre toutes les institutions de notre législation, et qu'elle agit dans un sens diamétralement opposé à celui de la répression. Elle ôte à la justice tout son sérieux, elle change les tribunaux en théâtres à bouffonneries et à pochades, elle encourage directement le monde criminel, elle décourage la partie lésée et les témoins, elle démoralise la police. L'absurdité atteint son comble, lorsqu'un premier jugement a été prononcé établissant la culpabilité ; l'aberration devient inexplicable, lorsque le coupable, dont l'appel a été rejeté, se pourvoit en haute cour pour gagner du temps. Enfin, le système pénal que nous proposons dans ce livre est tout à fait incompatible avec une pareille institution. Comme nous avons défini, selon la nécessité, des cas de détention préventive, il ne saurait y être question de liberté provisoire, hormis le cas que les preuves soient jugées défaillantes par le magistrat chargé de l'instruction. Si l'inculpé ne pouvait être condamné qu'à un dédommagement, il ne s'agirait pas non plus de liberté provisoire, mais seulement du payement de l'indemnité, ce qui, de plein droit, ferait relâcher le prisonnier. Mais lorsqu'on prévoit qu'il y a lieu à l'élimination du criminel, tout cautionnement est inutile, car ce qu'il faut à la société c'est de se défaire de cet élément nuisible ; or, elle ne peut attendre pour cela son bon vouloir, elle ne peut compter sur son esprit d'obéissance et de résignation.

Quant aux cas très rares d'une détention injuste, l'innocence du prévenu ayant été complètement prouvée, je n'hésite pas à m'unir à ceux qui réclament pour ces victimes de trompeuses apparences, un *dédommagement de la part de l'Etat.* Ce droit une fois reconnu, il n'y aurait pas lieu de jeter les hauts cris pour quelque erreur judiciaire de ce genre. D'abord, il ne s'agit pas d'un mal intolérable ou irréparable, mais d'un accident désagréable qui, pour un vrai honnête homme, est réparé aussitôt qu'on lui en fait amende honorable. Ensuite, la cause de ces erreurs c'est le plus souvent l'imprudence de l'inculpé lui-même, ou sa légèreté, ou sa conduite excentrique, ou la mauvaise compagnie qu'il fréquentait ; il n'arrive que très rarement que la faute en soit uniquement à la police. Il est donc juste que l'indemnité soit en rapport de la part que l'inculpé a prise lui-même aux circonstances qui ont fait tomber sur lui les soupçons. Ce qu'on ne comprend pas, c'est que pour quelques cas isolés, pour des erreurs facilement réparables, on ait proposé rien moins que l'abolition de la détention préventive, c'est-à-dire l'affaiblissement de la répression et l'impunité de bien des criminels.

Disons quelques mots du jugement en matière pénale. Le caractère strictement juridique donné à la fonction répressive, a produit une ressemblance artificielle et faussée entre les jugements en matière pénale et ceux en matière civile. Dans ces derniers il y a un acteur et un convenu ; dans les autres, le premier est remplacé par le ministère public qui agit en *créancier;* il exige *le payement de la dette du prévenu* sous forme de *châtiment;* le juge affirme la *validité de la créance;* il déclare ce que le prévenu doit *payer à la société* pour en être quitte envers'elle.

Des progressistes à la vue myope ont affirmé qu'il n'y a rien de plus beau que ce système d'accusation, et ils voudraient même le perfectionner, en faire complètement une lutte oratoire, en remplaçant par les armes de la parole celles dont on se servait aux siècles les plus barbares du moyen-âge. Comme un auteur l'a remarqué, « c'est dans la nature du système d'accusation qu'il y ait un antagonisme de deux parties, de sorte *qu'on ne s'y propose pas la recherche de la certitude, ni l'hommage à la vérité;* on ne s'y demande pas s'il y a *un innocent* et *un coupable,* mais quel a été le *vaincu.* On a changé le gage de la lutte en un cautionnement, le persécuteur en accusateur, celui qui est poursuivi en accusé, les pairs en jurés, les luttes en altercations, *mais le caractère primitif d'un duel reste toujours le même.* Tout cela a plutôt l'air d'une question privée que d'une fonction sociale... Le système d'enquête introduit au moyen-âge par les juridictions ecclésiastiques, et adopté en France par Louis XII, avait été un progrès indéniable, parce qu'on marchait par là au vrai but d'une procédure rationnelle, c'est-à-dire la recherche critique et impartiale de la vérité [1]. »

Sans doute on a abusé de ce système, surtout en matière politique, et il aurait fallu le compléter par des garanties pour l'accusé et des bornes pour l'autorité du magistrat. Au lieu de cela on est revenu, à peu de choses près, au système obsolète d'accusation, en mettant sur pied l'institution baroque du jury et en donnant à l'oralité des débats une importance exagérée.

Toutes les preuves les plus concluantes, tous les rapports des autorités, tous les témoignages les moins suspects qui forment le dossier de l'accusé, disparaissent en un clin d'œil devant une impression soudaine que le jeu d'un avocat habile produit sur l'esprit des jurés. Tout le monde convient du reste, les avocats les premiers, qu'un jugement en Cour d'Assises ne dépend que du hasard. Et pourtant, quoique l'opinion publique, en Italie du moins, soit décidément hostile à cette institution « prud'hommesque » du jury, (comme M. Tarde l'a appelée en louant les positivistes italiens qui « l'accablent de leurs sarcasmes [2] »), pas une voix ne s'est levée dans le parlement pour réclamer son aboli-

---

1. P. ELLERO, *Delle origini storiche del diritto di punire*, p. 18. Bologna, Ed. Zanichelli. Voir aussi SUMMER MAINE, *L'ancien droit*, ch. x.

2. TARDE, *Positivisme et pénalité*, dans les *Archives de l'Anthropologie criminelle*, Paris-Lyon, 1887.

tion. Cela tient à ce qu'on s'imagine qu'elle se rattache d'une manière indissoluble à la liberté politique d'un pays, ce qui est peut-être vrai pour l'Angleterre, où cette institution est indigène et traditionnelle, mais ce qui n'a pas de sens commun pour les autres pays, qui ont une magistrature créée exprès pour administrer la justice. En Angleterre, d'ailleurs, le caractère des habitants, peu portés à la sympathie pour les criminels, durs même et impitoyables pour toute transgression à la loi, y rend le jury encore possible ; sans dire qu'il y est organisé d'une manière toute différente que dans les autres pays du continent, car il n'est appelé à juger que ces accusés qui veulent soutenir leur innocence complète, ou — ce qui revient au même — ceux contre lesquels il n'y a que des indices ; — ensuite il décide à l'unanimité des voix, ce qui donne à un seul homme raisonnable la faculté de paralyser une majorité ignorante, sauf à déclarer qu'on ne peut réussir à se mettre d'accord, ce qui fait remettre le jugement à un autre jury ; — enfin, il ne lui est plus permis de se séparer dès que le procès a commencé, ce qui empêche la corruption librement essayée dans nos pays sur le juré qui rentre chez lui ou va dîner au café pour aller, le jour après, à la seconde séance d'un procès qui en aura peut-être une dizaine.

La plus grande partie des injustices commises par le jury, dérive à la vérité de son ignorance, soit à cause de son incapacité de saisir le sens de plusieurs termes juridiques, et de comprendre la vraie signification et le lien qui relie entre elles les questions souvent très nombreuses qu'on leur soumet (encore une différence avec le jury anglais qui ne doit se prononcer que sur la culpabilité en général par les simples mots : *Guilty* ou *Not guilty*) ; — soit à cause du manque d'aptitude ou d'exercice nécessaires pour le labeur critique des indices, des preuves et des arguments pour et contre, dans les procès où la culpabilité n'est pas évidente au premier abord. Quelquefois, le jury acquitte pour protester contre le gouvernement ; cela est arrivé souvent en Italie dans les procès de soustraction des caisses de l'État, de sorte que des voleurs sont acquittés pour faire enrager le Ministre des Finances ! Dans les cours d'assises des petites villes, les jurés arrivent de différents endroits ; ils demeurent dans la même auberge ; ils subissent toute sorte d'influences. « Lorsqu'un orateur célèbre, un député-avocat jouissant de la sympathie populaire prend la défense d'un accusé, les jurés, même les plus intelligents et les plus honnêtes, subissent une *contagion d'admiration pour l'art* ; sans avoir bien compris, sans avoir eu le temps de réfléchir, ils finissent par ressentir une sorte de pudeur ou de respect pour ce qui, dans ce milieu, a l'air d'être du talent ; par oublier le procès pour le spectacle, et par applaudir l'orateur moyennant le verdict, comme au théâtre ils applaudiraient l'acteur en battant des mains, au lieu d'examiner les faits et de les juger, ce qui paraîtrait peu courtois. Bref, par sensibilité nerveuse ou par impressionnabilité artistique, je ne vois pas comment l'homme du midi peut ne pas se passionner à la place du juge, à moins qu'on ne l'y ait dressé par une éducation spéciale [1]. »

A cela, il faut ajouter que, bien souvent, les avocats emploient toutes sortes de moyens pour jeter le trouble dans l'esprit des jurés, pour faire poindre le doute là où il y a l'évidence ; et que parfois ils ne s'abstiennent pas d'af-

1. TURIELLO, *Governo e Governati*, cap. III. Bologne, 1882.

firmer des faits complètement imaginaires. Il n'est pas défendu chez nous, comme en Angleterre, d'avoir recours au jeu des émotions, et de faire apitoyer le jury sur le sort de l'accusé ou de sa famille. Un avocat peut donc avoir gain de cause en représentant la misère dans laquelle seraient plongés la femme ou les enfants du malheureux condamné, peu importe qu'ils n'aient jamais existé ou qu'il les ait depuis longtemps abandonnés ; un autre vous dira avec l'accent le plus sincère, que la mère de l'accusé est devenue folle de douleur, qu'elle est sur le point d'en mourir, pendant qu'elle se porte à merveille et que depuis nombre d'années elle n'a eu aucun rapport avec son gredin de fils. L'avocat a la larme dans la voix, il tord ses bras en signe de désespoir ; le président sourit, mais la simplicité des jurés s'y laisse prendre, elle voit la tragédie là où il n'y a qu'une farce des plus ridicules.

Ce n'est pas tout. A un nombre immense de verdicts injustes, dus à l'absence d'esprit critique et de réflexion, ou à l'émotion du moment, il s'en ajoute d'autres, qui dépendent de la mauvaise foi, de la timidité, ou de la corruption du jury lui-même.

A Naples, par exemple, la terreur des *cammoristes* est telle qu'il est presque impossible d'obtenir d'un jury quelconque l'affirmation de leur culpabilité ! En Espagne — nous dit M. Manuel Silvela — lors de la déplorable expérience qu'on a faite de cette institution en 1873-1875, il y a eu des provinces où l'on n'a jamais pu faire condamner un accusé ayant des relations influentes « lors même qu'il s'agit de délits les plus graves »[1]. En Sicile le jury obéit

1. *Le jury criminel en Espagne,* par S.-E. MANUEL-SILVELA, p. 41-42. Montpellier, 1884.

toujours à la *mafia*. En Romagne, la haine contre le gouvernement fait souvent acquitter les assassins des cara-
biniers. Partout enfin les acquittements fréquents des
prévenus riches, faussaires, faux-monnayeurs, ou banqueroutiers, produisent un effet sinistre sur la moralité
publique, parce qu'ils ne sont dus évidemment qu'à la
toute-puissance de l'or.

Sans doute les juges permanents ne sont pas toujours
incorruptibles, ils peuvent eux aussi être accessibles à la
peur et aux influences. Pourtant, ils ont un nom à sauver,
une situation honorable à garder ; le calcul, la nécessité
leur donnent du courage et de la fermeté, car un simple
soupçon pourrait suffire pour les perdre. C'est pourquoi les
scandales ne seront pas fréquents, ils ne seront jamais si
éclatants que ceux auxquels le jury nous fait assister tous
les jours.

Il y a dans quelques provinces des jurés qui ont leur
tarif où le prix varie selon qu'on désire l'acquittement ou
des circonstances atténuantes. Un juré sicilien s'est plaint
à un député de ce qu'un certain procès n'avait rien rendu
aux membres du jury [1]. On a assisté souvent à la condamnation de complices *pauvres*, pendant qu'on acquittait
les vrais auteurs du crime, *qui avaient de l'argent*. Dans
le midi de l'Italie, où parfois des vengeances sanglantes
sont commises par des richards, le public prévoit qu'ils ne
seront pas condamnés ; il se trompe bien rarement. « A
Potenza le 16 décembre 1879, on s'attendait à l'acquittement d'une femme adultère et de son amant, qui avaient

---

1. *Relazione della Giunta parlamentare per l'inchiesta sulle condizioni della Sicilia.* Roma, 1876.

égorgé le mari et avaient avoué leur crime. Un festin avait été préparé à une hôtellerie ; et en effet, on y a vu riboter le soir, les accusés, les témoins et les jurés, tous ensemble [1]. »

Mais je ne veux pas m'engager dans la voie des exemples, j'en aurais par milliers et il me faudrait des volumes. Sans doute il y a quelquefois des verdicts justes et équitables, mais ce qui devrait être la règle est devenu l'exception ; de sorte que, *même dans les cas d'une évidence frappante*, il y a lieu de craindre pour l'impunité d'un scélérat. L'anxiété avec laquelle on attend le verdict n'est pas moindre dans de pareils cas ; on tremble à l'idée de quelque bévue, de quelque énormité. Cela prouve qu'on n'a pas la plus petite confiance dans la rectitude ou l'intelligence du jury ; or, ce manque de confiance ne signifie-t-il pas une probabilité d'impunité, par conséquent un encouragement pour les malfaiteurs ?

Lorsque le jury n'a pas été gagné par des moyens illicites, une surveillance attentive jusqu'au bout des débats, l'aptitude et l'intelligence du président, la clarté des termes dans lesquels il posera les questions, sa patience à les expliquer dans leurs moindres détails, tout cela amènera souvent un verdict raisonnable. Mais un jugement criminel devient ainsi un travail d'Hercule ! Il faut s'écrier alors avec un publiciste italien : « Quelle est donc cette nature de juges qu'on est obligé, avec un mécanisme de formes si compliquées, et avec une si grande perte de temps, de surveiller, de cloîtrer, d'instruire, d'admonester, afin qu'ils ne fassent pas fausse route, qu'ils ne penchent

1. TURIELLO, *Op. cit.*, p. 338.

pas à droite ni à gauche, qu'ils ne se laissent pas séduire, qu'ils ne se rendent pas ridicules [1] ? »

On a prétendu que c'est une excellente école pour les citoyens. Mais à cela je répondrai avec les paroles de D. Manuel Silvela dans son admirable discours contre le jury criminel en Espagne : « Avouer que·le jury est une grande école, n'est-ce pas avouer que c'est lui qui va s'instruire, se former, se perfectionner, en se trompant quelquefois ? Quelle estime mérite une institution par laquelle on reconnaît et on avoue qu'au lieu d'aller au temple de la justice, on va à l'école du citoyen ? Est-ce que les jurés apprennent en condamnant parfois injustement ? Quel malheur pour les accusés ! Est-ce qu'ils apprennent peu à peu, en acquittant imprudemment dès le principe ? Quel malheur pour la société ! »

Que dire enfin de l'idée que le jury soit une garantie pour le citoyen contre les abus de l'autorité ? C'est une raison qu'on pourrait prendre en considération tout au plus en matière politique, mais en fait de délits communs elle prête à rire. Il faut en effet un grand effort d'imagination pour supposer qu'un Ministre de Justice s'acharne après des honnêtes gens et gagne des magistrats, afin qu'ils condamnent, au lieu de voleurs, des incendiaires et des meurtriers, ceux qui n'ont pas commis ces crimes ! Aucun gouvernement ne s'est jamais servi de pareilles armes, même contre ses pires ennemis. Parfois, sous des gouvernements despotiques, on a poursuivi des conspirations imaginaires, inventées par une police trop remuante,

1. Pavia, *Studii sulla criminalità italiana nel* 1881, dans *l'Archivio di Psichiatria, Scienze penali*, etc., vol. IV, fasc. 1º. Torino, Bocca Ed.

mais on n'a jamais vu qu'on ait calomnié des citoyens, par de fausses accusations de crimes infamants. Quel serait l'État moderne qui voudrait avoir recours à des moyens si honteux, et qui d'ailleurs seraient aussitôt découverts ? Mais qu'on veuille admettre un instant cette étrange possibilité. Croira-t-on que les douze citoyens inconnus du jury ne pourraient pas être séduits par le gouvernement tout aussi bien que les magistrats ? L'histoire du jury en matière politique est là pour nous montrer le contraire. En Angleterre au XVIe et au XVIIe siècles, en France pendant la Révolution et la Restauration, le jury a presque toujours été le fidèle serviteur du plus puissant ; il s'est plié à toutes les tyrannies, celle du trône, aussi bien que celle de la populace [1].

En demandant l'abolition du jury criminel, nous ne voulons pas non plus qu'on en revienne à des juristes dont l'éducation scientifique est composée principalement des maximes du Digeste, connaissances très appréciables en matière civile, mais qui sont à peu près superflues lorsqu'il s'agit de juger et de classer des criminels. Les juges actuels sont peut-être, parmi tous les fonctionnaires du gouvernement, les moins aptes à ce travail. Accoutumés par le genre de leurs études à faire abstraction de l'homme, ils ne s'occupent que de formules. Car le droit est complètement indifférent à tout ce qui regarde le physique et le moral des individus ; la bonté ou la méchanceté d'un créancier ne saurait avoir la moindre influence sur la validité de sa créance. Ce caractère strictement ju-

1. Voir à ce sujet DE NOVELLIS, *Il giuri*, Naples, 1885.

ridique est très éloigné de la science pénale, qui a pour but de lutter contre une infirmité sociale, le délit. Les points de contact sont rares entre les deux branches, qui sont pour nous deux sciences tout à fait différentes. Pourquoi donc se servirait-on des mêmes fonctionnaires dans deux services publics essentiellement étrangers l'un à l'autre ? Le membre d'un tribunal civil appelé à juger en matière pénale, garde toutes ses habitudes ; ce n'est pas l'individu qui attire son attention ; c'est la définition légale du fait qui le préoccupe. Il ne pense qu'à l'intérêt de la loi, l'intérêt social lui échappe. L'opération qu'il exécute pour infliger la peine est presque mécanique. C'est de l'arithmétique qu'il se sert. Il dénombre les circonstances, les additionne ou les soustrait les unes des autres, et applique au résultat le tarif qu'il trouve tout prêt ; celui du code, trop général, a été détaillé parce qu'on appelle la jurisprudence d'un tribunal, un moyen fort commode pour éviter l'ennui d'examiner et d'évaluer en soi chaque nouveau fait. Enfin, le juge oublie facilement que la peine qu'il infligera doit, avant tout, servir à quelque chose ; qu'on atteint l'utilité par des moyens divers selon les individus et que, partant, c'est précisément l'examen des individus qui doit déterminer l'espèce et la mesure de la peine.

Le renouvellement scientifique invoqué par nous, et qui consiste principalement dans la classification des criminels au point de vue psychologique, entraine naturellement une distinction encore plus fondamentale entre les deux carrières de juges civils et de juges criminels.

Les connaissances que ces derniers devraient posséder surtout, sont celles de la statistique, l'étude des systèmes pénitentiaires, de l'anthropologie et de la psychologie des criminels. Ils devraient donc former un ordre de fonctionnaires entièrement séparés des juges civils. Car l'analogie entre ces deux fonctions n'est qu'apparente et superficielle et ce n'est pas d'une pareille extériorité qu'il faut se servir pour déterminer le vrai caractère d'une fonction.

III

Un autre bienfait accordé aux criminels par la loi, c'est la *prescription de l'action pénale*. On comprend la raison de cette institution en matière civile; lorsqu'on n'a pas fait valoir ses droits pendant un temps plus ou moins long, il faut admettre une renonciation tacite qui empêche de troubler, après de longues années, de nouveaux droits, dont on jouit en bonne foi. Mais, lorsqu'il s'agit d'un malfaiteur, est-ce une bonne raison pour ne plus le troubler qu'il ait réussi pendant quelque temps à se cacher de la police ?

C'est cependant ce que font toutes les législations en sanctionnant la prescription de l'action pénale après cinq, dix ou vingt ans, selon qu'il s'agit de délits, de crimes de moyenne gravité, et de crimes graves. Voyez donc comme la loi se charge de protéger les délinquants contre la société ! Un habile escroc change de nom, il va dans une autre ville continuer ses exploits; découvert enfin, si cinq ans se sont écoulés depuis le premier délit, il ne pourra être poursuivi que pour les autres ! Si pour ces derniers il y a défaut de preuves, le voilà rendu par la loi à sa noble industrie.

Est-ce à dire pourtant qu'il ne faudrait reconnaître aucun cas de prescription ? Telle n'est pas notre idée, mais nous ne pouvons l'admettre que dans certains cas où l'agent a donné lui-même, par sa conduite, la preuve qu'il n'est pas un être insociable, et que le délit n'aura plus l'occasion probable de se manifester, par le changement survenu dans les conditions qui l'avaient déterminé. Si, par exemple, la pauvreté oisive a été la cause déterminante d'un délit contre la propriété ; mais le délinquant ayant su se soustraire à toute recherche, n'est découvert qu'après cinq ou dix ans, moralement transformé comme le Valjean des *Misérables*, et devenu un honnête travailleur, dont la probité est partout reconnue ; si ce cas arrive, par hasard, une fois entre mille, ne dira-t-on pas que la peine ne serait plus nécessaire, qu'elle ne serait qu'une cruauté et que tout ce qu'on doit prétendre c'est la réparation du dommage? Même chose serait à dire à peu près pour certains attentats, tels que coups et blessures, outrages à la pudeur, etc., lorsque la conduite sans tache de l'agent après un seul de ces délits et son âge mûr sont une garantie qu'il ne recommencera pas ; on pourrait dire la même chose encore de tous les délits dont les auteurs ne sauraient être classés parmi les criminels instinctifs, mais qu'ils appartiennent aux autres classes que nous avons distinguées. (Voir 2ᵉ partie, chap. 1ᵉʳ). C'est un principe reconnu d'ailleurs par quelques législations que la récidive interrompt la prescription de la peine ; il s'agit donc de s'emparer de ce principe, ou plutôt de son esprit, pour en tirer parti lorsqu'aucune peine n'a encore été prononcée, en substi-

tuant à l'élément *négatif* (l'absence d'un nouveau délit),
un élément *positif* (la preuve d'une transformation morale
chez le délinquant). Cela empêcherait naturellement d'admettre la prescription dans un laps quelconque, lorsqu'il
s'agit de grands criminels instinctifs, dont la perversité
agissante n'est pas susceptible d'amendement. Et l'on n'as-
sisterait plus au spectacle rebutant de malfaiteurs vivant
effrontément dans l'endroit même qu'ils ont ensanglanté,
à l'abri d'une justice désormais impuissante par le seul fait
qu'une dizaine d'années se seraient écoulées après le crime.

Par des considérations semblables nous pouvons donner
la solution de l'autre problème : la *prescription des peines*,
que certains codes admettent et que d'autres ne reconnaissent pas. La théorie positiviste ne peut pas accepter ici
non plus une règle absolue ; elle veut que chaque cas soit
décidé selon que la défense sociale l'exige, d'après le principe que lorsque le temps a produit une transformation
morale qui a fait du délinquant un être sociable et utile, la
peine n'a plus de but ; et que, partant, on doit donner l'exclusion de la prescription à tous les criminels qui, par
leur conduite postérieure, ont confirmé le diagnostic de
leur incorrigibilité.

IV

Un autre moyen dont l'État se sert pour protéger les
criminels, c'est *la grâce*, acte de générosité qui n'aurait de
signification qu'autant qu'il s'agirait de tout ce qui est
défendu par le Gouvernement et dont le Gouvernement

même pourrait pardonner la transgression ; ainsi, des délits politiques, des contraventions aux lois de finances ou aux règlements de l'administration. Mais comment concevoir que le gouvernement peut pardonner ce qu'il n'a pas défendu, mais ce qui est défendu par les lois *naturelles* de l'organisation sociale dont il est appelé à être le défenseur ? Il est presque invraisemblable que ce droit de grâce ait pu survivre à toutes ces autres prérogatives irrationnelles abolies graduellement par le progrès des institutions.

Rien de plus étrange que l'*amnistie* pour les délits communs, c'est-à-dire la grâce faite en masse à toute une classe de délinquants, auxquels on dit : « Ce qui était *hier* un délit et ce qui le sera demain, ne l'est pas *pour aujourd'hui seulement.* » Car l'*amnistie abolit le délit lui-même ;* une formule assez humoristique, mais qui sert cependant à détruire dans les casiers judiciaires toute trace du méfait, de sorte que le récidiviste n'en est plus un parce que le gouvernement en a décidé ainsi ! Fort heureusement, de nos jours, dans les Etats les plus éclairés on abuse très peu de ce droit d'*amnistie* et il faut espérer que dans quelque temps il n'en sera plus question. Il n'en est pas de même pour la *grâce* faite *individuellement* et qui n'est agissante que pour ce qui regarde la peine. On trouve ce droit établi dans toutes les républiques aussi bien que dans les monarchies, mais dans les premières il a plutôt l'air d'une révision du procès faite dans les cas les plus graves par le chef de l'État, afin d'empêcher l'exécution de la peine de mort lorsqu'il n'est pas invraisemblable que le jury se soit trompé ou lorsqu'on croit qu'il s'est montré sévère. Ainsi limité, le droit de grâce

pourrait être conservé, car enfin il ne s'agirait que d'un
nouveau rouage judiciaire, utile peut-être dans les cas très
graves.

Ce qui est inexplicable, c'est qu'on ne l'entend pas ainsi
dans plusieurs États où le droit de grâce a gardé toute son
ancienne signification ; c'est un acte de clémence, de générosité, de pardon, qu'on ne croit pas incompatible avec
le but de la peine, du moment qu'on ne veut pas comprendre que celle-ci n'est pas un acte de vengeance, mais
qu'elle est tout simplement un des moyens dont il faut
se servir pour combattre la criminalité.

En bonne justice, le gouvernement devrait être responsable des nouveaux délits commis par les malfaiteurs graciés par lui. Il devrait du moins réparer le dommage qui,
sans cet acte de clémence mal placée, aurait été sans doute
épargné ; mais en supposant qu'il le veuille, comment
pourra-t-il réparer un nouveau meurtre? Car le cas n'est
pas rare que des assassins graciés, tuent quelque malheureux gardien de prison, quelque gendarme chargé de les
transporter, ou quelque détenu moins coupable qu'eux,
sans compter les cas d'évasions, très fréquents dans certains pays.

Et pourtant il y a des États, tels que la Belgique et
l'Italie, où le gouvernement n'autorise jamais l'exécution
d'une condamnation capitale, dans la première depuis
1863, dans la deuxième depuis 1876. Une pareille pratique a été blâmée par le roi Oscar de Suède, qui, en 1875,
repoussa la demande de grâce de deux condamnés à mort
pour vol accompagné d'homicide, en disant que *dans un
tel cas*, l'exercice du droit de grâce ne signifierait pas
autre chose que *l'abolition même de la peine de mort* qui

est établie par la loi. « Or », ajoutait-il, « indépendamment de mes idées sur l'équité et sur l'opportunité de la peine de mort en général, j'ai la conviction profonde *que je ne peux pas*, en exerçant le droit de grâce *en un pareil cas*, supprimer une loi établie d'accord par le Roi et le parlement [1]. »

Nous n'ajouterons rien à ces nobles paroles. Il est évident que le droit de grâce, flétri par plusieurs grands penseurs, tels que Rousseau, Beccaria, Filangieri, est tout à fait incompatible avec notre théorie. Pour nous, le jugement pénal c'est la désignation du type du délinquant qu'on examine, la peine c'est le moyen de défense sociale exigé par le cas. Or, qu'il y ait lieu à une révision du procès de la part d'une haute cour de justice ou de la part du chef de l'État lui-même, lorsque l'opinion publique est persuadée de l'innocence du condamné, rien de plus juste ; qu'il y ait même lieu à une révision lorsque la peine paraît excessivement sévère, cela pourra être équitable et utile ; mais comment admettre que le chef de l'État ait le droit de priver la société de ses moyens de défense contre ses ennemis naturels ? La grâce d'un grand criminel, c'est la violation du droit des citoyens d'en être délivrés pour toujours. Un individu a été reconnu insociable, et voilà que le gouvernement lui a fait cadeau de la sociabilité ! De pareils actes de générosité ne sont-ils pas quelque chose de pire que cette bienfaisance publique organisée par l'État, et qui, comme Spencer l'a si bien prouvé, n'aboutit qu'à encourager des vagabonds en appauvrissant d'honnêtes travailleurs ?

1. BELTRANI-SCALIA, *La riforma penitenziaria in Italia*, p. 211. Roma, 1880.

CHAPITRE IV

LE SYSTÈME RATIONNEL DE PÉNALITÉ

> « Il n'y a pas que des devoirs de douceur
> dans la vie sociale. »
>
> ESPINAS.

I

Dans les trois chapitres précédents nous avons exposé les corollaires de nos principes pour tout ce qui regarde la culpabilité, la tentative, la complicité, la récidive, la procédure et la prescription ; nous n'avons plus qu'à montrer pratiquement la manière dont le critérium de l'idonéité remplacerait ceux de la responsabilité morale et de la proportion de la peine au délit, en indiquant les moyens de répression adaptés aux différentes classes des criminels.

Je prie le lecteur de se souvenir pour cette classification du chapitre sur *l'anomalie des criminels* et de celui sur *la loi d'adaptation*.

En suivant le même ordre, nous trouverons d'abord les

grands criminels instinctifs dénués de sens moral et partant du sentiment de pitié à sa plus simple expression. Ce caractère fondamental s'aperçoit *de prime abord* par la nature de certains crimes, qui, à elle seule, suffit pour indiquer l'anomalie psychique congénitale de l'agent, le rendant un être inassimilable pour une agrégation humaine. Ce sont ces meurtres qui sont impossibles sans une cruauté innée et instinctive, toujours anormale dans une classe sociale ou dans un milieu quelconque. Nous en désignerons les auteurs par un mot établi par l'usage, celui d'*assassins*.

C'est tantôt le mobile de l'argent, tantôt la manière dont il a exécuté le meurtre qui sont le principal indice de la monstruosité morale de ces délinquants.

Ainsi tous les meurtres commis pour un but purement égoïstique, tels que l'assassinat pour le *désir d'un gain*, d'un *avantage* ou d'un *plaisir quelconque,* qu'il s'agisse d'argent, de satisfaction sexuelle, de cacher une faute précédente, ou d'aspirations au pouvoir, à une faveur, etc., sont des actes qui au milieu d'une dépravation quelconque prouvent une perversité exceptionnelle, ou l'absence la plus complète des sentiments altruistes.

Sont à placer à côté les meurtres dont le mobile est *l'assouvissement d'un désir pathologique,* tels que l'assassinat accompagnant le viol, ou l'assassinat pour jouir de la vue du sang et des chairs déchirées.

Ensuite le meurtre dans tous les cas où *la victime n'avait rien fait pour mériter la haine ou la colère du meurtrier,* ou lorsque ce qu'elle avait pu faire n'aurait pas eu d'importance pour un homme normal à cause des liens de sang, ou en rapport des bienfaits qu'il en avait reçu. Tel est en général le *parricide*, parce que le tort même d'un père ne pousse pas à une vengeance sanglante un homme qui n'a pas une constitution psychique anormale. Tel est encore le *meurtre d'un bienfaiteur* ou d'une personne à laquelle on doit soumission et obéissance. Et enfin le *meurtre d'un inconnu inoffensif*, pour faire parade de force musculaire ou d'adresse au maniement des armes.

Un fait qui rapproche toutes ces espèces de brutalités humaines, communes encore parmi les sauvages, mais rares dans un milieu civilisé, c'est l'absence d'une action de la part de la victime telle qu'elle eût provoqué une réaction de la part de l'homme normal, c'est-à-dire *l'absence d'une injure ou d'une injustice sensible pour ce dernier*.

Une deuxième catégorie est caractérisée par la manière dont le meurtre a été exécuté. Les *tourments* dont on s'est servi pour tuer, la *longue durée du supplice* dénotent toujours une cruauté innée, car un homme normal se serait arrêté en entendant les gémissements ou les cris de la victime, en voyant son corps frémir et se tordre dans le paroxysme de la douleur. Des tourments atroces et prolongés suffisent à eux seuls pour indiquer l'absence totale du sentiment de pitié, quand même l'intention de tuer ne serait pas certaine. C'est pourquoi j'approuve sur ce point le code Napoléon (imité par le code sarde, et excommunié, cela va sans dire, par nos juristes contemporains) donnant le nom *d'assassinat* à un *crime quelconque*, lorsque pour l'exécuter on a sévi sur le corps de la victime.

Il n'est pas inutile de remarquer que nous n'avons pas distingué des autres les meurtres les plus graves, d'après le critérium de la *préméditation* devenu dominant dans la théorie de l'école juridique. Le caractère du meurtrier instinctif ne dépend pas de la réflexion plus ou moins prolongée. La rapidité de l'acte n'a aucun rapport avec la nature corrigible ou incorrigible de l'agent ; elle n'est pas incompatible avec l'absence la plus complète du sentiment de pitié. Au contraire, un meurtre commis avec préméditation pourrait ne pas indiquer toujours un grand criminel. Un juriste éminent a démontré que la préméditation ne signifie pas l'exclusion de la passion qui, selon le tempérament de l'individu, se manifeste par une action plus ou moins immédiate [1].

Il peut arriver qu'un homicide non prémédité soit l'indice certain d'une cruauté instinctive, comme quand il n'y a pas eu de provocation de la part de la victime. « Les grands criminels violents — dit le docteur Despine, — sont autant dénués de sentiments moraux que les criminels de sang-froid [2]. » Un homme déjà connu par son caractère violent, qui, dans un cabaret, en un moment de mauvaise humeur cherche querelle au premier venu, peut-être même à un compagnon de table, l'insulte, le frappe, le pousse à bout et lorsque le malheureux réagit en lui lançant un verre à la figure, s'empresse de lui plonger son couteau dans le ventre, pourrait bien présenter les caractères psychologiques de l'assassin, quoique le fait soit

---

1. Von Holtzendorff, *Psychologie des Mordes*, Berlin, 1875. — Voir aussi : *Das Verbrechen des Mordes und die Todesstrafe*, du même auteur.
2. Despine, *De la folie au point de vue philosophique et plus spécialement physiologique*, p. 39.

instantané et irréfléchi. Par contre, une injure atroce, une éclatante injustice ayant empoisonné la vie d'un homme peut le pousser à une vengeance tragique ; il y aura eu préméditation, mais il se peut que le coupable ne soit pas un grand criminel. Il est arrivé pourtant, que, d'après nos lois existantes, un vieillard ayant tué l'assassin de son petit-fils chéri a été condamné au bagne ; qu'un mari ayant tiré un coup de pistolet à sa femme dont l'amant avait quitté depuis quelques heures le lit conjugal, a été condamné aux travaux forcés à perpétuité, pendant qu'il suffit que le meurtre le plus cruel ne soit pas prémédité pour qu'on inflige une simple peine temporaire.

Ce qui est pourtant indéniable, c'est que la circonstance d'une offense grave et non méritée rapproche la manière de sentir du meurtrier de celle du commun des hommes, et lui enlève dans la plupart des cas, son caractère d'anormalité *excessive*. Le fait de la préméditation n'est donc pas toujours un indice de cette extrême anomalie psychologique qui distingue les grands criminels. Elle peut être absente de plusieurs meurtres dont les auteurs sont de vrais assassins, pendant qu'elle peut se retrouver là où le meurtrier ne mérite pas ce nom.

Notre conclusion est donc que la cruauté avec laquelle le meurtre a été exécuté et l'absence d'une grave injure de la part de la victime, sont les deux critériums qui doivent remplacer celui de la préméditation pour faire distinguer des autres meurtriers les *assassins*, c'est-à-dire les grands criminels instinctifs, qu'on peut regarder comme des êtres moralement dégénérés à l'extrême et perpétuellement insociables.

Il est évident que l'impossibilité d'adaptation de ces individus étant reconnue, il faut les éliminer absolument de la société. Il n'est pas possible que le pouvoir social laisse subsister *une seule probabilité*, si difficile qu'elle soit, d'une récidive dans un pareil genre d'actes monstrueux. Il n'y a donc que la *peine de mort* pour tous ces grands criminels, sauf les cas avérés de folie *intellectuelle*, pour les raisons que nous avons données plus haut (Voir ch. 1er), ces cas dans lesquels il faudra enfermer l'agent dans un asile *pour les aliénés criminels*, d'où il ne pourra sortir qu'autant qu'il y aura pleine certitude de sa guérison.

Quant à la peine de mort, nous en avons assez dit en plusieurs endroits de cet ouvrage pour qu'il ne soit pas nécessaire ici d'en entreprendre formellement la défense.

On prétend qu'au point de vue de l'élimination, elle se trouve toute remplacée par la réclusion perpétuelle qui empêche le retour du criminel dans la société et en rend la prolification impossible. Nous dirons que cela n'est pas exact : d'abord parce que le chiffre annuel des évasions prouve que l'élimination n'est pas absolue[1] ; ensuite parce qu'il y a bon nombre de probabilités, telles que révoltes, grâces, amnisties, etc. qui peuvent rendre le prisonnier à la société; enfin, parce qu'il n'arrive pas trop rarement que les condamnés à perpétuité assassinent de malheureux gardiens ou des gendarmes chargés de les transporter d'une maison à l'autre[2].

1. En Italie en 1870-80 il y a eu une moyenne de 15 évasions par an, des bagnes et de 110 évasions, à peu près, des autres prisons.

2. Un homme, deux fois condamné à mort pour assassinat et deux fois grâcié, commit un troisième meurtre; un autre, condamné à mort et grâcié, tua un carabinier à la gare d'Alessandria ; un troisième tua le directeur du bagne de Favignana (BELTRANI-SCALIA, *La riforma penitenziaria in Italia,*

La maison de force n'est donc pas un moyen d'élimination absolue et irrévocable ; même si elle en était un, du
reste, cela ne suffirait pas pour lui donner la préférence,
parce qu'on ne voit pas quelle est l'utilité de garder en vie
des êtres qui ne doivent plus former partie de la société,
on ne comprend pas le but de la conservation de cette
vie purement animale, on ne s'explique pas pourquoi
les citoyens, et par conséquent les familles mêmes des
victimes, doivent payer un surcroît d'impôt pour donner
un logement et la nourriture à des ennemis perpétuels de
la société[1]. (*Note C à la fin du volume.*)

En écartant même toutes ces considérations, il y en a
une autre encore plus décisive. Puisqu'il s'agirait de choisir entre deux moyens d'élimination absolue supposés
également bons, la mort et l'isolement perpétuel, pourquoi
faudrait-il donner l'exclusion au premier qui a sur l'autre
l'avantage incommensurable de l'intimidation ? Il est vrai
que nous avons repoussé l'intimidation comme critérium
de la pénalité, dans le sens que nous avons déclaré injuste
de faire souffrir à un homme un mal plus grand de ce que
son individualité ne l'exige, pour le seul but de l'exemple
ou de la terrorisation. Nous avons dit qu'à chaque délinquant il faut adapter le moyen répressif qui convient à sa
nature individuelle, en raison de son manque plus ou moins
grand d'*idonéité* à la vie sociale, de la plus ou moins

p. 250, Roma, 1879). Un détenu, ayant commis, dans la même prison, une
tentative de meurtre, fut condamné à perpétuité ; au moment de la lecture
de la sentence, il jura à haute voix de tuer un gardien (*Discours du procureur général à Parme*, 1880).

1. En Italie, il y a 5363 condamnés à perpétuité ; on peut évaluer la dépense de leur entretien à deux millions par an environ, que les citoyens
honnêtes payent pour maintenir en vie cette légion d'assassins !

grande probabilité qu'il devienne assimilable ; sans quoi d'affreuses injustices et cruautés pourraient être commises en vue de la prévention des crimes. Mais *dans le cas dont il s'agit*, le criminel est *inassimilable*, il a donc mérité d'être éliminé d'une manière *absolue*, la peine de mort réalise cette élimination absolue ; il *n'y a point d'excès, point d'injustice*. On propose de remplacer ce moyen par un autre qu'on prétend d'égale valeur. Soit, mais alors, avant de renoncer au premier, il faut voir si l'autre offre encore les mêmes avantages indirects, des avantages *qui ne sont pas déterminants*, mais qui, à toutes autres conditions égales, doivent avoir leur poids dans la balance. Telle est l'intimidation, un effet naturel de la peine de mort, et qui, dans les peines restrictives de la liberté n'existe qu'en une mesure incomparablement plus petite.

Sur ce point il n'y a pas de doute possible. Quoique la potence n'effraye pas *tous* les malfaiteurs, elle en effraye *un assez grand nombre*, qui seraient insensibles à la menace d'une réclusion plus ou moins prolongée. Elle n'a pas une influence limitée à la seule classe des grands criminels ou assassins qu'elle menace directement, mais comme nous l'avons remarqué plus haut (voir page 210) elle agit puissamment même sur la criminalité inférieure, parce que l'homme qui penche vers la carrière du crime, ne se rend pas un compte exact de ce qu'il pourra faire, ni du châtiment qu'il pourra mériter ; or, le fait « qu'il existe un pouvoir capable de priver de la vie une partie des malfaiteurs » (il ne sait pas bien lesquels) peut devenir un motif assez fort pour paralyser le penchant criminel [1].

1. TURIELLO, *Op. cit.*, ch. III.

L'histoire et la statistique sont là du reste pour prouver la vérité de ces assertions. Un procureur général a dit que depuis 1850 en Belgique, *dès que la pratique de quelques années avait donné aux masses la conviction qu'il n'y aurait plus d'échafaud, le nombre des grands crimes s'est accru*, et que depuis 1863, où l'on revint à la pratique de la grâce systématiquement accordée, les grands crimes se sont multipliés « *d'une manière effrayante, à mesure que la croyance à l'abolition de la peine de mort a pénétré de plus en plus dans les esprits* [1] ». En effet, de 1865 à 1880, les accusés de meurtre s'étaient accrus de 34 à 120.

On sait que dans le midi de l'Italie, le brigandage, qui y éclata d'une manière terrible en 1861, ne put être dompté que par la fusillade. L'Angleterre où l'on a constamment pendu les assassins, est le seul pays d'Europe dont la criminalité décroît d'une manière sensible (voir page 215). La Prusse, où pendant de longues années il n'y a presque pas eu d'exécutions, présenta dans la même période, un nombre toujours croissant de meurtres : de 242 en 1854, ils arrivaient par une progression non interrompue, à 518 en 1880. En Suisse, à la suite de l'abolition de la peine de mort en 1874, on avait constaté un accroissement dans les meurtres, évalué en raison de 75 pour 100 environ, en cinq années seulement [2].

En France, les grands crimes avaient été en décroissance tant que la peine de mort était régulièrement exécutée. En 1877 il y avait eu 31 condamnations capitales ;

---

1. Cité d'après BELTRANI-SCALIA, *La riforma penitenziaria in Italia*.
2. FREULER, *Für die Todesstrafe*, p. 57, Schaffausen, 1879.

M. Grévy a voulu faire une expérience *in anima vili* ; il
ne laissa exécuter que 7 criminels en 1878, 2 en 1880, un
seul en 1881. Dès que le monde criminel s'en aperçut, les
assassinats devinrent plus fréquents. On compta 35 condamnations capitales en 1882, et les parricides qui avaient
été 8 en 1878, s'élevèrent à 14 en 1882 ; les assassinats
s'accrurent de 36 dans le même laps de temps. Les grâces
de M. Grévy, vivement blâmées par l'opinion publique,
ont diminué depuis lors ; en 1883 on guillotinait 4 criminels et 7 en 1884.

Quant à l'Italie, où il n'y a plus d'exécutions depuis
1876, sauf pour les militaires, la haute criminalité y a
atteint des chiffres invraisemblables. Pendant qu'en Angleterre il n'y a qu'une moyenne de 250 meurtres par an,
l'Italie, avec une population à peu près égale, en a eu 3,626
en 1880, dont 1,115 étaient des assassinats. Dès lors, la
progression paraît s'être arrêtée ; la raison en est peut-
être, pour employer un mot du prof. Errico Ferri, que
la *saturation criminelle* y est parvenue à son *maximum*.
Sans doute, même sans peine de mort, les citoyens d'un
pays ne s'amusent pas tous à égorger leurs semblables ;
seulement ceux qui désirent se procurer ce divertissement
n'ont plus de raison pour hésiter.

Quelques exemples particuliers ne seront pas inutiles. A
Naples, un pompier assassina froidement son commandant
dont il avait reçu des bienfaits. Il était tellement persuadé
qu'il n'avait pas à craindre la mort, qu'il déclara avoir fait
cela afin d'avoir un logement et du pain pour toute sa
vie sans être obligé de travailler.

En 1884, dans une caserne, le soldat Misdea fit feu
pendant un quart d'heure sur ses camarades endormis.

Il en tua une dizaine ; le tribunal militaire l'ayant condamné à mort, il ne prit jamais cela au sérieux, parce qu'il était convaincu qu'on ne faisait pas d'exécutions en Italie. Quelques jours après ce massacre, d'autres soldats avaient tué leurs sergents. Ils furent tous fusillés ; pas un exemple de ce genre ne s'est depuis répété dans l'armée italienne.

Comment peut-on penser que la frayeur de la mort, capable d'influer sur la conduite de ces hommes qui par leur état sont accoutumés à la braver fréquemment, serait inefficace pour le reste de la population ?

On ferait enfin de vains efforts, comme Beccaria l'a rêvé, pour terroriser par le bagne à perpétuité, en en rendant le séjour effroyable [1]. D'abord, on se lasse à la longue de sévir sur des êtres humains, du moment qu'il faut les garder en vie ; et puis, tout ce qu'on pourrait faire pour donner à ces lieux un caractère lugubre ne ferait une impression sinistre qu'à ceux qui iraient les visiter par curiosité, car le désespoir du prisonnier n'a pas de retentissement au-delà des murailles du cachot.

II

Nous passons à la deuxième classe des criminels : ceux dont le crime est dû principalement à la couche superfi-

---

1. « Celui qui a vu un bagne peut se flatter d'avoir rencontré un tableau du crime heureux. » LAUVERGNE, *Les forçats*, cité par le Dr AUBRY, *La contagion du meurtre*. Paris, 1888.

cielle du caractère, portant l'empreinte des préjugés,
d'idées fausses sur l'honneur, sur le devoir de la vengeance, idées souvent traditionnelles dans une classe sociale ou dans une famille ; ce sont les auteurs de meurtres
dont le mobile n'est pas la recherche d'une pure satisfaction égoïste mais qui sont l'effet d'un égoaltruisme,
l'amour-propre, le point d'honneur ; ou même d'un vrai
altruisme déplacé, comme lorsqu'il s'agit de préjugés politiques ou religieux.

Comme nous l'avons déjà dit, l'anomalie du délinquant
diminue d'autant que la provocation a été plus grave,
parce qu'alors sa manière de sentir s'éloigne moins de ce
qui est normal. Le délit prend l'aspect d'une réaction légitime en principe, mais excessive ; et c'est précisément dans
cet excès qu'on trouve l'anormalité. Les sentiments du
criminel, quoiqu'ils ne soient pas à l'unisson de ceux de la
majorité, ne sont pas pourtant inexplicables pour cette dernière ; le fait que la réaction, admise en général, ait été
poussée jusqu'au meurtre, devient une différence non incommensurable. Mais pour que cela arrive, il faut que
la provocation soit appréciable, qu'elle constitue elle-même
une offense aux sentiments moraux. Tout ce qui regarde
exclusivement la manière de sentir *du criminel* ne doit
pas être pris en considération, car c'est précisément son
anomalie psychique qui lui fait ressentir les impressions
extérieures d'une manière exagérée, de telle sorte qu'un
fait à peu près indifférent pour les autres devient pour
lui seul une injure très grave, une injustice criant vengeance. Il faut donc que la provocation soit considérée
comme réelle par le commun des hommes, du moins par
ceux qui appartiennent à la même classe sociale ou au

même pays ; c'est alors que le délinquant s'en rapproche plus ou moins, selon la gravité de l'injure ou de l'injustice qu'il a subie.

Ainsi donc la vivacité universelle du sentiment d'*honneur* fait excuser partout un mari qui tue sa femme surprise entre les bras d'un séducteur. Le sentiment *d'amour-propre* est la raison pour laquelle on trouve excusable celui qui fait usage de ses armes au moment où il vient de subir un affront intolérable. Dans ces deux cas, nous sommes tout près de la frontière du délit naturel. L'anomalie de l'agent s'entrevoit à peine, quelquefois même est-elle douteuse, ce qu'on pourrait dire encore dans quelques autres cas, tels que l'homicide commis en repoussant une attaque avec l'intention de la défense personnelle, qui cependant a été poussée trop loin, lorsque le danger pressant était passé ; ou enfin, la participation au suicide comme moyen de sauver l'honneur d'un homme ou de lui abréger de cruelles souffrances en cas d'une maladie incurable.

Le moyen répressif le plus rationnel devrait consister dans l'éloignement du délinquant de l'endroit où vit la victime ou sa famille, avec défense d'y retourner avant un certain temps, pour qu'on puisse penser que le ressentiment en soit apaisé ; et, en tous cas, avant qu'il lui ait payé l'indemnité qui lui est due.

Un problème plus difficile à résoudre, c'est le traitement pénal convenable à l'auteur d'un meurtre dont le mobile est la vengeance d'un tort très grave ou d'un affront à l'honneur de sa famille. Lorsque l'injure exige une réparation sanglante d'après les préjugés d'un pays ou d'une classe

sociale, le crime peut être appelé *endémique*, mais il ne
diffère pas essentiellement du meurtre excusable par provocation. Nous appelons *réel* un affront qui est considéré
comme tel d'après les idées de notre entourage ; peu importe donc que cet entourage soit le monde entier ou le petit monde dans lequel nous vivons et qui seul nous est
connu. Il est impossible de ne pas apercevoir ce caractère
dans la vengeance du sang, selon les mœurs primitives
survivant encore dans quelques pays du midi, tels que la
Corse, la Sicile, la Calabre. Le meurtrier ne pourra pas y
être considéré comme un assassin, quoiqu'il ait prémédité
son crime.

Il est pourtant indéniable qu'il y a là une lésion plus
grave du sentiment de pitié que lorsque un homme n'a fait
que réagir immédiatement et sans avoir eu le temps de réfléchir, contre un injuste offenseur. La préméditation d'un
meurtre, quel qu'en soit le mobile, est inséparable d'une nature cruelle; Hamlet, qui n'avait pas cette nature, n'a fait
qu'hésiter toute sa vie, sans pouvoir jamais se résoudre à
une action qui répugnait à la douceur de ses instincts ; seulement l'influence du milieu ambiant, l'idée superstitieuse
du devoir de venger le sang d'un père ou l'honneur d'une
fille, limitent de beaucoup la part qu'il faut attribuer au
caractère individuel, c'est-à-dire à l'anomalie morale du
meurtrier. C'est le *motif extérieur*, un motif non égoïste
qui a prédominé, qui a été déterminant ; on ne peut pas
être sûr, — à moins que d'autres faits ne viennent à l'appui, — de l'insociabilité permanente du coupable.

Il faut sans doute employer un moyen d'élimination, car
il y a lieu de supposer l'existence d'une anomalie morale,
consistant dans une mesure du sentiment de pitié inférieure

à celle qui est réclamée pour la sociabilité ; il faut surtout exiler l'individu d'un milieu qui, par ses préjugés, justifie presque son crime ; mais cette élimination ne doit pas être absolue ni perpétuelle, ni déterminée à l'avance, parce qu'on ne peut pas affirmer que le degré de la perversité soit très élevé, et qu'il y ait lieu de craindre pour de nouveaux délits ; parce qu'on ne peut pas mesurer la part qui revient à l'entraînement du milieu, et celle qui revient à l'anomalie de l'individu.

C'est pourquoi, dans de pareils cas, le traitement répressif convenable, c'est la *relégation* soit dans une *île* ou dans une *colonie*, soit dans tout endroit où il sera possible de concilier la liberté des mouvements du condamné avec la surveillance qui lui empêche de s'évader. La durée ne devrait pas être établie à l'avance ; elle devrait dépendre de plusieurs circonstances, parmi lesquelles l'âge et le sexe sont les principales. Car, si le délinquant était très jeune à l'époque du crime, on peut penser que l'âge mûr aura apaisé la sensibilité excessive avec laquelle il ressentait les offenses, et lui aura enlevé l'énergie dont il avait fait un si mauvais usage. Pour les femmes, le mariage, la naissance des enfants, pourrait être une garantie suffisante. Pour ceux dont l'âge était déjà mûr à l'époque du crime, la sénilité. Ce sont autant de périodes de transformation de la vie, dans lesquelles les passions jadis dominantes s'éteignent ou s'affaiblissent pour être remplacées par d'autres. Enfin, la douceur du caractère dont le relégué aurait donné pendant plusieurs années une preuve constante et certaine devrait avoir l'effet de le rendre plus vite à la société.

De sorte qu'il faudrait établir une période d'observation, variable selon les cas, de cinq à dix années ; après quoi, sur des rapports minutieux des faits pouvant donner quelque indice du caractère du relégué, le magistrat déciderait'de la continuation ou du terme de la peine.

III

D'autres crimes de la même nature, c'est-à-dire d'autres violations du sentiment de pitié, devraient être soumis à un traitement bien différent des peines afflictives ou correctionnelles de nos lois présentes. Tels sont *les blessures faites avec intention de défigurer, de rendre aveugle ou malade, les mutilations, le rapt et le viol avec violence, les sévices sur une personne incapable de se défendre, la calomnie, la séquestration prolongée d'une personne.* Il arrive parfois que l'instinct criminel soit persistant chez l'auteur de l'un de ces crimes ; ce qui pourrait devenir certain par l'examen de ces caractères de dégénérescence dont nous avons parlé dans le chapitre sur l'anomalie des criminels, mis en rapport de ses habitudes et de son caractère, qu'une longue observation permettra d'étudier dans tous leurs détails. Il se peut que, surtout lorsqu'il s'agit de calomnie ou de sévices sur des enfants, le sujet soit hystérique; qu'il soit épileptique, ou abruti par l'alcoolisme, lorsqu'il s'agit de blessures ou de vol, ce qui obligera de l'enfermer dans un de ces *asiles pour les aliénés criminels* dont nous avons parlé. Il se peut encore que, sans aucun indice de phrénoses ou de névroses, l'auteur d'un acte cruel continue à déployer une perversité brutale, sans qu'il ait eu encore l'occasion d'assassiner. Pour concilier alors la nécessité de la défense sociale avec l'humanité qui, de nos temps, ne permet pas d'appliquer la peine de mort à celui qui n'a pas tué, on pourrait le transporter dans quelque contrée déserte ou habitée par des sauvages, et l'y abandonner avec des armes, des provisions et des instruments de travail et en compagnie d'autres condamnés de la même espèce, sans s'inquiéter ensuite de leur sort. C'est une sorte de déportation à la Selkirk qui, en certains cas, est la seule rationnelle, comme elle est la plus simple, la moins coûteuse pour l'État, et que les innombrables petites îles océaniennes et les immenses déserts de l'Afrique rendront possibles pour plusieurs siècles encore.

Enfin, lorsque les crimes dont nous venons de parler se présentent comme un cas isolé dans la vie de l'homme, sans qu'ils en prouvent l'insociabilité absolue, la relégation dans une colonie de l'État sera le remède le plus adapté, et elle ne devra pas cesser avant la période de cinq ou dix ans, fixée pour l'observation, à moins que le condamné n'ait donné à la victime ou à sa famille le dédommagement fixé par le magistrat et n'en ait obtenu le consentement de revenir dans son pays.

IV

C'est encore à une période d'observations qu'il faudra soumettre les jeunes gens auteurs de crimes de sang non excusables, ou de viols, lorsqu'il est possible que leur dé-

veloppement intellectuel et moral en modifie les instincts,
ce qu'il faut laisser apprécier au juge, sans fixer un âge
invariable de minorité légale.

Il arrive parfois que l'instinct sanguinaire se manifeste
dès l'enfance par une série d'actes de violence, et de brutalités, dont les conséquences ne sont pas graves à cause
de la faiblesse physique de l'agent, mais qui pourtant
devraient sérieusement préoccuper le juge ; cependant ce
dernier se hâte d'infliger une soi-disante *correction* consistant dans quelques jours ou quelques semaines d'arrêts.

Cependant, ces petits délits se répètent avec une fréquence quelquefois invraisemblable, et à la fin le grand
crime éclate, le crime étonnant, monstrueux ; c'est alors
seulement qu'on réfléchit aux précédents du coupable ;
c'était un sanguinaire par instinct, caractère que l'anthro-
pologue eût reconnu depuis longtemps si on lui avait
montré le sujet. Le *genre* et la *fréquence* des petits délits,
la *psychologie* du coupable, ses *caractères anthropologiques* d'une part ; de l'autre ce qu'on pourrait appeler la
« reine des preuves » l'hérédité du vice, de la folie ou du
crime, eussent permis à l'observateur de deviner l'assassin
dans l'enfant violent, emporté et cruel.

Il aurait pu suggérer alors des mesures qui auraient
épargné une ou plusieurs victimes, en mettant obstacle en
même temps à la prolification de l'individu dégénéré. Une
première période d'observation devrait avoir lieu dans *un
asile pour les aliénés criminels*, où l'on découvrirait probablement l'existence d'une forme psychopathique. Si cela
n'arrive pas et qu'il y a espoir d'une transformation des
instincts amenée par la puberté, une deuxième période
d'expérience devrait avoir lieu dans une *colonie agricole*,

pour un temps indéfini, c'est-à-dire jusqu'à ce qu'il y ait de bonnes raisons pour croire que tout danger a disparu. Dans le cas de récidive, et lorsqu'on acquiert la certitude d'une absence complète de sens moral et d'un instinct cruel persistant, qui, tôt ou tard, éclatera par un assassinat, la *déportation avec abandon,* dont nous avons parlé tout à l'heure, est le seul moyen qu'on peut suggérer pour épargner des vies innocentes, en même temps que la vie du coupable qui n'est pas encore un meurtrier.

V

Nous arrivons enfin à la classe de délinquants qui se trouve placée à la limite inférieure de la criminalité naturelle, ou, si on le veut, dans un espace intermédiaire entre les criminels et les hommes normaux, parce que leurs délits sont des violations moins graves du sentiment de pitié, et ont l'air de ne dépendre guère d'une vraie cruauté, mais plutôt de ce qu'on pourrait appeler *rudesse*, ou manque d'éducation et de retenue.

Tels sont les *coups* portés de part et d'autre dans une échauffourée, lorsque évidemment on n'a pas eu d'intention meurtrière et qu'on a épargné son adversaire après l'avoir abattu ; l'homicide et les blessures qu'il faut attribuer directement à l'imprudence ou à la négligence, ce manque de prévoyance pour la vie des autres qui est presque toujours un indice de peu de développement des sentiments altruistes ; enfin, les *injures*, les *menaces*

n'ayant pas une gravité particulière. On pourrait y ajouter
le viol d'une jeune fille sans violence mais moyennant
séduction.

C'est ici que la peine de l'emprisonnement pourrait être
avantageusement remplacée par la seule contrainte rigoureuse au dédommagement du mal matériel et moral dont
on a été la cause, en obligeant le coupable au payement
de deux amendes, l'une au bénéfice de l'Etat, comme réparation du trouble, et dédommagement des frais, l'autre au
bénéfice de la partie lésée par le délit, dont la mesure devrait varier selon la fortune du délinquant et sa possibilité
de la payer moyennant les gains du travail. Une sévérité
extrême serait nécessaire à l'égard des délinquants *sol-*
vables. La partie lésée devrait avoir hypothèque sur les
biens immobiliers et une créance privilégiée sur les autres
biens du coupable, cela, à dater, non pas de la prononcia-
tion de la sentence définitive, mais de l'ordonnance de renvoi
au jugement, afin que le coupable n'ait pas le temps de
faire disparaître son argent. Ensuite, en cas de refus de la
partie lésée, on obligerait le délinquant à payer la somme
qui lui sera due à une *caisse des amendes* chargée de faire
des anticipations aux personnes indigentes qui ont souffert
à cause d'un délit.

Quant aux *insolvables*, on les obligerait à verser au
bénéfice de l'Etat et de la partie lésée, ou en cas de refus
de cette dernière, à la caisse des amendes, une partie de
leur gain excédant ce qui est *absolument* nécessaire pour
les premiers besoins de la vie, c'est-à-dire le logement et
la nourriture calculée strictement dans la mesure qui empêche de mourir de faim. Lorsqu'il s'agit d'ouvriers employés dans une usine, c'est la direction de la manufacture

qui devrait être obligée de retenir sur le salaire de l'ouvrier condamné la partie excédant le strict nécessaire. Enfin, tous ceux qui se montreraient récalcitrants ou ceux qui n'auraient aucun moyen de faire des épargnes, les vagabonds, les fainéants, les gens sans domicile, seraient enrôlés dans une compagnie d'ouvriers pour compte de l'État. Ils travailleraient pour un salaire nominal non inférieur à celui des ouvriers libres ; seulement l'Etat ne leur en donnerait qu'autant qu'il le jugerait nécessaire pour subvenir à leurs besoins ; le reste serait payé au fur et à mesure à la caisse des amendes qui dédommagerait la partie lésée.

C'est par de pareilles mesures que d'un côté, le ressentiment de cette dernière serait plus vite apaisé ; que d'un autre côté, le *budget* ne serait pas surchargé de l'inutile dépense que nécessite l'entretien d'innombrables délinquants, qui sans cesse renouvelés, peuplent les prisons correctionnelles ; et qu'enfin les coupables eux-mêmes ne seraient pas encore plus démoralisés et avilis par la prison et abrutis par son oisiveté forcée [1].

VI

Nous allons nous occuper maintenant du traitement pénal convenable à la troisième grande classe de criminels :

[1]. J'ai développé ces propositions dans mon ouvrage, *Riparazione alle vittime dei delitti,* Turin, 1887, et dans mon rapport au *Congrès pénitentiaire international* tenu à Rome en 1885. — *Actes du congrès,* p. 185 et suiv. Consulter encore, dans les *Actes du premier congrès d'Anthropologie criminelle,* le rapport très remarquable de M. Fionetti. Rome, 1887.

ceux qui sont totalement ou partiellement dépourvus du sentiment de probité (voir II° partie, chapitre 1er, pages 112 et suivantes, jusqu'à 116).

Nous savons qu'à côté de la forme nosologique dite *cleptomanie*, il peut exister un *penchant au vol* chez des hommes *non aliénés*, à cause d'hérédité ou d'atavisme, qui est souvent manifesté par des signes anthropologiques extérieurs et surtout par une physionomie spéciale. Lorsqu'on remarque de tels caractères chez un individu qui n'est pas dans un état d'extrême détresse ou de complet abandon, et lorsqu'il y a eu quelques récidives, on peut être sûr qu'il s'agit d'un voleur-né et incorrigible. Même chose est à dire pour les escrocs qui, eux aussi, présentent souvent des caractères particuliers.

Comme je l'ai dit ailleurs (Ire partie, chapitre 1er), la forme la plus absolue d'élimination ne doit pas être étendue à d'autres qu'aux assassins, parce que lorsque le sentiment de pitié n'a pas été violé par le délit de la manière la plus grave et irréparable, c'est le même sentiment qui s'oppose à la mort du criminel. Pour défendre la société contre de tels ennemis, une forme d'élimination moins absolue est bien suffisante. Nous écarterons d'abord les *cleptomanes*, auxquels on peut ajouter les *pyromanes*, et les *voleurs* et les *incendiaires épileptiques*, qui doivent être enfermés et traités dans des asiles pour les délinquants aliénés. Les voleurs, incendiaires, escrocs et faussaires non aliénés, mais ayant un instinct criminel (soit une névrasthénie morale selon M. Benedikt), et avec eux tous les délinquants habituels de cette espèce, que leur improbité soit congénitale, ou que, ayant commencé par être fortuite (mauvaise éducation, mauvais exemples, mauvaises compagnies), elle soit devenue ensuite instinctive et incorrigible, doivent être transportés dans une terre éloignée, une colonie naissante, où la population soit encore espacée, et où le travail assidu soit la condition absolue de l'existence. La persuasion du déporté qu'il devra y passer toute sa vie, et la maxime impitoyablement appliquée : « *Qui non laborat, nec manducet* » lui feront faire peut-être des efforts ; il tâchera de rendre son existence moins précaire et moins désastreuse.

Mais si la névrasthémie est insurmontable et que le relégué trouve le moyen d'exercer dans la colonie son activité malfaisante, une nouvelle élimination devient nécessaire ; on le conduira dans une contrée sauvage, et on l'y abandonnera ; il y deviendra l'esclave des indigènes, à moins que ceux-ci ne le transpercent de leurs flèches.

On a prétendu que la déportation a fait son temps, parce que la colonisation de l'Océanie fait chaque jour des progrès rapides, et que la civilisation envahit tout le reste du monde ; de sorte que, dans quelque temps, il n'y aura plus de terres vierges ni d'îles désertes.

Cependant les États-Unis d'Amérique viennent d'acheter au Pérou les îles Gallapagos presque dépeuplées, — la France a la Nouvelle-Calédonie, dont la colonisation commence à peine, et où elle envoie ses récidivistes, malgré l'opposition du gouvernement australien (préoccupé sans doute d'une future concurrence commerciale bien plus que de la crainte puérile que les déportés français, fuyant la Nouvelle-Calédonie, infestent l'Australie), — la Russie possède les immenses régions sibériennes, où la population est excessivement clairsemée ; — le gouvernement des Indes Anglaises continue à déporter les criminels aux îles

Andamans. Dans le congrès pénitentiaire tenu à Calcutta en 1877, on a fait des vœux non pour l'abolition de la relégation, mais seulement pour ne soumettre à cette mesure que les délinquants habituels, ce qui s'accorde parfaitement avec nos idées.

Un jour, peut-être, l'espace viendra à manquer ; les mines de houilles pourront s'épuiser aussi ; on a même calculé les centaines de siècles qu'il faudra pour en arriver là. Faut-il, pour une vague probabilité, cesser de tirer parti du monde tel qu'il est à présent ? Après les grandes îles de la Polynésie, de l'Australasie et de la Malésie, il restera d'innombrables groupes madréporiques dont l'Océan Pacifique est parsemé et qui pour la plupart sont tout à fait déserts. Lorsque leur tour sera venu, il y aura toujours le Sahara, le centre de l'Afrique.... Qu'on se rassure, il ne manquera pas, de plusieurs siècles encore, des terres incultes où les nations civilisées pourront verser leurs éléments les plus impurs.

Il y a sans doute une question économique à résoudre, les frais de transport, de surveillance, de défense d'une population vivant aux antipodes. Mais il faut calculer que si l'installation est coûteuse, il n'y a là qu'une simple anticipation, à cause des épargnes toujours plus sensibles que l'on fera sur le budget des prisons, lorsqu'on lui aura soustrait toute la criminalité habituelle qui représente le 40 pour 100 environ du total des délits[1] ; car le relégué devra se procurer sa propre subsistance par le travail agricole qui ne lui fera pas défaut, pendant qu'il est fort

---

1. Ferri, *L'antropologia criminale e il diritto penale* dans l'*Archivio di Psicologia, scienze penali*, etc.. vol. I°.

difficile dans les prisons d'employer les détenus à un travail utile [1].

VII

A cette première sous-classe de criminels dont l'improbité est congénitale, ou est, par l'habitude, devenue presque
instinctive, et qui, en même temps, par la gravité ou par
le nombre de leurs crimes sont un danger pressant pour la
société, il faut en faire suivre une autre qu'on pourrait
appeler de *délinquants fortuits* et qui ne sont pas devenus
encore habituels ni extrêmement dangereux.

C'est une classe très nombreuse : l'individu dont le sentiment de probité n'est pas très profond devient coupable
à cause d'un mauvais exemple qu'il a suivi par esprit
d'imitation. Souvent une première faute en entraine une
autre ; car il y a des conditions sociales très humbles,
mais où cependant une bonne réputation est une nécessité
de l'existence ; un domestique ou un ouvrier dont un
vol aura été découvert, ne trouvera pas facilement à se
placer ; un carrière nouvelle s'ouvre alors à lui, celle du
malfaiteur ; et il y entrera sans broncher, car le frein le
plus résistant est maintenant brisé ; il n'a plus à craindre
que son improbité soit découverte.

1. En Italie, par exemple, les trois septièmes des condamnés au bagne
demeurent complètement oisifs, et le travail des autres est très peu productif. BELTRANI-SCALIA, *La riforma penitenziaria in Italia*, p. 307. En
France, sur 25,231 détenus au 31 décembre 1884, il y en avait 10,087 de désœuvrés. D HAUSSONVILLE, *Le combat contre le vice*, dans la *Revue des
Deux-Mondes*, 1er janvier 1888.

Le seul remède possible serait alors le changement de pays, d'habitudes, de genre de travail, une nouvelle existence à commencer. Or, pour que la peine infligée par l'Etat puisse venir en aide au lieu d'empirer les choses, comme elle le fait aujourd'hui, il faut distinguer différents cas d'après les causes qui ont déterminé le délit.

Occupons-nous d'abord des jeunes gens qui ont été poussés au vol par de mauvais exemples reçus dans leur milieu, voire même dans leur propre famille. La nécessité de les soustraire à ce milieu immédiat est évidente; car il y aura espoir alors qu'ils ne deviennent pas des voleurs habituels.

Il y a longtemps déjà que cette nécessité a été démontrée par presque tous les écrivains; on a hésité seulement entre les maisons de correction, les asiles industriels et les colonies agricoles, mais il ne paraît pas douteux, selon D'Olivecrona, que ces dernières ne soient bien préférables [1].

La France a, dès 1850, des colonies agricoles pour les jeunes gens acquittés par défaut de discernement et pour les mineurs condamnés à plus de six mois et moins de deux ans d'emprisonnement. Quelques-unes avaient été fondées par des particuliers, mais elles ont perdu aujourd'hui leur autonomie. Elles n'avaient eu que le 6,42 pour 100 de récidivistes, pendant que les colonies du gouvernement en donnaient un chiffre un peu plus grand (le 11,29 pour 100). La durée varie de 3 à 6 ans. Le travail agricole y est dominant, mais d'autres ouvrages y sont admis, tels que la

---

1. D'OLIVECRONA, *Des causes de la récidive*, etc., page 171. Stockholm, 1873.

serrurerie et la menuiserie. « Jamais l'argent public n'a été plus utilement dépensé, parce que l'Etat fait redevenir aptes à la société 93 individus sur 100, dont la plus grande partie iraient peupler les bagnes pour le reste de leur vie, aux dépens de la nation. » Lorsque le terme arrive, le directeur de la colonie place les jeunes gens chez quelque fermier, ou il les fait entrer dans la marine ou à l'armée. L'individu se trouve ainsi tout à fait éloigné de son ancien milieu.

La Belgique, la Hollande, l'Angleterre, l'Allemagne, les Etats-Unis d'Amérique et la Suisse ont des colonies semblables.

Il est inutile de remarquer que des colonies de ce genre peuvent être établies dans un pays civilisé sans aucun danger pour les habitants, parce qu'il s'agit de jeunes gens, dont la surveillance est facile, et qui, même s'ils arrivaient parfois à s'évader, ne seraient pas très dangereux. Il n'y a donc pas ici de difficultés comparables à celles de l'établissement de colonies agricoles composées de condamnés aux travaux forcés, comme on a essayé de le faire en Italie, ce qui, à mon avis, est une grave erreur.

Passons aux individus sortis de l'adolescence. Une grande classe de voleurs novices ont été entraînés au délit par le désœuvrement, l'ignorance d'un métier quelconque, l'abandon, l'esprit de vagabondage. Quelle que soit alors la nature du vol, hors le cas de constatation d'un instinct congénital irréductible, il y aurait toujours une expérience à faire. Elle consiste dans l'enrôlement du délinquant dans une compagnie d'ouvriers pour compte de l'État, avec un salaire nominal non inférieur à l'ordinaire, mais qui serait retenu pour le payement d'une amende à l'État et pour le dédommagement à la partie lésée. L'ouvrier n'aurait droit à la nourriture qu'autant qu'il aurait dûment gagné sa journée de travail. Il n'aurait ainsi que l'alternative de travailler ou de mourir de faim. Il ne devrait pourtant pas être relâché après avoir rempli l'obligation du dédommagement, mais il devrait auparavant trouver un emploi dans une usine ou dans une industrie quelconque, en déposant un cautionnement qui serait aussitôt confisqué en cas d'un nouveau délit, et ne lui serait rendu qu'après un certain nombre d'années de bonne conduite. Les États qui ont des colonies à peupler pourraient exempter du cautionnement ceux qui partiraient pour ces colonies. En cas de récidive, c'est à la relégation perpétuelle qu'on devrait passer directement, toute autre expérience d'amélioration étant inutile, puisqu'il y a la preuve d'une cause persistante individuelle : l'aversion pour le travail. Même traitement pour les escrocs et faussaires novices.

Il arrive assez souvent que le délinquant n'est pas un désœuvré ni un vagabond ; il exerce un métier, une profession, il a de quoi vivre, il est même dans l'aisance, et pourtant, par une étrange aberration, il commet un vol. ou par pure cupidité il s'empare de l'argent qu'il s'est fait confier, il devient tout à coup escroc ou faussaire ou banqueroutier. On a la preuve par là de l'improbité, mais comme il n'existe pas de motif constant pour déterminer un nouveau délit, il se pourrait que le coupable ne retombe pas dans une pareille faute, si sa cupidité a été complètement désappointée, de sorte qu'il comprenne qu'une conduite honnête vaut beaucoup mieux *pour ses propres intérêts*. Pour cela il n'y a rien de mieux que la contrainte au payement de l'amende et du dédommagement à la partie lésée par des moyens entièrement semblables à ceux que nous avons indiqués au § v de ce chapitre. Cela produirait encore d'autres avantages à la société. Imaginez qu'un caissier infidèle, un banqueroutier frauduleux soit sûr, une fois découvert, qu'il ne pourra pas jouir de la moindre partie de la somme soustraite, qu'il devra tout rendre, jusqu'au dernier centime, sans quoi il devra travailler pendant un temps indéfini pour celui qu'il a dérobé. Est-ce qu'on ne pense pas que c'est un moyen fort capable de faire reparaître tout à coup la somme qu'on croyait disparue et qui avait été confiée à des mains amies ? Cela n'est-il pas bien plus utile pour tous que la condamnation du coupable à l'emprisonnement pour une durée fixe, qui n'est profitable à personne et ne fait qu'ajouter, au dommage du délit, la dépense pour l'entretien du prisonnier ? Si la somme a été réellement dissipée, le coupable travaillera sans répit pour dédommager la partie lésée. S'il ne le fera pas volontairement, il sera obligé de le faire dans une compagnie d'ouvriers de l'État où il n'aura pas de pain sans travail. Si, malgré les plus grands efforts, il ne pourra réussir à gagner qu'en partie la somme dérobée, on pourra après un certain nombre d'années, avoir quelques égards pour son âge, pour sa bonne volonté ; on pourra même fixer à 10 ou 15 ans le terme de cette contrainte, mais ce terme devra être reculé indéfiniment aussitôt qu'on s'apercevra de son manque d'assiduité.

Supposons que le délinquant ait entièrement dédommagé la partie lésée et payé l'amende à l'État. Il sera relâché et privé seulement de ses droits politiques avec interdiction de toute fonction publique, ou d'exercer le commerce si c'était un banqueroutier.

Maintenant, dans le cas de récidive dans un délit d'un genre pareil, il devrait être soumis au traitement indiqué plus haut pour les désœuvrés ou les vagabonds, et en cas d'une deuxième récidive, comme ces derniers, il devrait être relégué à perpétuité, la récidive indiquant suffisamment qu'il ne s'agit pas d'un cas isolé, mais qu'à l'improbité du caractère, s'ajoute un motif constant de conduite déshonnête.

VIII

On voit que la détention temporaire pour une durée fixée à l'avance, la peine typique de notre législation présente, a entièrement disparu du système que nous venons de proposer. Nous n'avons pas à répéter ici les raisons qui nous ont fait combattre et rejeter cette peine. Nous en avons assez dit dans tout le cours de cet ouvrage. Nous avons essayé de donner aux peines ce but d'utilité sociale qui leur manque aujourd'hui, et nous avons fait cela en suivant, de la manière la plus logique, le principe de la réaction rationnelle contre le délit. C'est tantôt l'élimination qui est nécessaire et qui est réalisée, absolument, par la peine de mort, relativement, par la réclusion dans un hospice d'aliénés criminels, par la déportation avec abandon, par la relégation perpétuelle, par la relégation indéfinie et dont le terme dépend de plusieurs circonstances; — dans d'autres cas, c'est le simple dédommagement avec payement d'une amende, que l'on obtiendra spontanément par le coupable, ou par une contrainte à un travail public, dont il ne touchera pas le salaire et qui pourra se prolonger indéfiniment.

Il n'y a que peu d'espèces de délits pour lesquels il faudrait entraver les mouvements physiques du délinquant, comme seul moyen pour lui en empêcher la répétition. Tel est par exemple la fabrication de fausses monnaies ou de faux papiers-monnaies. La relégation ne suffit pas pour détruire cette industrie criminelle; la contrainte au dédommagement n'est pas un moyen suffisant non plus, parce que les criminels de cette espèce sont toujours associés et qu'ils ont des capitaux qui leur permettraient de payer l'indemnité tout de suite et de recommencer de plus belle. Il faut donc, nécessairement, emprisonner les faux-monnayeurs et les faire rester isolés assez longtemps pour qu'on puisse supposer qu'ils n'aient plus d'associés. Mais il n'y a que peu de cas de ce genre dans lesquels un obstacle physique est absolument exigé par la défense sociale, et c'est alors que la peine de l'emprisonnement, ou de la réclusion, ayant une durée fixée à l'avance, devrait être *exceptionnellement* employée. C'est encore la peine convenable à tous ces délits que nous avons laissés en dehors de notre cadre de la criminalité (voir première partie, pages 44 et 45), dans lesquels il y a une immoralité spéciale non incompatible avec ces sentiments altruistes qui sont de nos jours la base de la moralité. L'immoralité de ces actions consiste principalement dans une révolte contre l'autorité ou dans une désobéissance à la loi. Si cet élément politique est prédominant, il faut

que la pénalité, au lieu d'être déterminée par le *critérium* de l'idonéité à la vie sociale, ait la nature d'un châtiment capable d'assurer le respect à la loi. Il ne s'agit
pas ici de vrais malfaiteurs, il s'agit de révoltés. De même
que notre étude des criminels ne s'est pas étendue à ces
derniers, nous ne saurions y étendre nos conclusions.
C'est pourquoi nous nous arrêtons à cette limite où la raison d'Etat remplace les lois naturelles de l'organisation
sociale.

FIN.

NOTES

A. — *Pages 354 et suivantes.*

J'apprends par *le Figaro* (22 février 1888) qu'on vient de proposer en France une réforme du Code d'instruction criminelle « dont le mot d'ordre est substituer dans toute l'instruction la méthode *contradictoire* à la méthode *inquisitoriale* et secrète. L'inculpé, au lieu d'être interrogé clandestinement par le juge d'instruction seul, *aura avec lui un avocat pour le conseiller et l'empêcher de s'enferrer.* » Le juge d'instruction, remarque ce journal, deviendra ainsi « un pantin dont les deux parties adverses tirent tour à tour la ficelle ». La commission a cherché en outre à « réduire le plus possible la détention préventive », en élargissant le cercle de la liberté provisoire qui pourrait désormais être accordée à *tous les inculpés*, même *de crimes, à toute période de la détention préventive.*

J'apprends en même temps par une brochure de M. Del. Drago (*El procedimiento criminal en la provincia de Buenos-Ayres*) qu'on fait là-bas des propositions de réforme à peu près semblables.

Le doctrinarisme a donc fait du chemin, et notre chapitre « *Lois protectrices du crime* » se trouve être d'actualité !

B. — *Pages 361, 106, 205, 206.*

Voir au sujet de l'imitation dans certains crimes, de la
nécessité d'une répression sévère, et de l'effet des acquittements du jury, l'ouvrage de M. P. Aubry, *La contagion du
meurtre* (Paris, 1888, F. Alcan, éd.). Dans le chapitre « *Meurtres
commis à l'aide du vitriol ou du revolver* », on trouvera un
grand nombre de faits qui confirment mes idées, et dont
j'aurais tiré parti si ce livre avait paru un peu plus tôt.

C. — *Pages 386 et suivantes, 55, 233 et suivantes.*

M. E. Carnevali vient de publier une brochure ayant
pour titre « *La questione della pena di morte nella filosofia
scientifica* » (Turin, 1888, Bocca, éd.), où il objecte à la raison
que j'ai donnée de l'*élimination absolue* de certains criminels,
qu'il n'y a jamais d'*impossibilité absolue d'adaptation* à la vie
sociale, parce qu'il y a des formes infinies de vie sociale.
Si les grands criminels représentent un état inférieur de
l'évolution morale, il devrait logiquement ressortir de ma
théorie, qu'ils ne seraient pas incompatibles avec ces sauvages qui sont moralement à leur niveau.

Mais quelles seraient ces tribus dignes d'accueillir dans
leur sein les hommes qui tuent pour voler ou par simple
brutalité ? Il y en a, sans doute, mais elles sont en même
temps des tribus de cannibales ! Et alors, si on voulait
appliquer la transportation, ne serait-elle pas une forme dé-
guisée de la peine de mort ? Et que dirait-on d'un État civilisé qui se chargerait de fournir leur repas aux anthro-
pophages ?

TABLE DES MATIÈRES

CHAPITRE DEUXIÈME.

INFLUENCE DE L'ÉDUCATION SUR LES INSTINCTS CRIMINELS.

CHAPITRE TROISIÈME.

INFLUENCES ÉCONOMIQUES.

CHAPITRE QUATRIÈME.

INFLUENCE DES LOIS.

TROISIÈME PARTIE.

La Répression.

CHAPITRE PREMIER.

LA LOI D'ADAPTATION.

CHAPITRE DEUXIÈME.

CRITIQUE DU SYSTÈME PÉNAL SELON LES JURISTES.

CHAPITRE TROISIÈME.

LOIS PROTECTRICES DU CRIME.

CHAPITRE QUATRIÈME.

LE SYSTÈME RATIONNEL DE PÉNALITÉ.

FIN DE LA TABLE DES MATIÈRES.

VERSAILLES, IMPRIMERIE CERF ET FILS, RUE DUPLESSIS, 59.